AF875618

Die Abwicklung deutsch-tschechischer Erbfälle

STUDIEN DES INSTITUTS FÜR OSTRECHT MÜNCHEN

IOR

Begründet von Professor Dr. Reinhart Maurach
Herausgegeben von Professor Dr. Friedrich-Christian Schroeder, Dr. h.c. (Breslau), Regensburg

Band 62

PETER LANG
Frankfurt am Main · Berlin · Bern · Bruxelles · New York · Oxford · Wien

Christoph Kurzböck

Die Abwicklung deutsch-tschechischer Erbfälle

PETER LANG
Internationaler Verlag der Wissenschaften

Bibliografische Information der Deutschen Nationalbibliothek
Die Deutsche Nationalbibliothek verzeichnet diese Publikation in der Deutschen Nationalbibliografie; detaillierte bibliografische Daten sind im Internet über http://dnb.d-nb.de abrufbar.

Zugl.: Regensburg, Univ., Diss., 2009

Gedruckt auf alterungsbeständigem,
säurefreiem Papier.

D 355
ISSN 0073-8492
ISBN 978-3-631-59781-1

© Peter Lang GmbH
Internationaler Verlag der Wissenschaften
Frankfurt am Main 2010
Alle Rechte vorbehalten.

Das Werk einschließlich aller seiner Teile ist urheberrechtlich geschützt. Jede Verwertung außerhalb der engen Grenzen des Urheberrechtsgesetzes ist ohne Zustimmung des Verlages unzulässig und strafbar. Das gilt insbesondere für Vervielfältigungen, Übersetzungen, Mikroverfilmungen und die Einspeicherung und Verarbeitung in elektronischen Systemen.

www.peterlang.de

Vorwort des Verfassers

Die vorliegende Arbeit wurde im Wintersemester 2007/2008 von der Juristischen Fakultät der Universität Regensburg als Dissertation angenommen. Rechtsprechung und Literatur sind auf dem Stand von Januar 2009.

Für die Betreuung der Arbeit möchte ich meinem verehrten Doktorvater, Herrn Prof. Dr. Wolfgang Reimann, herzlich danken. Nicht nur dafür, dass er diese Untersuchung angeregt und durch wertvolle Hinweise gefördert hat, sondern auch für die unermüdliche Unterstützung, die er mir seit dem Beginn meines Studiums in vielerlei Hinsicht zukommen ließ. Er ist mir, menschlich und fachlich, ein Vorbild.

Besonderer Dank gebührt an dieser Stelle auch Herrn Prof. Dr. Dr. h.c. Dieter Henrich für die zügige Erstellung des Zweitgutachtens.

Wertvolle Hilfe bei der Erstellung der Dissertation leisteten auch Frau JUDr. Jitka Sladka und Herr JUDr. Petr Bohata, die mich durch zahlreiche Hinweise zum tschechischen Recht unterstützt haben.

Herrn Prof. Dr. Dr. h.c. Friedrich-Christian Schroeder danke ich für die Aufnahme in die Schriftenreihe des Instituts für Ostrecht München. Die Promotion wurde durch ein Stipendium der Hanns-Seidel-Stiftung e.V. aus Mitteln des Bundesministeriums für Bildung und Forschung gefördert.

Gewidmet ist diese Arbeit meinen Eltern und Claudia, die mir auch in den schwierigen Phasen der Bearbeitung zu jedem Zeitpunkt durch ihre Geduld und Liebe helfend zur Seite standen.

Regensburg, im Juli 2009 — Christoph Kurzböck

Inhaltsübersicht

Inhaltsverzeichnis

Einleitung

I. Problemstellung

Die Zeit nach dem Zweiten Weltkrieg, und insbesondere seit dem Ende des Eisernen Vorhangs, ist gekennzeichnet durch eine zunehmende Mobilität. Diese wurde vor allem durch den Fall zahlreicher Grenzen begünstigt. Ebenso hat der Beitritt zahlreicher ehemaliger Ostblockstaaten am 01. Mai 2004 zur Europäischen Union zu einer verstärkten Migration geführt. Mittlerweile leben ca. 35 000 Tschechen dauerhaft in Deutschland (Quelle: Statistisches Bundesamt). Die spätestens ab 2011 geltende Arbeitnehmerfreizügigkeit wird diese Tendenz weiter verstärken, denn eine generelle Internationalisierung des Arbeitsmarktes ist bereits jetzt erkennbar. Auch werden immer mehr gemischtnationale Ehen geschlossen, insbesondere im Grenzgebiet. Überdies ist ein zunehmender Wettbewerb der Steuersysteme erkennbar. Dies führt zu einer Verschiebung von Vermögensmassen, um eine günstige Erbschaftsbesteuerung zu erlangen. Und auch die Globalisierung des Kapitalmarkts führt zu einer Zerstreuung des Vermögens. Gleichzeitig werden die Menschen immer älter. Das private Vermögen wächst (FAZ 20. Juni 2006, S. 11: „Das private Finanzvermögen steigt auf 4260 Milliarden Euro“). Und damit zugleich die Zahl derer, die ihren Wohnsitz ins Ausland verlegen oder ihr Vermögen dort anlegen. Kommt es dann zu einem Todesfall, bei dem der Erblasser seinen letzten Wohnsitz nicht in dem Land hatte, dessen Staatsangehörigkeit er besaß bzw. hinterließ er Vermögen in mehreren Ländern, dann ergibt sich daraus die Problematik eines internationalen Erbfalles. Bei der Abwicklung eines solchen Nachlasses werden dann insbesondere folgende Fragestellungen relevant:

- Nach welchem Recht hat die Abwicklung zu erfolgen?
- Wann ist eine internationale Zuständigkeit der Nachlassgerichte gegeben, falls ausländisches Recht anwendbar ist?
- Wer ist berechtigt Abwicklungsmaßnahmen (z.B. die Begleichung von Verbindlichkeiten) vorzunehmen?
- Welche Befugnisse haben die Abwicklungsberechtigten (also z.B. die Erben)?
- Wie können sie diese Befugnisse im Rechtsverkehr nachweisen?
- Wie, wann und wo müssen die Erben optieren d.h. die Erbschaft annehmen oder ausschlagen?
- Wie ist das Verhältnis der Miterben zueinander?
- Welche Regelungen gelten hinsichtlich der Haftung bzw. Beschränkung im Bezug auf die Nachlassverbindlichkeiten?
- Ist eine Anpassung des ausländischen Rechts an das formelle bzw. materielle Recht des Heimatlandes vorzunehmen?
- Kommt es zu einer Doppelbesteuerung? Kann diese vermieden werden?

Die Beantwortung dieser Fragen wirft in Theorie und Praxis zum Teil erhebliche Probleme auf. Im Folgenden sollen daher diese Fragestellungen genauer untersucht und geeignete Lösungsmöglichkeiten aufgezeigt werden.

II. Gang der Untersuchung

Zunächst wird ein Überblick über das tschechische Erbrecht gegeben, wobei ein besonderes Augenmerk auf den Unterschieden zum deutschen Recht liegt (Teil 1). Darauf folgt eine knappe Darstellung der kollisionsrechtlichen Ausgangslage bei deutsch-tschechischen Erbfällen (Teil 2). Dabei soll vor allem geklärt werden, wann sich deutsche bzw. tschechische Gerichte bei grenzüberschreitenden Nachlässen für international zuständig erklären. Besondere Beachtung finden in diesem Abschnitt auch die Probleme, die sich im Zusammenhang mit der Staatsangehörigkeit von Sudetendeutschen ergeben.
Den Schwerpunkt der Arbeit bilden die sich daran anschließenden Teile 3-5. Diese befassen sich zunächst mit der Frage, wer in Deutschland bzw. Tschechien überhaupt abwicklungsberechtigt ist bzw. welche Befugnisse diesen Personen zukommen (Teil 3). Anschließend wird untersucht, wie sich diese abwicklungsberechtigten Personen bei der Abwicklung eines deutsch-tschechischen Nachlasses in Deutschland (Teil 4) bzw. in Tschechien (Teil 5) legitimieren können. Dabei soll zunächst geklärt werden, ob eine Anerkennung der ausländischen Erbnachweise möglich ist. Sollte dies verneint werden, wird hilfsweise geprüft, ob zumindest eine Ausstellung von Legitimationspapieren nach ausländischem Recht denkbar ist. Auch soll untersucht werden, ob die Erbfolger die Erbschaft annehmen resp. ausschlagen können bzw. welche Möglichkeiten der Haftungsbegrenzung für die Erben offen stehen. Zudem werden Fragen der Erbauseinandersetzung behandelt.
Im 6. Kapitel werden einige problematische erbschaftsteuerliche Aspekte betrachtet. Insbesondere wird geprüft, ob bei deutsch-tschechischen Erbfällen eine Doppelbesteuerung droht und falls ja, wie diese vermieden werden kann.
Am Ende der Arbeit erfolgt schließlich eine knappe Zusammenfassung der erzielten Ergebnisse. Auf diese Weise soll dem Rechtsuchenden ein Überblick über die Chancen und Risiken sowie denkbare Gestaltungsmöglichkeiten, die sich bei der Abwicklung eines deutsch-tschechischen Erbfalles ergeben, ermöglicht werden.

1. Teil: Überblick über das tschechische Erbrecht unter besonderer Berücksichtigung der Unterschiede zum deutschen Recht

I. Historischer Überblick[1]

Die Geschichte des tschechischen Erbrechts seit 1918 – dem Jahr der Gründung der Ersten Republik – lässt sich in drei Abschnitte unterteilen.

1. Abschnitt: 1918-1950

Bis 1950 existierte kein einheitliches tschechoslowakisches Erbrecht. In Böhmen und Mähren galt bis dahin eine leicht modifizierte Fassung des österreichischen ABGB von 1811.[2] In der Slowakei hingegen basierte das Erbrecht auf ungarischem Gewohnheitsrecht.

2. Abschnitt: 1950-1964

Durch das neue „sozialistische" Zivilgesetzbuch[3] (ObčZ), das nun für das gesamte Land galt, wurden die erbrechtlichen Bestimmungen vereinheitlicht. Nach sowjetischem Vorbild waren diese Bestimmungen aber sehr lückenhaft[4]. Der Gesetzgeber beabsichtigte zwar nicht, das Erbrecht per se abzuschaffen. Es sollte allerdings auch nicht mehr sein als eine geduldete Randerscheinung.[5] In diesem neuen (sog. „mittleren") Zivilgesetzbuch wurde der Kreis der gesetzlichen Erben verkleinert auf Ehegatten, Kinder, Eltern, Geschwister und zusammenlebende Personen. Zudem wurden zwei traditionelle Institutionen aufgegeben: Die *hereditas iacens*[6] sowie das *fideikommissarische Substitut* (auch sog. Treueanvertrauung). Eingeführt wurde die Möglichkeit zur Enterbung.[7] Insgesamt betrachtet stellte das „Mittelgesetzbuch" eine gelungene moderne Kurzfassung des ABGB dar.[8]

---

1 Vgl. hierzu auch *Ferid/Firsching/Bohata*, Tschechien, Rn. 14 f.; *Trilsch-Eckardt*, Das tschechische Erbrecht, S. 4; *Henrich/Schwab/Hrušáková*, Familienerbrecht und Testierfreiheit in Tschechien, S. 335 f.

2 Obecný zákoník občanský ze dne 01.06.1811 („Allgemeines Bürgerliches Gesetzbuch")

3 Nr. 141/1950 Sb.; vgl. hier die §§ 509-561

4 „Doktrin vom Absterben des Rechts"; vgl. hierzu: *Bohata*, Justizreformen in der Tschechoslowakei und ihren Nachfolgestaaten , S. 13

5 Vgl. *Trilsch-Eckardt*, Das tschechische Erbrecht, S. 4

6 Zeitraum der Herrenlosigkeit der Erbschaft zwischen dem Todesfall und dem Erwerb des Nachlasses durch den Erben; vgl. hierzu: *Lange/Kuchinke*, Erbrecht, § 1 IV 4

7 Vgl. *Henrich/Schwab/Hrušáková*, Familienerbrecht und Testierfreiheit in Tschechien, S. 335 f.

8 Vgl. *Trilsch-Eckardt*, Das tschechische Erbrecht, S. 4

3. Abschnitt: Seit 1964

Trotz des seit 1964 geltenden „neuen" ObčZ[9] und zahlreicher Novellen[10], erweist sich die Kodifizierung des tschechischen Erbrechts als immer noch sehr lückenhaft[11]. In der juristischen Praxis werden diese Lücken durch eine Auslegung der Motive des ObčZ geschlossen. Insgesamt betrachtet befindet sich das tschechische Erbrecht seit 1964 aber im Wandel. In der Zeit von 1964-1982 bestand für den Erblasser keine Möglichkeit der Enterbung. Erst mit einer Novelle im Jahre 1982 wurde das Institut der Enterbung wieder in das ObčZ eingeführt. Überhaupt war der Spielraum des Erblassers nach Erlass des ObčZ von 1964 zunächst sehr begrenzt. Die wirtschaftliche Funktion des Erbrechts war allerdings auch gering, denn Gegenstand des Nachlasses konnten nur Sachen und Rechte des persönlichen Eigentums sein, die aber nur in sehr geringem Maße vorhanden waren.[12]

Die letzte bedeutende Änderung erbrechtlicher Bestimmungen erfolgte bereits kurz nach dem Ende des kommunistischen Regimes im Jahre 1991.[13] Im Rahmen dieser Novelle wurden die noch verbliebenen „sozialistischen Grundsätze" des Zivilrechts beseitigt.[14] Die Grenzen der Testierfreiheit wurden wieder deutlich ausgedehnt und erbrechtliche Rechtsinstitute maßgeblich erweitert. Nach Spaltung der ČSFR (31.12.1992) wurde das geltende Recht von der Tschechischen Republik übernommen. Seitdem erfolgte keine wesentliche Weiterentwicklung der materiellen erbrechtlichen Bestimmungen im ObčZ.[15]

Zum 01. Januar 1993 hat man das Erbschaftsverfahren neu geregelt und die staatlichen Notariate wurden abgeschafft.[16] Zugleich wurde eine neue Notariatsordnung[17] verabschiedet. Ebenso hat man die Zivilprozessordnung umfassend novelliert.[18] Mit über 460 Ergänzungs- und Änderungspunkten stellt das Gesetz praktisch eine Rekodifizierung der OSŘ dar.[19]

---

9 Nr. 40/1964 Sb.

10 Siehe insb. die Gesetze Nr. 58/1969 Sb., Nr. 131/1982 und Nr. 509/1991 Sb.

11 So umfasst die gegenwärtige Kodifikation des tschechischen Erbrechts nur 36 Paragraphen. Sogar das „Mittelgesetzbuch" widmete dem Erbrecht noch 52 Paragraphen. Das 5. Buch des deutschen BGB („Erbrecht") umfasst sogar 453 Normen

12 Vgl. *Köhne*, OsteuropaR 1996, S. 48 ff.; *Petev*, Sozialistisches Zivilrecht, S. 82; *Trilsch-Eckardt*, Das tschechische Erbrecht, S. 4

13 Gesetz Nr. 509/1991 Sb. („Zivilgesetzreform")

14 So wurden aus den „Gesellschaftsinteressen" die „guten Sitten"; vgl. § 482 Abs. 2 ObčZ

15 Vgl. *Ferid/Firsching/Bohata*, Tschechien, Rn. 15

16 Vgl. *Henrich/Schwab/Hrušáková*, Familienerbrecht und Testierfreiheit in Tschechien, S. 336

17 Nr. 358/1992 Sb.

18 Nr. 30/2000 Sb.

19 Vgl. *Bohata*, Justiz in Osteuropa, S. 62

4. Ausblick

Zusammenfassend lässt sich feststellen, dass die Justizreformen noch längst nicht abgeschlossen sind. Lange Zeit sind die Reformen in der Tschechischen Republik über gut gemeinte Ansätze nicht hinausgekommen und auch jetzt sind viele Projekte, wie z.B. eine Neukodifizierung des ObčZ, noch nicht umgesetzt worden.[20] In diesem „neuen" ObčZ soll das bislang nur bruchstückhaft geregelte Erbrecht umfassend überarbeitet und kodifiziert werden. Fälle der Erbunwürdigkeit sollen enger gefasst, ein negatives Testament[21] wieder eingeführt werden. Ebenso beabsichtigt man ein gemeinschaftliches Testament von Eheleuten und Verlobten. Das Pflichtteilsrecht will man in seiner jetzigen Form beibehalten.[22] Ein entsprechender Entwurf wird momentan ausgearbeitet. Ob und wann es aber zu einer Verabschiedung eines solchen Reformvorhabens kommt, ist zum jetzigen Zeitpunkt noch nicht absehbar.[23]

II. Erbrechtliche Grundsätze

Das tschechische Erbrecht in seiner heutigen Fassung beherrschen im Wesentlichen drei Grundsätze:
- die Universalsukzession
- das Erben ipso iure
- die Ingerenz

1. Universalsukzession *(univerzální sukcese)*

Alle Rechte und Pflichten gehen mit dem Tod des Erblassers auf den Erben über, ohne dass dieser deren Umfang genau kennen muss.[24] Ausgenommen hiervon sind nur höchstpersönliche Verpflichtungen des Erblassers.[25]Eine Durchbrechung der Universalsukzession findet im Mietrecht statt. Hier geht der

20 Vgl. *Bohata,* Justiz in Osteuropa, S. 9 und S. 62

21 Der Erblasser kann auf diese Weise gesetzliche Erben von der Erbfolge ausschließen; vgl. MüKo/*Leipold*, § 1938, Rn. 1 ff.

22 Vgl. *Bohata*, Grundsatzentwurf des neuen tschechischen Zivilrechts; WiRO 2001, S. 295 ff.

23 Der aktuelle Stand des Kodifikationsverfahrens ist samt Gesetzesbegründung unter www.juristic.cz einzusehen

24 Vgl. *Jehlička/Švestka/Mikeš,* Občanský zákoník, S. 834; *Ferid/Firsching/Bohata*, Tschechien, Rn. 16

25 Vgl. *Zuklinova*, Juris Classeur de Droit Comparé, Vol 3, Rn. 114

Wohnungsmietvertrag infolge einer Sonderbestimmung (§ 706 f. ObčZ[26]) auf den Ehepartner, und, falls keiner vorhanden ist, auf seine Kinder, Enkel, Eltern oder Geschwister über, wenn diese nachweisen können, dass sie zum Zeitpunkt des Todes mit dem Verstorbenen in seinem Haushalt gelebt haben und keine eigene Wohnung besitzen.[27] Die Durchbrechung des Grundsatzes der Gesamtrechtsnachfolge liegt nun darin, dass hier eine Sonderrechtsfolge kraft Gesetzes stattfindet, die unabhängig ist von einer Erbenstellung. Diese Regelung ist mit den §§ 563 ff. BGB im deutschen Recht vergleichbar.[28] Auch hier findet eine Sonderrechtsnachfolge kraft Gesetzes statt.[29]

Weitere Ausnahmen vom Grundsatz der Universalsukzession stellen im tschechischen Recht die Vererbung von Lohnansprüchen[30], Krankengeldern[31], Sozialversicherungsansprüchen[32] und Versicherungsleistungen[33] dar, die allesamt einer Sonderrechtsnachfolge unterliegen.[34]

2. Erbanfall ipso iure *(dědický případ samotným právem, § 460 ObčZ)*

Früher galt im tschechischen Erbrecht das Prinzip des „ruhenden Nachlasses" *(hereditas iacens)*.[35] Zwischen dem Todeszeitpunkt des Erblassers und dem Erwerb des Nachlasses durch die Erben war das Nachlassvermögen zunächst herrenlos. Dieses Prinzip entstammte noch dem österreichischen ABGB.

Seit 1950 erbt man nun auch in Tschechien ipso iure. Hierbei geht das Eigentum des Erblassers bereits zum Todeszeitpunkt auf den Erben über (§ 460 ObčZ).[36] Dies gilt auch dann, wenn eine Person durch ein Gericht für tot erklärt wurde (§ 7 Abs. 2 ObčZ).[37]Nur durch eine Ausschlagung der Erbschaft (§§ 463 ff. ObčZ) kann der Erbe dann diese noch abwenden.[38]

---

26 Vgl. dazu ausführlich *Jehlička/Švestka/Novotný,* Občanský zákoník, S. 1234 ff.

27 Vgl. *Henrich/Schwab/Hrušáková,* Familienerbrecht und Testierfreiheit in Tschechien, S. 338; *Ferid/Firsching/Bohata,* Tschechien, Rn. 17

28 Vgl. MüKo/*Häublein,* §§ 563 ff. m.w.N.

29 Vgl. *Palandt/Weidenkaff,* § 563, Rn. 1

30 Vgl. § 328 Zákoník práce, Nr. 262/2006 Sb. („Arbeitsgesetzbuch")

31 Vgl. § 45 Zákon o sociálním zabezpečení, Nr. 100/1988 Sb. (Sozialversicherungsgesetz")

32 Vgl. § 63 Zákon o důchodovém pojištění, Nr. 155/1995 Sb. („Rentenversicherungsgesetz")

33 Vgl. § 51 Zákon o pojistné smlouvě , Nr. 37/2004 Sb. („Gesetz über Versicherungsverträge")

34 Vgl. *Jehlička/Švestka/Mikeš,* Občanský zákoník, S. 833; *Ferid/Firsching/Bohata,* Tschechien, Rn. 17

35 Vgl. *Korkisch,* Fragen des ost-mitteleuropäischen Rechts, S. 64; *Henrich/Schwab/Hrušáková,* Familienerbrecht und Testierfreiheit in Tschechien, S. 336; *Jehlička/Švestka/Mikeš,* Občanský zákoník, S. 831 f.

36 Vgl. *Jehlička/Švestka/Mikeš,* Občanský zákoník, S. 834

37 Vgl. *Jehlička/Švestka/Mikeš,* Občanský zákoník, S. 834

3. Prinzip der Ingerenz *(ingerence)*

Zwar geht das Vermögen ipso iure mit dem Tode des Erblassers auf den Erben über. Jedoch erfolgt dennoch eine „Einmischung“ des Gerichts.[39] Der Erwerb einer Erbschaft ist obligatorisch verbunden mit einem Gerichtsverfahren und einer gerichtlichen Entscheidung (vgl. §§ 481 ff. ObčZ).[40] Hierbei ist es lediglich Aufgabe des Gerichts, den Erwerb der Erbschaft zu bestätigen (§ 481 ObčZ)[41] bzw. gegebenenfalls die Erbschaftsvereinbarung mehrerer Erben zu genehmigen (§ 482 ObčZ)[42].

Dies unterscheidet die *ingerence* nach tschechischem Recht von der Einantwortung nach österreichischem Recht (§ 797 ABGB). Zwar verbindet beide Länder, dass ein gerichtliches Verlassenschaftsverfahren obligatorisch vorausgesetzt wird. Jedoch unterscheidet sich das österreichische Recht vom tschechischen Recht dadurch, dass erst mit der Einantwortung, also der Übergabe des Nachlasses an die Erben durch Gerichtsbeschluss,[43] der Erbe in die Rechte und Pflichten des Erblassers eintritt d.h. es kommt erst durch die Einantwortung zur Universalsukzession.[44] Bis dahin stellt die Erbschaft einen „ruhenden Nachlass“ dar, der als juristische Person anzusehen ist.[45]

4. Vergleich zum deutschen Recht

Die Gesamtrechtsnachfolge im tschechischen Recht folgt denselben Grundsätzen wie die Universalsukzession im deutschen Recht. Während diese jedoch im BGB gesetzlich normiert ist (§ 1922 BGB), fehlt im ObčZ eine entsprechende Regelung. Und auch bei der Sonderrechtsnachfolge ergeben sich Unterschiede. So existiert z.B. im deutschen Recht keine Norm, die eine Sonderrechtsnachfolge von Lohnansprüchen vorschreibt.[46]

---

38 Vgl. *Jehlička/Švestka/Mikeš*, S. 834 und S. 837; *Henrich/Schwab/Hrušáková*, Familienerbrecht und Testierfreiheit in Tschechien, S. 337

39 Vgl. *Jehlička/Švestka/Mikeš*, Občanský zákoník, S. 832 und S. 834

40 Vgl. *Balák/Korecká/Vojtek*, Občanský zákoník, S. 512 ff.; *Henrich/Schwab/Hrušáková*, Familienerbrecht und Testierfreiheit in Tschechien, S. 337

41 Vgl. *Mikeš/Muzikář*, Dědické právo, S. 110; *Jehlička/Švestka/Mikeš*, Občanský zákoník, S. 868

42 Vgl. *Mikeš*, Ad Notam 1997, S. 40

43 Vgl. *Henrich/Schwab/Ferrari*, Familienerbrecht und Testierfreiheit im österreichischen Recht, S. 179

44 Vgl. *Süß/Haas/Haunschmidt*, Erbrecht in Österreich, Rn. 101 und Rn. 170 ff.

45 Vgl. *Süß/Haas/Haunschmidt*, Erbrecht in Österreich, Rn. 125

46 Vgl. MüKo/*Leipold*, § 1922, Rn. 107 f. m.w.N.

Unterschiede ergaben sich bis 1950 auch beim Erwerb der Erbschaft. Bis dahin galt in Tschechien das Prinzip des „ruhenden Nachlasses“. Eine solche Konstruktion ist dem BGB aber fremd.[47] Das deutsche Recht folgt seit jeher dem Prinzip des Vonselbsterwerbs.[48] Seit 1950 ist der Erwerb der Erbschaft in beiden Rechtsordnungen identisch geregelt, auch in Tschechien gilt nun das ipso-iure Prinzip.
Ein weiterer wesentlicher Unterschied zeigt sich schließlich darin, dass das tschechische Erbrecht für den Erwerb der Erbschaft obligatorisch ein Gerichtsverfahren voraussetzt. Dem deutschen Recht dahingegen ist eine solche Ingerenz des Gerichts unbekannt. Für den Vonselbsterwerb bedarf es keiner irgendwie gearteten Mitwirkung durch ein Gericht oder die anderen Erben. [49]

III. Die beteiligten Rechtssubjekte

1. Der Erblasser *(zůstavitel)*

Im tschechischen Recht findet sich keine Legaldefinition dafür, wer Erblasser sein kann.[50] Es ist jedoch einhellige Meinung, dass nur natürliche Personen beerbt werden können, nicht aber juristische Personen oder der Staat.[51]
Voraussetzung für eine Erbschaft ist der Nachweis oder die gerichtliche Feststellung des Todes des Erblassers.[52] Dies kann auf zwei Arten erfolgen. Zum einen kann der Tod durch einen Arzt in einem Todesschein festgestellt werden. Zum anderen kann die Todeserklärung auch durch das zuständige Amtsgericht erfolgen. Voraussetzung dafür ist eine Beweisaufnahme gemäß §§ 195 ff. OSŘ[53]. Hierbei wird die betreffende Person für tot erklärt, wenn sie sich nicht innerhalb eines Jahres bei Gericht meldet bzw. auch keine andere Person konkrete Angaben zum Aufenthalt machen kann (§ 196 Abs. 1 OSŘ). Das Gericht bestimmt im Rahmen des Verfahrens auch den Todeszeitpunkt.[54] Dieser ist wegen des ipsoiure Prinzips für den Zeitpunkt des Eigentumsübergangs auf die Erben wichtig. Wenn sich später herausstellt, dass die betreffende Person noch lebt oder innerhalb der Todeserklärungsfrist noch gelebt hat, hebt das Gericht seine Entscheidung wieder auf (§ 199 Abs. 1 OSŘ). Überdies wird der Zeitpunkt der Todeserklärung korrigiert, wenn sich später herausstellt, dass die Person an einem

47 Vgl. *Lange/Kuchinke*, Erbrecht, § 1 IV 4 und § 8 I 3
48 Vgl. *Lange/Kuchinke*, Erbrecht, § 8 I 2
49 Vgl. *Palandt/Edenhofer,* § 1922, Rn. 6; eingehend *Muscheler*, Universalsukzession und Vonselbsterwerb
50 Vgl. *Jehlička/Švestka/Mikeš,* Občanský zákoník, S. 834
51 Vgl. *Ferid/Firsching/Bohata,* Tschechien, Rn. 20
52 Vgl. *Ferid/Firsching/Bohata*, Tschechien, Rn. 20
53 Občanský soudní řád, Nr. 99/1963 (“Zivilprozessordnung”)
54 Vgl. *Jehlička/Švestka/Mikeš,* Občanský zákoník, S. 834

anderen Tag verstorben ist (§ 199 Abs. 2 OSŘ). Konsequenz einer Aufhebung oder Korrektur der Todeserklärung kann sein, dass keine oder andere Personen erben.[55] Des Weiteren kann eine natürliche Person vom zuständigen Amtsgericht auch dann für tot erklärt werden, wenn der Tod offensichtlich ist, aber auf herkömmliche Weise nicht nachgewiesen werden kann (§ 200 OSŘ).[56] In einem solchen Fall ist keine Frist einzuhalten.

2. Der Erbe *(dědic)*[57]

Anders als im deutschen Recht (vgl. § 1922 Abs. 1 BGB), wird der Begriff des Erben im ObčZ nicht legaldefiniert. Für diesen gibt es auch nur wenige Anhaltspunkte im Gesetz (vgl. §§ 461 Abs. 1, 462, 473 ff. ObčZ).

Zum Erben kann jede natürliche Person eingesetzt werden. Ebenso juristische Personen, soweit sie zum Zeitpunkt des Todes rechtsfähig sind, sowie der Staat.[58] Die Erbfähigkeit von natürlichen Personen beginnt mit der Geburt (vgl. § 7 Abs. 1 S. 1 ObčZ) und endet mit dem Tod (vgl. § 7 Abs. 2 S. 1 ObčZ).[59] Eine Ausnahme hierzu regelt § 7 Abs. 1 S. 2 ObčZ: Wird ein bereits gezeugtes, aber noch nicht auf die Welt gekommenes Kind lebend geboren, so ist dieses ebenfalls erbfähig.[60] Erforderlich ist zudem, dass der Nasciturus vom Erblasser oder einem seiner Nachkommen abstammt.[61]

Juristische Personen (vgl. §§ 18 ff. ObčZ) sind erbfähig, wenn sie zum Todeszeitpunkt bereits entstanden[62] waren und nicht bereits wieder untergegangen sind.[63] Weitere Einschränkungen für die Erbfähigkeit und den Erbantritt von juristischen Personen bestehen und bestanden nicht. Dies ist für ein sozialistisches Erbrecht[64] bemerkenswert, denn im Gegensatz dazu sah zum Beispiel das ZGB der DDR eine staatliche Genehmigung vor. Auf diese Weise konnte der Staat

55 Vgl. *Ferid/Firsching/Bohata*, Tschechien, Rn. 21

56 Zum Beispiel bei einem Flugzeugunglück, bei dem alle Passagiere ums Leben gekommen sind

57 Eine Zusammenstellung aktueller Urteile bei *Balák/Korecká/Vojtek*, Občanský zákoník, S. 489 f.

58 Vgl. *Jehlička/Švestka/Mikeš,* Občanský zákoník, S. 831; *Ferid/Firsching/Bohata,* Tschechien, Rn. 25; *Trilsch-Eckardt*, Das tschechische Erbrecht, S. 5

59 Vgl. *Jehlička/Švestka/Mikeš,* Občanský zákoník, S. 79 ff. m.w.N.

60 Ebenso im deutschen Recht: § 1923 Abs. 2 BGB

61 Vgl. *Ferid/Firsching/Bohata*, Tschechien, Rn. 23

62 Der Zeitpunkt der Entstehung ist mit dem Zeitpunkt der Entstehung der Rechtsfähigkeit verknüpft, nämlich dem Zeitpunkt der Eintragung in das Handelsregister (§ 62 Handelsgesetzbuch). Eine Ausnahme stellt hierbei die Stiftung dar, die seit 1992 testamentarisch gegründet werden kann und logischerweise erst nach dem Zeitpunkt des Todes des Erblassers entstehen kann. Vgl. hierzu auch *Ferid/Firsching/Bohata*, Tschechien, Rn. 25 und *Jehlička/Švestka/Mikeš,* Občanský zákoník, S. 831

63 Vgl. *Jehlička/Švestka/Mikeš,* Občanský zákoník, S. 831

64 Das ObčZ stammt aus dem Jahre 1964

den Erbschaftserwerb von Vereinigungen, privaten Betrieben sowie der Kirche im Bedarfsfall unterbinden.[65]

Zu betonen ist in diesem Zusammenhang, dass, anders als in Deutschland, in Tschechien auch die OHG und KG als juristische Personen betrachtet werden und somit eine selbständige Rechtspersönlichkeit besitzen.[66] Beiden Rechtsordnungen ist aber die Erbfähigkeit der OHG und KG gemeinsam. Unterschiedlich wird dagegen die BGB-Gesellschaft behandelt.[67] Während diese neuerdings in Deutschland als erbfähig angesehen wird, [68] wird eine Erbfähigkeit der BGB-Gesellschaft in Tschechien abgelehnt; da diese gemäß § 829 Abs. 2 ObčZ nicht rechtsfähig ist, kann sie konsequenterweise auch nicht erbfähig sein.[69]

IV. Die gesetzliche Erbfolge *(dědická posloupnost ze zákona)*

1. Grundsätze

Die Vorschriften über die gesetzliche Erbfolge befinden sich in den § 473 – § 475a ObčZ. Diese kommt zur Anwendung, wenn:[70]

- es kein oder kein wirksames Testament gibt
- der Erblasser nicht über sein gesamtes Vermögen verfügt hat
- der Erblasser zwar über sein gesamtes Vermögen verfügt hat, einige Teile dieser Verfügung jedoch nicht realisierbar sind, da der testamentarische Erbe erbunwürdig oder bereits verstorben ist bzw. seine Erbschaft ausgeschlagen hat
- das Testament ungültig ist, weil die Pflichtteilsberechtigten (§ 479 ObčZ) nicht berücksichtigt wurden und ihre Rechte geltend machen

a) Das System der Ordnungen

Das tschechische gesetzliche Erbrecht beruht auf einem System der Ordnungen (sog. Parentelsystem), das man dem österreichischen ABGB entnommen hat.[71]

---

65 Vgl. *Trilsch-Eckardt*, Das tschechische Erbrecht, S. 5

66 Vgl. *Breidenbach/Čermák*, Wirtschaft und Recht in Osteuropa, CS, Kapitel D.1 Rn. 12 und 104

67 Diese wird in Tschechien als *sdružení* bezeichnet und ist in den §§ 829 ff. ObčZ geregelt

68 Vgl. *Scherer/Feick*, ZEV 2003, S. 341; *Palandt/Sprau*, § 705, Rn. 24a

69 Vgl. *Mikeš/Muzikař*, Dědické právo, S. 21 f.

70 Vgl. *Jehlička/Švestka/Mikeš*, Občanský zákoník, S. 836; *Henrich/Schwab/Hrušáková*, Familienerbrecht und Testierfreiheit in Tschechien, S.339; *Zuklinova*, Juris Classeur de Droit Comparé, Vol. 3, Rn. 116*:* *Ferid/Firsching/Bohata*, Tschechien, Rn. 38

71 Vgl. *Ferid/Firsching/Bohata*, Tschechien, Rn. 37

Aufgeweicht wird dieses System, indem eine Erweiterung der gesetzlichen Erbfolge auf Personen stattfindet, die im Unterhalt des Erblassers standen (vgl. § 474 Abs. 1 und § 475 Abs. 1 ObčZ).
In § 473 - §475a ObčZ teilt das Gesetz die gesetzlichen Erben je nach ihrer Nähe zum Erblasser in vier Gruppen ein (sog. Verwandtenerbrecht). Dadurch soll engeren Verwandten des Erblassers Vorrang vor weiter entfernteren Verwandten eingeräumt werden.[72] Die Abkömmlinge erben hierbei nach Stämmen d.h. dass das Erbrecht innerhalb ein und derselben Ordnung auf verschiedene Stämme aufgeteilt wird. Dieses Ziel wird erreicht durch das Repräsentations- und Eintrittsprinzip. [73]

b) Das Repräsentations- und Eintrittsprinzip

Das Repräsentationsprinzip meint, dass die ferneren Abkömmlinge eines Stammes jeweils durch die dem Erblasser näheren Abkömmlinge dieses Stammes ausgeschlossen werden.[74] Dieses Prinzip ist im ObčZ zwar nicht ausdrücklich geregelt, ergibt sich jedoch e contrario aus § 473 Abs. 2 ObčZ, § 475 Abs. 2 ObčZ sowie § 475a ObčZ am Ende.

Ist dagegen ein Abkömmling des Erblassers bereits vor dem Erbfall verstorben, so treten jeweils die durch ihn mit dem Erblasser verwandten Abkömmlinge – also die Abkömmlinge desselben Stammes – an seine Stelle (sog. Eintrittsprinzip).[75] Auf die Eintretenden entfällt der Erbteil, den sonst der Vormann bekommen hätte (vgl. §§ 473 Abs. 2, 475 Abs. 2, 475a am Ende ObčZ). Solange also ein Kind des Erblassers erbt, können dessen Kinder (die Enkelkinder des Erblassers) nicht zur Erbfolge gelangen. An die Stelle eines Enkels treten wiederum ersatzweise ihre Abkömmlinge zu gleichen Teilen (§ 473 Abs. 2 S. 2 ObčZ). Dieses uneingeschränkte Eintrittsrecht der gesamten Erblasserdeszendenz unterscheidet das tschechische Erbrecht von vielen anderen mittel- und osteuropäischen Rechtsordnungen, die Beschränkungen in absteigender Linie vorsehen.[76]

c) Prinzip des Vorrangs der niedrigeren Ordnung

Des Weiteren gilt auch in Tschechien das Prinzip des Vorrangs der niedrigeren Ordnung (vgl. §§ 474 Abs. 1 ObčZ, § 475 Abs. 1 ObčZ, § 475a 1. HS. ObčZ). Dem zufolge ist ein Verwandter nicht zur Erbfolge berufen, solange ein Ver-

---

72 Vgl. *Lange/Kuchinke*, Erbrecht, § 10 I 1; *Leipold*, Erbrecht, § 4 III 1

73 Vgl. *Henrich/Schwab/Hrušáková*, Familienerbecht und Testierfreiheit in Tschechien, S. 340

74 Vgl. *Jehlička/Švestka/Mikeš,* Občanský zákoník, S. 849

75 Vgl. Würzburger Notarhandbuch/*Hertel*, Teil 7 Kapitel 4, Rn. 1024; *Zuklinova*, Juris Classeur de Droit Comparé, Vol. 3, Rn. 125

76 Vgl. *Ferid/Firsching/Bohata*, Tschechien, Rn. 43 Fn. 54

wandter einer vorhergehenden Ordnung vorhanden ist. Innerhalb der Ordnungen herrscht grundsätzlich eine Gleichstellung der Erben (vgl. nur § 473 ObčZ). Durchbrochen wird dieser Grundsatz jedoch innerhalb der zweiten Gruppe. Gemäß § 474 Abs. 2 ObčZ erhält der überlebende Ehegatte mindestens die Hälfte des Nachlasses.

2. Das Erbrecht der Verwandten

a) Erste Gruppe (§ 473 ObčZ)

Kinder des Erblassers erben innerhalb der ersten Gruppe neben dem Ehegatten zu gleichen Teilen.[77] Ist kein Ehegatte vorhanden, so können sie auch alleine erben. Das gesetzliche Erbrecht der Kinder ist unabhängig davon, ob sie ehelich sind oder nicht bzw. ob die Eltern noch miteinander verheiratet sind.[78] Erbberechtigt sind auch angenommene Kinder, da durch die Annahme zwischen dem Angenommenen und dem Annehmenden und dessen Verwandten die gleichen verwandtschaftlichen Beziehungen entstehen wie bei leiblichen Eltern (§ 63 Abs. 1 ZOR[79]).[80] Durch die Annahme erlöschen die verwandtschaftlichen Beziehungen zu den leiblichen Eltern bzw. Elternteil (§ 72 ZOR), so dass der Angenommene sein Erbrecht nach den leiblichen Verwandten verliert.[81] Denn für das gesetzliche Erbrecht ist es entscheidend, dass das Verwandtschaftsverhältnis zum Zeitpunkt des Todes noch bestand. Eine Volljährigendoption mit eingeschränkten Wirkungen kennt das tschechische Recht dahingegen nicht.[82] Berufen sind auch Kinder, die bereits gezeugt, jedoch erst nach dem Tode des Erblassers lebend geboren wurden (§ 7 Abs. 1 ObčZ).[83] Nicht erbberechtigt sind Pflegekinder bzw. Stiefkinder, die nicht angenommen worden sind. Diese können jedoch beim Erfüllen der erforderlichen Voraussetzungen in der zweiten bzw. dritten Gruppe zur Erbfolge gelangen.

---

77 Vgl. Würzburger Notarhandbuch/*Hertel*, Teil 7 Kapitel 4, Rn. 904 und 1024; *Zuklinova*, Juris Classeur de Droit Comparé, Vol. 3, Rn. 125; *Jehlička/Švestka/Mikeš*, Občanský zákoník, S. 849

78 Vgl. *Ferid/Firsching/Bohata*, Tschechien, Rn. 41; *Henrich/Schwab/Hrušaková*, Familienerbrecht und Testierfreiheit in Tschechien, S. 339; *Trilsch-Eckardt*, Das tschechische Erbrecht, S. 5

79 Zákon o rodině, Nr. 94/1963 Sb. ("Familiengesetz")

80 Vgl. *Jehlička/Švestka/Mikeš*, Občanský zákoník, S. 849; *Süß/Haas/Rombach*, Erbrecht in Tschechien, Rn. 16; *Henrich/Schwab/Hrušaková*, Familienerbrecht und Testierfreiheit in Tschechien, S. 339

81 Mögliche Ausnahme von diesem Grundsatz: Einer der Annehmenden ist gleichzeitig der Ehepartner eines Elternteils des Angenommenen; vgl. *Ferid/Firsching/Bohata*, Tschechien, Rn. 41

82 Vgl. *Süß/Haas/Rombach*, Erbrecht in Tschechien, Rn. 16 Fn. 8

83 Vgl. *Jehlička/Švestka/Mikeš*, Občanský zákoník, S. 849; *Ferid/Firsching/Bohata*, Tschechien, Rn. 41

b) Zweite Gruppe (§ 474 ObčZ)

Innerhalb der zweiten Gruppe sind die Eltern des Erblassers zur Erbfolge berufen. Diese erben neben den anderen Personen der zweiten Gruppe[84] zu gleichen Teilen.[85] Der überlebende Ehegatte erhält jedoch mindestens die Hälfte des Nachlasses (§ 474 Abs. 2 ObčZ). Sind keine anderen Erben der zweiten Gruppe vorhanden, so erben die Eltern allein und zu gleichen Teilen.[86]
Das Prinzip der Erblasserdeszendenz findet in der zweiten Gruppe keine Anwendung[87], so dass anstelle der Eltern nicht automatisch ihre Kinder – die Geschwister des Erblassers – in die Erbfolge eintreten. Diese werden erst in der dritten Ordnung berücksichtigt (§ 475 ObčZ).[88] Eltern und Geschwister des Erblassers können folglich niemals zusammen gesetzliche Erben sein. Stattdessen erhöhen sich beim Wegfall eines oder beider Elternteile die Erbteile der übrigen Erben dieser Gruppe.[89]

c) Dritte Gruppe (§ 475 ObčZ)

In der dritten Gruppe sind die Geschwister des Erblassers zur Erbfolge berufen und zwar zu gleichen Teilen (§ 475 Abs. 1 ObčZ). Dabei ist es für deren Erbberechtigung nicht ausschlaggebend, ob und aus welcher Ehe sie stammen bzw. ob sie nur Halbgeschwister sind. Entscheidend ist, dass es einen gemeinsamen Elternteil gibt.[90] Geschwister des Erblassers können innerhalb der dritten Gruppe auch allein erben.[91] Erbt eines der Geschwister nicht, erben dessen Anteil dessen Kinder zu gleichen Teilen (§ 475 Abs. 2 ObčZ).[92] Sind weder Nichten noch Neffen des Erblassers vorhanden, so wächst der Anteil den anderen Miterben an. Kinder der Nichten und Neffen hingegen sind nicht zur Erbfolge berufen (vgl. § 475 Abs. 2 ObčZ).[93]

---

84 Zu diesen siehe sogleich 1. Teil, IV. 3, S. 14 und IV. 4, S. 16

85 Vgl. Würzburger Notarhandbuch/*Hertel*, Teil 7 Kapitel 4 Rn. 1025; *Zuklinova*, Juris Classeur de Droit Comparé, Vol. 3, Rn. 126

86 Vgl. *Jehlička/Švestka/Mikeš*, Občanský zákoník, S. 849; *Süß/Haas/Rombach*, Erbrecht in Tschechien, Rn. 23

87 Vgl. *Ferid/Firsching/Bohata*, Tschechien, Rn. 48; *Henrich/Schwab/Hrušaková*, Familienerbrecht und Testierfreiheit in Tschechien, S. 341; *Süß/Haas/Rombach*, Erbrecht in Tschechien, Rn. 23; anders noch die frühere Rechtslage in Tschechien

88 Vgl. *Zuklinova*, Juris Classeur de Droit Comparé, Vol. 3, Rn. 127; *Ferid/Firsching/Bohata*, Tschechien, Rn. 55

89 Vgl. *Süß/Haas/Rombach*, Erbrecht in Tschechien, Rn. 23

90 Vgl. *Jehlička/Švestka/Mikeš*, Občanský zákoník, S. 850; *Ferid/Firsching/Bohata*, Tschechien, Rn. 56; *Süß/Haas/Rombach*, Erbrecht in Tschechien, Rn. 28

91 Vgl. *Süß/Haas/Rombach*, Erbrecht in Tschechien, Rn. 27

92 Dieses Repräsentationsrecht wurde erst 1992 wieder ins Gesetz eingefügt

93 Vgl. *Jehlička/Švestka/Mikeš*, Občanský zákoník, S. 850; *Henrich/Schwab/Hrušaková*, Familienerbrecht und Testierfreiheit in Tschechien, S. 341

d) Vierte Gruppe (§ 475a ObčZ)[94]

Die vierte Gruppe des Parentelsystems wurde erst 1992 neu ins Gesetz eingefügt.[95] In dieser Gruppe sind die Großeltern des Erblassers zur Erbfolge berufen und zwar zu gleichen Teilen.[96] Erbt keiner von ihnen, erben zu gleichen Teilen deren Kinder – also Onkel und Tanten des Erblassers.[97] Weitere Abkömmlinge sind nicht erbberechtigt.[98]
Damit ist der Kreis der gesetzlichen Erben geschlossen. Ist von den vorgenannten gesetzlichen Erben niemand vorhanden und fehlt es auch an testamentarischen Erben, so fällt das Erbe an den Staat (§ 462 ObčZ) – mag es auch entferntere Verwandte geben.[99]

3. Das Erbrecht von Personen, die in einem gemeinsamen Haushalt mit dem Erblasser lebten (§ 474 und § 475 ObčZ)

Das Erbrecht von Personen, die in einem gemeinsamen Haushalt mit dem Erblasser lebten, führt zu einer Durchbrechung des Verwandtenerbrechts und stellt in dieser Form eine Besonderheit des tschechischen Rechts auf europäischer Ebene dar. Jedoch ist diese Regelung auch in Tschechien immer wieder Gegenstand der juristischen Diskussion, da sie zu zahlreichen Erbstreitigkeiten (i.S.d. § 175k OSŘ) führt.

Innerhalb der zweiten und dritten Gruppe sind nämlich auch Personen zur Erbfolge berufen, die mit dem Erblasser mindestens ein Jahr vor dessen Tod im gemeinsamen Haushalt[100] gelebt haben und aus diesem Grund den gemeinsamen Haushalt mitbesorgt haben oder auf Unterhalt des Erblassers angewiesen waren. Für das Erbrecht kommt es also nicht auf verwandtschaftliche Verhältnisse an, sondern allein auf bestimmte tatsächliche Bedingungen.[101]

---

94 Zu den Auslegungsproblemen dieser Norm ausführlich *Süß/Haas/Rombach*, Erbrecht in Tschechien, Rn. 29 ff. sowie *Mrzena*, Ad Notam 2000, S. 7

95 Vgl. *Ferid/Firsching/Bohata*, Tschechien, Rn. 58

96 Vgl. *Zuklinova*, Juris Classeur de Droit Comparé, Vol. 3, Rn. 128; *Jehlička/Švestka/Mikeš,* Občanský zákoník, S. 850

97 Vgl. *Henrich/Schwab/Hrušáková*, Familienerbrecht und Testierfreiheit in Tschechien, S. 341

98 Vgl. *Jehlička/Švestka/Mikeš,* Občanský zákoník, S. 850; *Süß/Haas/Rombach*, Erbrecht in Tschechien, Rn. 29

99 Vgl. *Jehlička/Švestka/Mikeš,* Občanský zákoník, S. 850; *Ferid/Firsching/Bohata*, Tschechien, Rn. 60; *Süß/Haas/Rombach*, Erbrecht in Tschechien, Rn. 31

100 Vgl. § 115 ObčZ. Demnach führen Personen einen gemeinsamen Haushalt, wenn sie dauerhaft zusammenleben und gemeinsam die Kosten für die Befriedigung ihrer Bedürfnisse tragen

101 Vgl. *Süß/Haas/Rombach*, Erbrecht in Tschechien, Rn. 24

a) „Sorge für den gemeinsamen Haushalt“

Hinsichtlich der „Sorge für den gemeinsamen Haushalt“[102] kommt es nicht darauf an, dass zwischen dieser Person und dem Erblasser eine Lebensgemeinschaft bestand.[103] Erforderlich ist nur eine gemeinsame Haushaltsführung. Wurde diese jedoch vor dem Tod des Erblassers beendet, besteht auch kein Erbrecht mehr.[104] Dieses Kriterium führt in der Praxis zu zahlreichen Problemen, da oftmals Personen, die nur dieselbe Adresse wie der Erblasser hatten und mit diesem in einer engen freundschaftlichen Beziehung standen, vorgeben, dass sie für den gemeinsamen Haushalt gesorgt hätten.

b) „Abhängigkeit vom Unterhalt des Erblassers“

Für die Abhängigkeit vom Unterhalt des Erblassers ist es nicht ausschlaggebend, dass der betreffenden Person ein Unterhaltsanspruch nach dem Familiengesetz zustand. Es ist ausreichend, dass die Person faktisch abhängig war oder der Erblasser die Unterstützung freiwillig gewährte.[105] Auch ist es nicht erforderlich, dass die betreffende Person kein anderes Einkommen hatte.[106]

Beispiele für solche Personen sind[107]:
- Pflegekinder
- nicht adoptierte Stiefkinder
- frühere leibliche Kinder (die adoptiert worden sind)
- Lebensgefährten
- der geschiedene Ehegatte.

Erfüllt eine früher mit dem Erblasser zusammenlebende Person beide Tatbestandsmerkmale, so steht ihr dennoch nur ein Erbteil zu.[108] In der zweiten Gruppe können diese Personen nur erben, wenn die Eltern und/ oder der überlebende Ehegatte Erbe werden. Gelangt keine der letztgenannten Personen zur Erbfolge, so können die früher mit dem Erblasser zusammenlebenden Personen nicht allein erben, sondern nur mit den Erben der dritten Gruppe.[109]

---

102 Vgl. Beispiele bei *Balák/Korecká/Vojtek*, Občanský zákoník, S. 501 f. und *Ferid/ Firsching/Bohata*, Tschechien, Rn. 50

103 Vgl. *Trilsch-Eckardt*, Das tschechische Erbrecht, S. 5

104 Vgl. *Ferid/Firsching/Bohata*, Tschechien, Rn. 50

105 Vgl. *Süß/Haas/Rombach*, Erbrecht in Tschechien, Rn. 26; *Trilsch-Eckardt*, Das tschechische Erbrecht, S. 6; *Ferid/Firsching/Bohata*, Tschechien, Rn. 53

106 Vgl. *Trilsch-Eckardt*, Das tschechische Erbrecht, S. 6

107 Vgl. *Süß/Haas/Rombach*, Erbrecht in Tschechien, Rn. 26

108 Vgl. *Süß/Haas/Rombach*, Erbrecht in Tschechien, Rn. 26

109 Vgl. *Jehlička/Švestka/Mikeš*, Občanský zákoník, S. 850; *Ferid/Firsching/Bohata*, Tschechien, Rn. 54; *Henrich/Schwab/Hrušaková*, Familienerbrecht und Testierfreiheit in Tschechien, S. 341

Leben beide Elternteile nicht mehr, kann es also vorkommen, dass die getrennt lebende Ehefrau und die neue Lebensgefährtin des Erblassers je zur Hälfte erben.[110]

4. Das Erbrecht des Ehegatten (§ 473 und § 474 ObčZ)

Der überlebende Ehegatte des Erblassers ist sowohl in der ersten (§ 473 ObčZ) als auch in der zweiten Gruppe (§ 474 ObčZ) zur Erbfolge berufen.[111] Dem Ehegatten rechtlich gleichgestellt ist seit 2006 der Lebenspartner bei einer eingetragenen Lebenspartnerschaft.[112]

Das Erbrecht des Ehegatten hängt in der ersten Gruppe davon ab, dass mindestens ein Abkömmling des Erblassers Erbe wird. Innerhalb der ersten Gruppe kann der überlebende Ehegatte somit niemals alleine erben.[113] Zudem kann der Ehegatte in der ersten Gruppe *höchstens* die Hälfte erben.[114] In der zweiten Gruppe erbt der Ehegatte hingegen *mindestens* die Hälfte. Sind keine anderen Erben vorhanden, ist der überlebende Ehegatte sogar Alleinerbe.[115]Die Höhe des Erbteils des überlebenden Ehegatten hängt des Weiteren von der Anzahl der Kinder als Repräsentanten ihres Stammes ab. Neben Kindern ist im tschechischen Recht keine Mindesterbquote festgelegt, so dass der Ehegatte neben 9 Kindern nur 1/10 erbt.[116]

Voraussetzung für die Erbberechtigung des Ehegatten ist eine im Zeitpunkt des Todes gültige Ehe.[117] Dahingegen ist es nicht erforderlich, dass die Eheleute zusammen leben.[118] Die Ehe kann auch unmittelbar vor dem Tod des Erblassers geschlossen worden sein.[119] Bei der Beendigung der Ehe durch Scheidung kommt es auf den Zeitpunkt der Rechtskraft des Scheidungsurteils an. War die-

110 Vgl. *Süß/Haas/Rombach*, Erbrecht in Tschechien, Rn. 24

111 Dem Ehegatten rechtlich gleichgestellt ist ein Lebenspartner bei einer eingetragenen Lebenspartnerschaft

112 Zákon o registrovaném partnerství a o změně některých souvisejících zákonů, Nr. 115/2006 Sb. („Lebenspartnerschaftsgesetz“)

113 Vgl. *Jehlička/Švestka/Mikeš,* Občanský zákoník, S. 849; *Süß/Haas/Rombach*, Erbrecht in Tschechien, Rn. 20

114 Vgl. *Henrich/Schwab/Hrušaková*, Familienerbrecht und Testierfreiheit in Tschechien, S. 340; *Ferid/Firsching/Bohata*, Tschechien, Rn. 44

115 Vgl. *Jehlička/Švestka/Mikeš,* Občanský zákoník, S. 849; *Ferid/Firsching/Bohata*, Tschechien, Rn. 44

116 Vgl. *Trilsch-Eckardt*, Das tschechische Erbrecht, S. 6

117 Vgl. *Henrich/Schwab/Hrušaková*, Familienerbrecht, S. 340; *Ferid/Firsching/Bohata*, Tschechien, Rn. 44

118 Was z.B. bei Genossenschaftswohnungen erforderlich ist

119 Vgl. *Süß/Haas/Rombach*, Erbrecht in Tschechien, Rn. 21

ses zum Zeitpunkt des Todes bereits rechtskräftig, scheidet der (frühere) Ehegatte aus der Erbfolge aus. Umgekehrt bedeutet das aber auch: Ist die Rechtskraft im Zeitpunkt des Todes noch nicht eingetreten, ist der Noch-Ehegatte gesetzlicher Erbe.[120]

5. Das Heimfallsrecht des Staates

Das Erbrecht des Staates ist in § 462 ObčZ geregelt. Ist kein testamentarischer Erbe bestimmt und von den vorgenannten gesetzlichen Erben niemand vorhanden, fällt die Erbschaft – ungeachtet eventueller entfernterer Verwandter – dem Staat zu.[121] Es gilt ein Prinzip der begrenzten Verwandtenerbfolge. Nach Angehörigen der vierten Parentel erbt bereits der Staat.

Wegen des Wortlauts von § 462 ObčZ und der systematischen Stellung der Vorschrift ist davon auszugehen, dass der Staat zwar kein Erbe wird[122], ihm die Erbmasse aber kraft Gesetzes zufällt.[123] Diese Regelung stellt kein Aneignungsrecht des Staates am herrenlosen Gut dar, sondern ist als Heimfall zu qualifizieren.[124] Dabei fällt die erbenlose Erbschaft dem Staat bereits zum Todeszeitpunkt des Erblassers zu.[125]Aus diesem Grund kann der Staat die Erbschaft auch nicht ausschlagen.[126] Die Haftung des Staates unterscheidet sich also von der Haftung der Erben.

6. Vergleich zum deutschen Recht

a) Die Grundsätze

Im Wesentlichen stimmen die Grundsätze der gesetzlichen Erbfolge im deutschen und tschechischen Recht überein. Lediglich Detailfragen werden unterschiedlich behandelt. So erstreckt das tschechische Recht das Parentelsystem auch auf Personen, die im Unterhalt des Erblassers standen (vgl. § 474 Abs. 1 und § 475 Abs. 1 ObčZ).[127] Nicht so im deutschen Recht. Hier werden innerhalb der Ordnungen nur Verwandte des Erblassers berücksichtigt.

---

120 Vgl. *Süß/Haas/Rombach*, Erbrecht in Tschechien, Rn. 21

121 Vgl. *Zuklinova*, Juris Classeur de Droit Comparé, Vol. 3, Rn. 116

122 Vgl. *Süß/Haas/Rombach*, Erbrecht in, Tschechien, Rn. 31; *Trilsch-Eckardt*, Das tschechische Erbrecht, S. 5: Obwohl der Staat daher kein Erbe ist, wird ihm dennoch ein regulärer Erbschein erteilt

123 Vgl. *Holub/Muzikář*, Občanský zákoník, S. 569

124 Vgl. *Jehlička/Švestka/Mikeš*, Občanský zákoník, S. 836; *Ferid/Firsching/Bohata*, Tschechien, Rn. 61; *Henrich/Schwab/Hrušaková*, Familienerbrecht und Testierfreiheit in Tschechien, S. 342; *Trilsch-Eckardt*, Das tschechische Erbrecht, S. 5

125 Vgl. *Ferid/Firsching/Bohata*, Tschechien, Rn. 61

126 Vgl. *Jehlička/Švestka/Mikeš*, Občanský zákoník, S. 836

127 Vgl. *Henrich/Schwab/Hrušaková*, Familienerbrecht und Testierfreiheit in Tschechien, S. 340 f.

Unterschiede ergeben sich auch bei der Gleichstellung der Erben. Während das deutsche Recht dieses Prinzip innerhalb der Ordnungen konsequent befolgt, kommt es in Tschechien in der zweiten Gruppe zu einer Durchbrechung dieses Grundsatzes: Gemäß § 474 Abs. 2 ObčZ erhält der Ehegatte mindestens die Hälfte des Nachlasses.[128]
Die umgekehrte Situation beim Eintrittsprinzip. Während dieses im tschechischen Recht uneingeschränkt gilt, gelangt es im deutschen Recht ab der 4. Ordnung nicht mehr zur Anwendung (vgl. § 1928 Abs. 3 und § 1929 Abs. 2 BGB)

b) Das Erbrecht der Verwandten

aa) Gemeinsamkeiten

Kinder des Erblassers erben in Tschechien innerhalb der ersten Gruppe neben dem Ehegatten zu gleichen Teilen (§ 473 Abs. 1 ObčZ).[129] Dem vergleichbar ist die Situation für die Kinder des Erblassers im deutschen Recht: Hier erbt ein Kind neben dem überlebenden Ehegatten zu gleichen Teilen, falls die Ehegatten Gütertrennung vereinbart hatten (§ 1931 Abs. 4 BGB). Im Fall der Zugewinngemeinschaft – dem gesetzlichen Regelfall (§ 1363 Abs. 1 BGB) – erhält der Ehegatte ¼ erbrechtlich neben den Kindern (§ 1931 Abs. 1 S. 1 BGB) sowie überdies ein Viertel infolge des Zugewinnausgleichs (§ 1931 Abs. 3 i.V.m. § 1371 Abs. 1 BGB); im Ergebnis also ebenso die Hälfte der Erbschaft.[130] In beiden Rechtsordnungen ist es für das gesetzliche Erbrecht der Kinder ohne Bedeutung, ob sie ehelich geboren wurden oder nicht.[131] Im deutschen Recht gilt dies jedoch erst seit 1998.[132]

bb) Unterschiede

Unterschiedlich werden die Geschwister im Bezug auf die Parentelen behandelt. Während das BGB diese der zweiten Ordnung zuweist (§ 1925 BGB), berücksichtigt sie das ObčZ erst innerhalb der dritten Gruppe (§ 475 ObčZ). Anders als

128 Vgl. *Henrich/Schwab/Hrušaková*, Familienerbrecht und Testierfreiheit in Tschechien, S. 341

129 Vgl. Würzburger Notarhandbuch/*Hertel*, Teil 7 Kapitel 4, Rn. 904 und 1024; *Zuklinova*, Juris Classeur de Droit Comparé, Vol. 3, Rn. 125

130 Vgl. *Palandt/Edenhofer*, § 1931, Rn. 7 f.

131 Eine Volljährigenadoption mit eingeschränkten Wirkungen (vgl. 1767 ff. BGB) ist dem tschechischen Recht aber unbekannt

132 Durch das sog. Erbrechtsgleichstellungsgesetz (1997) wurde eine volle erbrechtliche Gleichstellung nichtehelicher Kinder herbeigeführt und erbrechtliche Sonderinstitute, die bis dahin für nichteheliche Kinder galten (z.B. Anspruch auf den vorzeitigen Erbausgleich; Erbersatzanspruch) abgeschafft; vgl. auch MüKo/*Leipold*, Einleitung § 1922, Rn. 69

im deutschen Recht (vgl. § 1925 Abs. 3 S. 1 BGB) können in Tschechien Eltern und Geschwister des Erblassers niemals zusammen gesetzliche Erben sein.

Des Weiteren sieht das tschechische Recht einige Begrenzungen der Verwandtenerbfolge vor, die dem deutschen Erbrecht fremd sind. So sind in der dritten Gruppe die Kinder der Nichten und Neffen des Erblassers nicht zur Erbfolge berufen (§ 475 Abs. 2 ObčZ).[133] Anders dagegen die Regelung im BGB, das keine entsprechenden Beschränkungen der Erbfolge vorsieht (vgl. § 1925 Abs. 3 S. 1 i.V.m. § 1924 Abs. 3 BGB). Ebenso in der vierten Gruppe: Hier sind die Kinder der Onkel und Tanten des Erblassers von der gesetzlichen Erbfolge ausgeschlossen (§ 475a ObčZ). Nicht so jedoch im BGB, das auch die Kindeskinder der Großeltern berücksichtigt (§ 1926 Abs. 1 BGB). Das deutsche Recht geht sogar so weit die Verwandtenerbfolge unbegrenzt weiterzuführen (§ 1929 BGB).[134] Im Gegensatz wiederum zum ObčZ, das ab der vierten Gruppe (§ 475a ObčZ) alle weiteren Verwandten von der Erbfolge ausschließt.[135]

c) Das Erbrecht von Personen, die einen gemeinsamen Haushalt mit dem Erblasser führten

Durch die Aufnahme dieser Personen in den Kreis der gesetzlichen Erben wird der Grundsatz, dass nur Verwandten ein gesetzliches Erbrecht zusteht, durchbrochen. Auf diese Weise soll die Versorgung der dem Erblasser nahe stehenden Personen gesichert werden.[136]
Im deutschen Erbrecht gibt es keine entsprechende Regelung. Ähnlich ist nur § 1969 BGB. Diese Norm verschafft den Familienangehörigen des Erblassers, die mit ihm in häuslicher Gemeinschaft lebten und von ihm Unterhalt bezogen, für 30 Tage einen Anspruch auf Unterhalt und Benutzung der Wohnung. Allerdings gewährt § 1969 BGB kein Erbrecht, sondern stellt lediglich ein gesetzliches Vermächtnis dar.[137] Erlangt wird folglich nur ein schuldrechtlicher Anspruch. Zweck des § 1969 BGB (sog. „Dreißigster") ist es somit nicht den Kreis der Begünstigten zu erweitern, sondern dieser soll nur eine kurze Übergangsregelung sein, während der den Familienangehörigen des Erblassers für eine gewisse Zeit

---

133 Vgl. *Henrich/Schwab/Hrušaková*, Familienerbrecht und Testierfreiheit in Tschechien, S. 341

134 Zu beachten ist aber, dass der überlebende Ehegatte ab der vierten Ordnung alle weiteren Verwandten verdrängt (§ 1931 Abs. 2 BGB). Zudem erbt in der Praxis in solchen Fällen oft der Staat (§ 1936 BGB), da es in diesen Ordnungen oftmals zu Nachweisschwierigkeiten kommt bzw. die entsprechenden Erben gar keine Kenntnis von ihrer Erbschaft erlangen, vgl. *Palandt/Edenhofer*, § 1929, Rn. 1

135 Vgl. *Henrich/Schwab/Hrušaková*, Familienerbrecht und Testierfreiheit in Tschechien, S. 342

136 Vgl. *Trilsch-Eckardt*, Das tschechische Erbrecht, S. 6

137 Vgl. MüKo/*Siegmann*, § 1969, Rn. 4; *Lange/Kuchinke*, Erbrecht, § 15 IV

nach dem Erbfall die Fortdauer ihrer bisherigen äußeren Lebensbedingungen gesichert wird.[138]

Meines Erachtens wäre jedoch eine dem tschechischen Recht vergleichbare Regelung auch in Deutschland wünschenswert. Indem diese auch die Lebensgemeinschaft und die häusliche Gemeinschaft schützt, wird sie besser den Bedürfnissen des Lebens gerecht als die gegenwärtige Situation im deutschen Recht. Zwar besteht hier die Möglichkeit diesen Personen testamentarisch zu einem Erbrecht zu verhelfen. Jedoch wird davon oft aus Unkenntnis oder Nachlässigkeit kein Gebrauch gemacht.

d) Das Erbrecht des Ehegatten

Anders als das BGB, das dem Ehegatten ein eigenständiges gesetzliches Erbrecht garantiert (§ 1931 BGB), ist der Ehegatte im ObčZ neben den Verwandten den einzelnen Gruppen zugeteilt (§ 473 und § 474 ObčZ).[139] Auch fehlt im tschechischen Recht eine dem § 1931 Abs. 1 BGB vergleichbare Regelung, die dem Ehegatten neben Kindern des Erblassers eine bestimmte Erbquote garantiert. So beträgt der Anteil des Ehegatten im deutschen Recht neben Abkömmlingen ¼ bis ½ des Nachlasses – je nach Güterstand und Wahl des erb- oder güterrechtlichen Zugewinnausgleichs. Neben Verwandten der zweiten Ordnung beträgt der Anteil sogar ½ bis ¾ des Nachlasses.[140] Dahingegen ist in Tschechien der Güterstand ohne unmittelbaren Einfluss auf die Höhe des Erbteils des Ehegatten. Demzufolge fehlt auch eine Regelung, die § 1371 BGB[141] entspricht.[142]

Im deutschen Erbrecht wird der Ehegatte folglich stärker geschützt. Es ist jedoch zu beachten, dass in Tschechien ein gewisser Schutz über das Ehegüterrecht vorgenommen wird. Der gesetzliche Güterstand stellt eine Form der Errungenschaftsgemeinschaft *(společenství vymoženostî)* dar.[143] Mit Beendigung der Ehe – also z.B. mit dem Tod des Ehegatten – wird das vorhandene Gesamtgut wieder

138 Vgl. MüKo/*Siegmann*, § 1969, Rn. 1

139 Vgl. *Henrich/Schwab/Hrušaková*, Familienerbrecht und Testierfreiheit in Tschechien, S. 340 f.

140 Vgl. *Trilsch-Eckardt*, Das tschechische Erbrecht, S. 6

141 Der erbrechtliche Zugewinnausgleich erfolgt mittels einer Erhöhung des Erbteils des überlebenden Ehegatten um ein Viertel

142 Vgl. *Henrich/Schwab/Henrich*, Familienerbrecht und Testierfreiheit im europäischen Vergleich, S. 374

143 Vgl. *Bergmann/Ferid/Bohata*, Int. Ehe- und Kindschaftsrecht, Tschechien, S. 38 sowie §§ 143 ff. ObčZ

(§ 149 Abs. 2 S. 2 ObčZ).[144] Hierbei erfolgt zunächst die Auseinandersetzung des gemeinschaftlichen Vermögens der Ehegatten und erst danach kann der Umfang des zum Nachlass gehörenden Vermögens festgestellt und das Erbe verteilt werden.[145]

Voraussetzung für die Erbberechtigung des Ehegatten ist eine im Zeitpunkt des Todes gültige Ehe.[146] Eine dem § 1933 BGB entsprechende Vorschrift, die bestimmt, dass das Ehegattenerbrecht ausgeschlossen ist, wenn zur Zeit des Todes des Erblassers die Voraussetzungen für die Scheidung gegeben waren und der Erblasser die Scheidung beantragt bzw. ihr zugestimmt hatte, kennt das tschechische Recht nicht.[147] Auch existiert im ObčZ keine Vorschrift, die § 1932 BGB[148] (sog. „Voraus des Ehegatten") vergleichbar wäre.[149] Diese Norm gibt dem überlebenden Ehegatten unter bestimmten Voraussetzungen das Recht, die zum ehelichen Haushalt gehörenden Gegenstände, soweit sie nicht Zubehör des Grundstücks sind, und die Hochzeitsgeschenke als Voraus zu fordern. In Tschechien hingegen fällt der Hausrat in vollem Umfang in den Nachlass, falls die gesetzliche Erbfolge zum Zuge kommt. Dies kann für finanziell schlechter gestellte Familien, in denen der Hausrat einen wesentlichen Teil des Hausguts ausmacht, durchaus erhebliche Probleme aufwerfen. Zumal Hausrat im Verhältnis zu den Löhnen in Tschechien relativ teuer ist.[150]

Insgesamt betrachtet zeigt sich, dass der Schutz des überlebenden Ehegatten in Tschechien weniger ausgeprägt ist als in Deutschland. In Tschechien hingegen wird mehr Wert auf den Schutz der Abkömmlinge gelegt. Die Sicherung des Familienvermögens für die Zukunft steht hierbei im Vordergrund.[151]

144 Zum Beispiel falls aus dem gemeinsamen Vermögen die Renovierung des Hauses bezahlt wurde, welches aber zum ausschließlichen Eigentum nur eines Ehegatten gehörte

145 Vgl. *Rombach,* MittBayNot 2000, S. 404; Würzburger Notarhandbuch/*Hertel*, Teil 7 Kapitel 4, Rn. 904

146 Vgl. *Henrich/Schwab/Hrušaková*, Familienerbrecht und Testierfreiheit in Tschechien, S. 340

147 Vgl. *Süß/Haas/Rombach*, Erbrecht in Tschechien, Rn. 21

148 Sog. „Voraus des Ehegatten"

149 Vgl. *Trilsch-Eckardt*, Das tschechische Erbrecht, S. 6

150 Vgl. *Trilsch-Eckardt*, Das tschechische Erbrecht, S. 6

151 Vgl. *Trilsch-Eckardt*, Das tschechische Erbrecht, S. 6

e) Das Erbrecht des Staates

Während dem tschechischen Recht das Prinzip der begrenzten Verwandtenerbfolge zu Grunde liegt und der Kreis der gesetzlichen Erben infolge dessen nach der vierten Parentel geschlossen wird (vgl. § 475a ObčZ), lässt das deutsche Recht auch die entferntesten Verwandten noch vor dem Staat erben (vgl. § 1929 BGB). Eine Begrenzung des Kreises der gesetzlichen Erben bis zu einer bestimmten Ordnung findet nicht statt. Unterschiedlich wird in Deutschland und Tschechien auch der Erwerb des Nachlasses durch den Staat geregelt. In Tschechien ist der Staat kein gesetzlicher Erbe. Stattdessen erlangt er die Erbmasse mittels Heimfall.[152] In Deutschland dahingegen wird der Staat zum gesetzlichen Erben (§ 1936 BGB). Der Fiskus hat als letzter in der gesetzlichen Erbfolgeordnung ein privates gesetzliches Erbrecht, sog. Staatserbrecht.[153]

Beiden Rechtsordnungen ist aber gemeinsam, dass der Staat das Erbe nicht ausschlagen kann. Auf diese Weise wird garantiert, dass es keinen Nachlass ohne Erben gibt und die Nachlassabwicklung durchgeführt wird.[154] Ebenso ist es sowohl im tschechischen als auch im deutschen Recht möglich, den Staat als testamentarischen Erben einzusetzen. Dann genießt auch der Staat als Erbe alle Rechte und Pflichten, die für gewöhnlich einem Erben zustehen

V. Gewillkürte Erbfolge *(testamentární dědictví)*

Auch wenn das Gesetz in § 461 ObčZ zunächst die gesetzlichen Erben an erster Stelle nennt, hat die gewillkürte Erbfolge dennoch Vorrang.[155] Ein Grund für diese Formulierung des § 461 ObčZ mag sein, dass während des Sozialismus, und das ObčZ wurde während dieser Zeit erlassen, die gesetzliche Erbfolge als wünschenswerter angesehen wurde als die gewillkürte Erbfolge. Wie sich aus den Motiven des ObčZ ergibt, ging der Gesetzgeber davon aus, dass die gesetzliche Erbfolge besser dem Schutz der Familie dient, welcher gesellschaftspolitisch erstrebenswert ist, während der Erblasser im Rahmen der gewillkürten Erbfolge ohne Rücksicht auf seine Familie handeln kann.[156]

---

152 Vgl. *Henrich/Schwab/Hrušaková*, Familienerbrecht und Testierfreiheit in Tschechien, S. 342

153 Vgl. *Palandt/Edenhofer*, § 1936, Rn. 1

154 Vgl. MüKo/*Leipold*, § 1936, Rn. 1

155 Vgl. *Jehlička/Švestka/Mikeš*, Občanský zákoník, S. 836; *Ferid/Firsching/Bohata*, Tschechien, Rn. 63; *Henrich/Schwab/Hrušáková*, Familienerbrecht und Testierfreiheit in Tschechien, S.339

156 Vgl. *Trilsch-Eckardt*, Das tschechische Erbrecht, S. 6

1. Wirksamkeit letztwilliger Verfügungen

a) Testierfreiheit *(testovací volnost)*

Die Testierfreiheit ist in den §§ 476a ff. ObčZ geregelt, wobei diese Normen erst 1991 wieder ins ObčZ eingefügt wurden.[157] Seitdem stehen dem Erblasser wieder verschiedene Formen von Testamenten zur Auswahl. Weiterhin sind aber andere letztwillige Verfügungen als Testamente grundsätzlich nicht zulässig und auch die Errichtung eines gemeinschaftlichen Testaments ist verboten (§ 476 Abs. 3 ObčZ).

b) Testierfähigkeit *(způsobilost pořídit závěť)*

Im tschechischen Recht gibt es keine Norm, in der die allgemeinen Voraussetzungen der Testierfähigkeit geregelt sind. Ein Umkehrschluss lässt sich aber dem neu eingefügten § 476d ObčZ entnehmen, der für Personen unter 16 Jahren[158] für das Testament die notarielle Form vorschreibt.[159] Daraus folgt, dass Personen ab 16 Jahren frei testieren dürfen.[160] Ist der Testator jünger als 16, dann kann die Testamentserrichtung nur mittels notarieller Niederschrift erfolgen (§ 476d Abs. 2 ObčZ). Minderjährige unter 15 sind nicht testierfähig. Das Testament ist nach tschechischem Recht eine einseitige, jederzeit widerrufbare oder änderbare Willenserklärung.[161] Für deren wirksame Abgabe ist Geschäftsfähigkeit erforderlich (§ 8 ObčZ). Gibt es Zweifel an der Geschäftsfähigkeit der betreffenden Person, so ist der Zeitpunkt der Errichtung des Testaments entscheidend. Später eingetretene Hindernisse bleiben unberücksichtigt. Umgekehrt kann ein Mangel aber auch nicht geheilt werden.[162]

c) Persönliche Errichtung

Gemäß § 477 ObčZ obliegt es dem Erblasser, die Erben zu benennen und die Erbanteile bzw. die Gegenstände oder Rechte, die den Erben zufallen sollen, zu bestimmen. Unzulässig ist es daher, die Erben oder die Erbanteile durch einen

157 Zákon, kterým se mění, doplňuje a upravuje občanský zákoník; Nr. 509/1991 Sb. („Zivilgesetzreform")

158 Vor 1992 war jede letztwillige Verfügung von Minderjährigen unzulässig. Vgl. *Mikeš*, Dědické právo, S. 54 f.

159 Volljährigkeit wird gemäß § 8 Abs. 2 ObčZ mit Vollendung des achtzehnten Lebensjahres oder mit der Eheschließung erreicht. Eine Ehe kann geschlossen werden, sobald man älter als 16 ist.

160 Vgl. *Jehlička/Švestka/Mikeš*, Občanský zákoník, S. 853; *Trilsch-Eckardt*, Das tschechische Erbrecht, S. 6

161 Vgl. *Ferid/Firsching/Bohata*, Tschechien, Rn. 64; *Jehlička/Švestka/Mikeš,* Občanský zákoník, S. 853

162 Vgl. *Ferid/Firsching/Bohata*, Tschechien, Rn. 64 Fn. 66

Dritten bestimmen zu lassen.[163] Ziel dieser Regelung ist es sicherzustellen, dass die Verfügung von Todes wegen in vollem Umfang dem persönlichen Willen des Erblassers entspricht. Ebenso ist keine gesetzliche oder rechtsgeschäftliche Vertretung gestattet. Folglich können Eltern für ihr minderjähriges Kind oder Pfleger für eine geschäftsunfähige Person kein Testament errichten.[164]

2. Zulässiger Inhalt letztwilliger Verfügungen

a) Bestimmung der Erben

Durch die Errichtung eines Testaments kann der Erblasser festlegen, wer die Erben sein sollen (§ 477 Abs. 1 S. 1 ObčZ).[165] Hierbei genügt es nicht, dass in der letztwilligen Verfügung nur bestimmte Personen enterbt werden, ohne konkrete Erben zu benennen. Stattdessen muss der Erblasser die Erben positiv bestimmen. Ein reines Negativtestament hätte keine Rechtswirkungen.[166] Zu beachten ist aber § 469a ObčZ, eine lex specialis zu § 477 ObčZ, die eine Enterbung von Abkömmlingen ermöglicht.[167]

b) Bestimmung der Erbgegenstände und Nachlassanteile

Ebenso kann der Erblasser im Testament die Sachen und Rechte, die den Erben zufallen sollen, bestimmen (§ 477 Abs. 1 S. 1 ObčZ).[168] Dem Erblasser ist es auch gestattet, über seinen Nachlass im Gesamten zu verfügen.[169] Genauso kann er den Erben aber auch einzelne bestimmte Sachen oder Rechte – wie z.B. eine bestimmte Immobilie[170] - zuwenden.[171] Dabei handelt es sich jedoch nicht etwa um ein Vermächtnis, sondern um eine Teilung des Nachlasses, die der Erblasser selbst antizipiert dinglich vornehmen kann (sog. antizipierte dingliche Erbauseinandersetzung).[172] Sollen bestimmte Gegenstände vererbt werden, besteht aller-

---

163 Vgl. *Ferid/Firsching/Bohata,* Tschechien, Rn. 64

164 Vgl. *Ferid/Firsching/Bohata,* Tschechien, Rn. 64

165 Vgl. Würzburger Notarhandbuch/*Hertel*, Teil 7 Kapitel 4, Rn. 1031; *Plank*, ZfRV 1964, S. 157; *Zuklinova*, Juris Classeur de Droit Comparé, Vol. 3, Rn. 134; *Jehlička/Švestka/Mikeš,* Občanský zákoník, S. 855

166 Vgl. *Süß/Haas/Rombach*, Erbrecht in Tschechien, Rn. 33

167 Vgl. *Süß/Haas/Rombach*, Erbrecht in Tschechien, Rn. 33; *Trilsch-Eckardt*, Das tschechische Erbrecht, S. 7

168 Vgl. Würzburger Notarhandbuch/*Hertel*, Teil 7 Kapitel 4, Rn. 1032; *Jehlička/Švestka/Mikeš,* Občanský zákoník, S. 855

169 Vgl. *Ferid/Firsching/Bohata*, Tschechien, Rn. 79

170 Vgl. *Rombach*, MittBayNot 2000, S. 404

171 Vgl. *Jehlička/Švestka/Mikeš,* Občanský zákoník, S. 855; *Henrich/Schwab/Hrušaková*, Familienerbrecht und Testierfreiheit in Tschechien, S. 344; *Zuklinova*, Juris Classeur de Droit Comparé, Rn. 134

172 Vgl. *Mikeš*, Občanské právo hmotné, S. 439; *Rombach*, MittBayNot 2000, S. 404 Fn. 30

dings die Gefahr, dass dieser Gegenstand zum Zeitpunkt des Todes nicht mehr vorhanden ist. Das Testament ist dann in diesem Teil ungültig.[173] Handelt es sich hierbei jedoch um eine Geldsumme, dann bleibt das Testament gültig. In einem solchen Fall müssen die übrigen Erben den fehlenden Betrag begleichen.[174]

Problematisch für den mit einer einzelnen Sache Bedachten ist, dass er so zum Miterben wird – also mit allen Konsequenzen – und daher auch für Nachlassverbindlichkeiten haftet.[175] Zu Gute kommt einem solchen Erben aber, dass sich die Pflichten der Erben im tschechischen Recht nach dem Umfang des geerbten Vermögens bemessen.[176]

Schließlich kann der Erblasser auch die Anteile der Erben am Nachlass festlegen. Trifft der Erblasser keine derartige Festsetzung, dann erben diese zu gleichen Teilen (§ 477 Abs. 1 S. 2 ObčZ).[177]

c) Nachlassverteilung bei unteilbarem Miteigentum[178]

Der Verfügende kann überdies festlegen, wer an seiner Stelle als Erbe in das Rechtsverhältnis des Miteigentums treten soll. Bei unteilbarem Miteigentum der Eheleute, infolge des gesetzlichen Güterstandes, ist allerdings zu beachten, dass einer der Ehepartner nicht ohne Zustimmung des anderen Ehepartners über das Miteigentum verfügen darf. In diesem Fall obliegt es dem Gericht, dieses Miteigentum zu verteilen. In Betracht kommen verschiedene Möglichkeiten:

a) Das Miteigentum erhält der überlebende Ehegatte. Dieser muss dafür die übrigen Erben auszahlen.

b) Das Miteigentum fällt in die Erbmasse. Die Erben zahlen dann den überlebenden Ehegatten aus.

c) Das unteilbare Miteigentum wird in teilbares Miteigentum umgewandelt. Eine ideelle Hälfte erhält der Ehegatte, die andere ideelle Hälfte erhalten die übrigen Erben.

Hierbei stellt es eine Besonderheit des tschechischen Rechts dar, dass der überlebende Ehegatte und die übrigen Erben keinen Einfluss auf die Entscheidung des Gerichts haben (§ 175 1 OSŘ).

---

173 Vgl. *Jehlička/Švestka/Mikeš,* Občanský zákoník, S. 855; *Ferid/Firsching/Bohata*, Tschechien, Rn. 80

174 Vgl. *Jehlička/Švestka/Mikeš,* Občanský zákoník, S. 855

175 Vgl. *Holub/Muzikář*, Občanský zákoník, S. 339

176 Vgl. *Ferid/Firsching/Bohata*, Tschechien, Rn. 79

177 Vgl. *Zuklinova*, Juris Classeur de Droit Comparé, Vol. 3, Rn. 134; *Ferid/Firsching/Bohata*, Tschechien, Rn. 79

178 Vgl. *Ferid/Firsching/Bohata*, Tschechien, Rn. 81 ff.; *Jehlička/Švestka/Mikeš,* Občanský zákoník, S. 856

d) Weitere zulässige Gestaltungsmöglichkeiten

Der Erblasser kann des Weiteren testamentarisch eine Stiftung errichten (§ 477 Abs. 2 ObčZ).[179] Hierzu ist es erforderlich, dass das Testament die in § 3 Abs. 3 NadZ[180] angeordneten Angaben enthält. Ein solches Testament muss gemäß § 3 Abs. 1 NadZ notariell beurkundet werden. Falls ein Testament diese inhaltlichen Erfordernisse nicht erfüllen sollte, ist es in diesem Teil ungültig.[181]
Schließlich kann der Erblasser auch über das Gesamtgut einer Errungenschaftsgemeinschaft letztwillig verfügen und dieses verteilen. Ein solches Testament ist dahingehend auszulegen, dass die letztwillige Verfügung nur das Vermögen umfasst, das nach der Auseinandersetzung des Gesamtguts in den Nachlass fällt.[182]

d) Ernennung eines Testamentsvollstreckers bzw. eines Erbschaftsverwalters

Anders als das BGB (vgl. §§ 2197 ff. BGB) sieht das ObčZ keine Möglichkeit der Ernennung eines Testamentsvollstreckers *(vykonavatel závěti)* vor.[183] Grund dafür ist, dass das tschechische Recht weder eine Aussetzung von Vermächtnissen, noch eine Erteilung von Auflagen und keine Anordnung einer Vor- und Nacherbfolge gestattet; auch andere Verfügungen hinsichtlich der Art der Nachlassverwaltung sind nicht zulässig.[184] Dies macht eine Testamentsvollstreckung im tschechischen Recht entbehrlich.

Möglich ist aber die testamentarische Ernennung eines Erbschaftsverwalters *(správce dědictví)* gemäß § 480d ObčZ.[185] Dabei ist es Aufgabe des Erbschaftsverwalters für den Zeitraum, in dem noch nicht sicher ist, an wen die Erbschaft endgültig fällt, sicherzustellen, dass das hinterlassene Vermögen keinen wirtschaftlichen Schaden erleidet und stattdessen in seinem ungeschmälerten Zustand verbleibt.[186] Der Inhalt der Tätigkeit des Verwalters kann dabei auf einen Teil des Erbschaftsvermögen beschränkt werden (§ 480d Abs. 1 S. 1 ObčZ). In

179 Vgl. *Zuklinova*, Juris Classeur de Droit Comparé, Vol. 3, Rn. 134; *Jehlička/Švestka/Mikeš*, Občanský zákoník, S. 855
180 Zákon o nadacích a nadačních fondech, Nr. 227/1997 Sb. ("Stiftungsgesetz")
181 Vgl. *Henrich/Schwab/Hrušaková*, Familienerbrecht und Testierfreiheit in Tschechien, S. 344
182 Vgl. *Süß/Haas/Rombach*, Erbrecht in Tschechien, Rn. 36; *Holub/Muzikář*, Občanský zákoník, S. 668; *Jehlička/Švestka/Mikeš*, Občanský zákoník, S. 856
183 Vgl. dazu ausführlich 3. Teil, II. 3, S. 117
184 Vgl. Würzburger Notarhandbuch/*Hertel*, Teil 7, Kapitel 4, Rn. 1034
185 Vgl. dazu ausführlich 3. Teil, II. 2, S. 112 ff.
186 Vgl. *Jehlička/Švestka/Mikeš*, Občanský zákoník, S. 860 und S. 863

jedem Fall endet die Erbschaftsverwaltung mit dem Ende des Nachlassverfahrens.[187]
Im Vergleich mit dem deutschen Recht lässt sich feststellen, dass der Erbschaftsverwalter im Sinne des ObčZ *(správce dědictví)* zwar keiner Rechtsfigur des BGB exakt entspricht, aber dennoch viele Gemeinsamkeiten, insbesondere hinsichtlich des Aufgabenbereichs, mit dem Nachlasspfleger im Sinne der §§ 1960 ff. BGB teilt.[188]

f) Grenzen der Testamentsgestaltung

Nicht verfügen kann der Erblasser dahingegen über Vermögen, das kraft Gesetzes oder auf Grund eines Vertrages zu Gunsten Dritter auf den Todesfall auf Dritte übergeht und daher nicht in den Nachlass fällt.[189]Ebenso sind persönliche Rechte wie z.B. Schmerzensgeldansprüche oder Leistungen der Individualversicherung wegen herabgesetzter gesellschaftlicher Stellung nicht vererbbar.[190]
Verteilt der Erblasser Nachlass, dessen Eigentümer er nicht mehr ist oder niemals war, so entfällt die Erbeinsetzung der insoweit zu Erben eingesetzten Personen, falls sie nicht noch anderen Nachlass erhalten.[191]
Die Erbeinsetzung darf auch an keinerlei Bedingungen geknüpft werden (§ 478 S. 1 ObčZ).[192] Es ist also nicht möglich, die Erbeinsetzung einer Person von ihrem Verhalten oder anderen Tatsachen abhängig zu machen.[193] Jedoch führen diese Bedingungen nicht zur Unwirksamkeit des *gesamten* Testaments. Sie entfalten lediglich keine Rechtswirkungen.[194]

g) Sonderproblem: Vererbung von Immobilien an Devisenausländer

Ist an einem Immobilienerwerb in der Tschechischen Republik ein Devisenausländer beteiligt, so ergeben sich Besonderheiten.[195] Hierbei gilt als Devisenausländer, wer seinen dauerhaften Aufenthalt nicht in Tschechien hat (vgl. § 1 lit. b)

---

187 Vgl. *Rombach*, Erbrecht in Tschechien, Rn. 40

188 Vgl. dazu ausführlich 3. Teil, II. 2, S. 112 f.

189 Beispiel: Noch offene Rentenversicherungs- und Krankenversicherungsleistungen, Lebensversicherungen, Lohnansprüche, Mietverträge über Wohnräume etc.; vgl. *Süß/Haas/Rombach*, Erbrecht in Tschechien, Rn. 38; ausführlich dazu *Špoková*, Ad Notam 2001, S. 112 ff. und 2002, S. 25 ff.

190 Vgl. *Ferid/Firsching/Bohata*, Tschechien, Rn. 84

191 Vgl. *Süß/Haas/Rombach*, Erbrecht in Tschechien, Rn. 36

192 Vgl. *Jehlička/Švestka/Mikeš*, Občanský zákoník, S. 856

193 Vgl. die Beispiele bei *Süß/Haas/Rombach*, Erbrecht in Tschechien, Rn. 34

194 Vgl. *Ferid/Firsching/Bohata*, Tschechien, Rn. 85

195 Vgl. dazu ausführlich: *Frank/Wachter/Rombach*, Immobilienrecht in Europa, Nr. 22 Tschechien; *Köhne*, OsteuropaR 1996, S. 48 ff.

und c) DevZ[196]). Die Staatsangehörigkeit spielt keine Rolle.[197] Bei juristischen Personen wird auf deren Sitz abgestellt, so dass ausländische juristische Personen, die in der Tschechischen Republik unternehmerisch tätig sind, als Inländer gelten.[198] Daher werden in der Praxis oftmals Handelsgesellschaften auch zum Zwecke des Erwerbs einzelner Immobilien gegründet.[199]
Die Erwerbsmöglichkeiten einer Immobilie sind für Devisenausländer, die *nicht*tschechische Staatsangehörige[200] sind, auf einige in § 17 DevZ geregelte Fälle beschränkt.[201] Dazu gehört auch der Erwerb mittels Erbschaft, § 17 Abs. 1 lit. d) Nr. 1 bzw. Abs. 2 lit. e) Nr. 1 DevZ. Dieser Fall unterliegt keinen Beschränkungen.[202] Daher können auch Devisenausländer ein Haus oder aber ein Grundstück[203] von einem Deviseninländer erben.[204]

h) Unwirksame und unzulässige Testamente

Das Testament ist ungültig, wenn der Erblasser unfähig ist, die Wirkungen der Verfügung zu erfassen. In diesem Fall ist das Testament automatisch unwirksam, ohne dass eine nachträgliche Einschränkung der Geschäftsfähigkeit durch ein Gericht notwendig wäre.[205]Ist eine letztwillige Verfügung infolge des Einflusses von Alkohol, Drogen oder Krankheit unverständlich bzw. unbestimmt, so ist das Testament wegen vorübergehender Geschäftsunfähigkeit ebenfalls unwirksam.[206]

Des Weiteren ist ein Testament unwirksam, wenn sich der Erblasser bei Abgabe der testamentarischen Erklärung in einer Zwangslage befand. Hierbei ist es unerheblich, ob der Begünstigte selbst oder ein Dritter den Zwang ausgeübt hat. Bloße Überredungskünste beeinträchtigen die Wirksamkeit des Testaments je-

196 Devizový Zákon, Nr. 219/1995 Sb. („Devisengesetz"); deutsche Übersetzung bei *Breidenbach (Hrsg.)*, Wirtschaft und Recht in Osteuropa, CS 550
197 Vgl. *Rombach*, MittBayNot 2000, S. 404; *Fiala/Hurdík/Michna*, WiRO 2003, S. 37
198 Vgl. *Frank/Wachter/Rombach*, Immobilienrecht in Europa, Tschechien, S. 1501
199 Vgl. *Frank/Wachter/Rombach*, Immobilienrecht in Europa, Tschechien, S. 1501
200 Ein Devisenausländer, der tschechischer Staatsangehöriger ist, unterliegt keinen Erwerbsbeschränkungen (§ 17 Abs. 1 lit. b bzw. Abs. 2 lit. b) DevZ)
201 Auch nach dem Beitritt der Tschechischen Republik zur EU bleiben diese Beschränkungen für Devisenausländer bestehen, da Tschechien berechtigt ist, die Bestimmungen des Devisengesetzes mit dem Beitrittsdatum zumindest weitere fünf Jahre in Kraft zu lassen; vgl. *Frank/Wachter/Rombach*, Immobilienrecht in Europa, Tschechien, S. 1502
202 Vgl. zur früheren Rechtslage *K. Schmid*, Das internationale Erbrecht der Tschechoslowakei, S. 18 ff.
203 Eine Besonderheit des tschechischen Zivilrechts ist es, dass Gebäude und Grundstück getrennt voneinander übertragen werden können (§ 120 Abs. 2 ObčZ); vgl. Köhne, OsteuropaR 1996, S. 53 f; *Jehlička/Švestka*, Občanský zákoník, S. 467
204 Vgl. *Bengel/Reimann/Haas*, Testamentsvollstreckung, 9, Kapitel, Rn. 341
205 Vgl. *Ferid/Firsching/Bohata*, Tschechien, Rn. 65
206 Vgl. *Ferid/Firsching/Bohata*, Tschechien, Rn. 65

doch noch nicht, solange die Möglichkeit zu einer freien Willensbildung erhalten blieb.[207] Ungültig sind schließlich auch Willenserklärungen, die ohne den erforderlichen Ernst abgegeben wurden (§ 37 ObčZ).

3. Testamentsformen

Ein Testament kann eigenhändig, in anderer Schriftform unter Beteiligung von Zeugen oder durch notarielle Beurkundung errichtet werden (§ 476 Abs. 1 ObčZ).[208]Für eine wirksame Errichtung ist eine Bezeichnung als Testament oder letztwillige Verfügung nicht unbedingt nötig. Jedoch sind die Angabe von Tag, Monat und Jahr der Errichtung zwingend erforderlich, § 476 Abs. 2 ObčZ. Andernfalls ist das Testament unwirksam.[209]

a) Eigenhändiges Testament *(holografní závět`)*, § 476a ObčZ

Das eigenhändige Testament muss in vollem Umfang eigenhändig geschrieben, unterschrieben und mit dem Datum versehen sein (§ 476a ObčZ).[210] Die Verwendung eines Datumsstempels würde das Testament im vollen Umfang ungültig machen.[211] Ebenso kommt es zwar nicht auf die Form der Datumsangabe an, aber sehr wohl auf ihre Richtigkeit. Ein offensichtlicher Schreibfehler führt daher zur Unwirksamkeit des Testaments. Nicht notwendig ist es hingegen, dass das Testament an einem Tag abgefasst wurde. Jedoch muss eine einheitliche Datumsangabe in der Kopfleiste oder am Schluss der Verfügung vorliegen.[212] Das Testament muss keine Überschrift („Testament" bzw. „letzter Wille") enthalten, solange sich der Testierwille eindeutig aus dem Schriftstück entnehmen lässt.[213] Ebenso spielen Schreibgerät und Schreibunterlage für eine wirksame Errichtung keine Rolle, solange die Dauerhaftigkeit der Niederschrift gewahrt ist.[214]Des Weiteren kann das Testament auch in der Form eines Briefes an die künftigen Erben errichtet werden, solange die Erkennbarkeit als Testament gewahrt bleibt.[215] Die Unterschrift muss eigenhändig geleistet werden. Verwendet der Erblasser mechanische Hilfsmittel oder Stempel, so führt dies unweigerlich zur Ungültigkeit des Testaments.[216]

---

207 Vgl. *Ferid/Firsching/Bohata,* Tschechien, Rn. 67

208 Vgl. Würzburger Notarhandbuch/*Hertel*, Teil 7 Kapitel 4, Rn. 1028; *Zuklinova*, Juris Classeur de Droit Compare, Vol. 3, Rn. 129

209 Vgl. *Zuklinova*, Juris Classeur de Droit Compare, Vol. 3, Rn. 129

210 Vgl. *Jehlička/Švestka/Mikeš,* Občanský zákoník, S. 853; *Plank*, ZfRV 1964, S. 155; *Zuklinova*, Juris Classeur de Droit Comparé, Vol. 3, Rn. 130

211 Vgl. *Süß/Haas/Rombach*, Erbrecht in Tschechien, Rn. 53

212 Vgl. *Ferid/Firsching/Bohata*, Tschechien, Rn. 71

213 Vgl. *Plank*, ZfRV 1964, S. 155; *Ferid/Firsching/Bohata*, Tschechien, Rn. 71

214 Vgl. *Ferid/Firsching/Bohata*, Tschechien, Rn. 71

215 Vgl. *Ferid/Firsching/Bohata*, Tschechien, Rn. 71

216 Vgl. *Ferid/Firsching/Bohata*, Tschechien, Rn. 72; *Plank*, ZfRV 1964, S. 155

Unterzeichnet der Erblasser lediglich mit dem Nachnamen sowie akademischen Titel, genügt dies den formellen Voraussetzungen.[217] Ebenso ist auch die Unterschrift nur mit dem Zunamen ausreichend.[218] Schließlich muss die Unterschrift auch nicht zwingend leserlich sein.[219] Erforderlich ist jedoch ein die Identität ausreichend kennzeichnender individueller Schriftzug.
Keine Voraussetzung für die wirksame Errichtung eines eigenhändigen Testaments ist es, Zeugen oder andere Personen hinzuziehen.[220] Auch eine Beglaubigung der Unterschrift ist nicht notwendig.[221] Sie kann aber sinnvoll sein, um Zweifel zu beseitigen.

b) Testament in anderer Schriftform ***(allografní závêt`)***

Das Testament in allographischer Form wurde erst 1992 wieder ins ObčZ eingeführt. Von 1964 bis 1992 war diese Form der Testamentserrichtung unzulässig. Rechtsfolge war die Ungültigkeit eines entsprechenden Testaments.[222]Bei dieser Testamentsform hat der Erblasser das Testament nicht eigenhändig geschrieben. Stattdessen erfolgt die Testamentsniederschrift durch einen Dritten bzw. mittels Schreibmaschine.[223] Erforderlich für die Gültigkeit ist aber, dass der Errichtende das Testament eigenhändig unterschreibt und zudem vor zwei gleichzeitig anwesenden Zeugen ausdrücklich erklärt, dass die Urkunde seinen letzten Willen beinhaltet (§§ 476b S. 1 ObčZ).[224] Unerheblich ist es jedoch, wer das Testament verfasst hat und wann es geschrieben worden ist.[225] Beim Schreiben des Testaments sind ebenso wie beim Vollzug der Unterschrift keine Zeugen erforderlich.[226] Auch muss der Inhalt den Zeugen nicht bekannt sein.[227] Diese müssen das Testament jedoch ebenfalls unterzeichnen (§ 476b S. 2 ObčZ).[228] Schließlich ist es noch erforderlich, dass der Erblasser und die Zeugen die Unterschrift am selben Tag leisten. Diese Voraussetzung wird aus dem Erfordernis der Angabe des konkreten Datums geschlossen (§ 476 Abs. 2 ObčZ).[229]

---

217 Vgl. *Henrich/Schwab/Hrušáková*, Familienerbrecht und Testierfreiheit in Tschechien, S. 343

218 Vgl. *Holub/Muzikář*, Občanský zákoník, S. 644

219 Vgl. *Süß/Haas/Rombach*, Erbrecht in Tschechien, Rn. 53

220 Vgl. *Plank*, ZfRV 1964, S. 155; *Süß/Haas/Rombach*, Erbrecht in Tschechien, Rn. 53

221 Vgl. *Süß/Haas/Rombach*, Erbrecht in Tschechien, Rn. 53

222 Vgl. *Ferid/Firsching/Bohata*, Tschechien, Rn. 75 Fn. 73

223 Vgl. *Jehlička/Švestka/Mikeš*, Občanský zákoník, S. 854; *Ferid/Firsching/Bohata*, Tschechien, Rn. 75

224 Vgl. *Henrich/Schwab/Hrušaková*, Familienerbrecht und Testierfreiheit in Tschechien, S. 343; *Zuklinova*, Juris Classeur de Droit Comparé, Vol. 3, Rn. 131

225 Vgl. *Süß/Haas/Rombach*, Erbrecht in Tschechien, Rn. 54

226 Vgl. *Süß/Haas/Rombach*, Erbrecht in Tschechien, Rn. 54

227 Vgl. *Jehlička/Švestka/Mikeš*, Občanský zákoník, S. 854; *Henrich/Schwab/Hrušaková*, Familienerbrecht und Testierfreiheit in Tschechien, S. 343

228 Vgl. *Zuklinova*, Juris Classeur de Droit Comparé, Vol. 3, Rn. 131

229 Vgl. *Holub/Muzikář*, Občanský zákoník, S. 648

c) Notarielles Testament *(závêt` ve formê notářského zápisu)*, § 476d ObčZ

Ein notarielles Testament wird mittels notarieller Beurkundung errichtet. Hierzu sind die wesentlichen Verfahrensvorschriften in den §§ 62 ff. NotŘ[230] geregelt. In verschiedenen Fällen ist eine notarielle Beurkundung sogar vorgeschrieben. Beispiele:

- Durch das Testament wird eine Stiftung errichtet.[231]
- Der Testator ist ein Minderjähriger.[232]
- Das Testament wird durch einen Gehörlosen errichtet, der entweder nicht lesen oder schreiben kann.[233]

Mit der Beurkundung eines Testaments kann jeder Notar beauftragt werden (§ 62 NotŘ).[234] Die Niederschrift des Testaments verbleibt anschließend in notarieller Aufbewahrung (§ 71 NotŘ).[235]

d) Testamentserrichtung bei Behinderten

Ein Erblasser, der nicht lesen oder schreiben kann, kann das Testament entweder in notarieller Form errichten oder die Form des § 476c ObčZ („Testament durch Vorlesen“) wählen.

aa) Testament durch Vorlesen, § 476c ObčZ

§ 476c ObčZ stellt eine neue Form der Testamentserrichtung dar, die erst am 01.01.1992 ins Gesetz eingefügt wurde.[236] Ein lese- oder schreibunfähiger[237] Erblasser hat seitdem die Möglichkeit seinen letzten Willen vor drei gleichzeitig

---

230 Notářský řád, Nr. 358/1992 Sb. („Notariatsordnung“)

231 § 477 Abs. 2 ObčZ i.V.m. § 3 Abs. 1 NadZ

232 § 476d Abs. 2 ObčZ; vgl. *Zuklinova*, Juris Classeur de Droit Comparé, Vol. 3, Rn. 132; *Jehlička/Švestka/Mikeš,* Občanský zákoník, S. 853

233 § 67 Abs. 2 NotŘ; vgl. *Zuklinova*, Juris Classeur de Droit Comparé, Vol. 3, Rn. 132

234 Vgl. *Jehlička/Švestka/Mikeš,* Občanský zákoník, S. 854; *Henrich/Schwab/Hrušaková*, Familienerbrecht und Testierfreiheit in Tschechien, S. 343; *Süß/Haas/Rombach*, Erbrecht in Tschechien, Rn. 56

235 Vgl. *Jehlička/Švestka/Mikeš,* Občanský zákoník, S. 854; *Ferid/Firsching/Bohata*, Tschechien, Rn. 77

236 Vgl. *Süß/Haas/Rombach*, Erbrecht in Tschechien, Rn. 58

237 Der Grund für die Lese- und/oder Schreibunfähigkeit ist unerheblich. Ein vorübergehendes Hindernis (z.B. verstauchter Arm) genügt; vgl. *Süß/Haas/Rombach*, Erbrecht in Tschechien, Rn. 59

anwesenden Zeugen (vgl. § 476e und § 476f ObčZ), die auch während der gesamten Rechtshandlung anwesend sein müssen[238], damit ihnen der Inhalt bekannt ist, in einer Urkunde zu äußern, die vorgelesen und von den anwesenden Zeugen unterschrieben werden muss (§ 476c Abs. 1 S. 1 ObčZ).[239] Der Erblasser muss des Weiteren bestätigen, dass die Urkunde seinen letzten Willen beinhaltet (§ 476c Abs. 1 S. 2 ObčZ). Die Personen, die die Urkunde verfasst bzw. vorgelesen haben, dürfen auch Zeugen sein (§ 476c Abs. 1 S. 3 ObčZ). Derjenige, der das Testament verfasst hat, darf dieses jedoch nicht vorlesen (§ 476c Abs. 1 S. 4 ObčZ). Kann der Erblasser zwar lesen, aber nicht schreiben, so muss das Testament nicht von einer anderen Person vorgelesen werden, da der Erblasser dies selbst tun kann. Es ist dann jedoch erforderlich, dass der Erblasser das Testament laut vor den drei Zeugen vorliest.[240]

Für eine wirksame Errichtung sind folgende Angaben notwendig (§ 476c Abs. 2 ObčZ):
- Hinweis auf die Lese- oder Schreibunfähigkeit des Erblassers
- Benennung der Person, die das Testament verfasst bzw. vorgelesen hat
- Angabe über die Art und Weise, auf die der Erblasser bestätigt hat, dass die Urkunde seinen letzten Willen beinhaltet

bb) Notarielle Form

Wird das Testament notariell errichtet, muss der Notar gemäß § 65 Abs. 1 NotŘ zwei Zeugen hinzuziehen. Als Zeugen ausgeschlossen sind gemäß der spezielleren Regelung des § 66 NotŘ Personen, die nicht geschäftsfähig sind oder die nicht lesen bzw. schreiben können. Ebenso sind den Beteiligten nahe stehende Personen ausgeschlossen als auch Angestellte des beurkundenden Notars. Blinde Erblasser und auch gehörlose Erblasser, die nicht schreiben oder lesen können, können sowohl die notarielle Form als auch die Form des § 476c ObčZ wählen (vgl. §§ 476d Abs. 3 und 4 ObčZ). Wird das Testament in solchen Fällen notariell errichtet, so muss der Notar gemäß § 67 Abs. 2 NotŘ neben den zwei Zeugen eine Vertrauensperson hinzuziehen, die sich mit dem Erblasser verständigen kann.

---

238 Vgl. *Jehlička/Švestka/Mikeš,* Občanský zákoník, S. 854; *Ferid/Firsching/Bohata*, Tschechien, Rn. 76

239 Vgl. *Zuklinova*, Juris Classeur de Droit Comparé, Vol. 3, Rn. 131

240 Vgl. *Holub/Muzikář*, Občanský zákoník, S. 652

4. Hinterlegung des Testaments[241]

a) Allgemeine Informationen

Die Tschechische Notarkammer in Prag führt seit dem 01. Januar 2001[242] ein landesweites elektronisches Testamentsregister *(Centrální evidence závětí)*. Dieses besteht aus zwei Abteilungen. In die erste Abteilung werden alle Testamente (inkl. der Widerrufstestamente) sowie alle Urkunden, die Enterbungen anordnen, eingetragen, wenn sie notariell beurkundet wurden bzw. einem Notar in Verwahrung gegeben worden sind (§ 35 Abs. 1 NotŘ). In der zweiten Abteilung werden alle Urkunden über die Nachlassverwaltung eingetragen.
Vor der Errichtung des elektronischen Testamentsregisters wurden die Register bei den Amtsgerichten geführt. Zuständig war jeweils das Amtsgericht am Wohnsitz des künftigen Erblassers, was vor allem bei Umzug des Erblassers häufig dazu führte, dass Testamente übersehen wurden.[243] In der Übergangszeit sind nun die Gerichte verpflichtet, alle bei ihnen gemeldeten, noch nicht eröffneten Testamente der Tschechischen Notarkammer zu melden, die sie dann in das elektronische Testamentsregister einträgt (§ 70 NotŘ). Das Original einer solchen Urkunde bleibt dabei in der Aufbewahrung des Notars, der diese in einen Tresor einzuschließen hat (§ 71 NotŘ).[244] Eine Rückgabe des Testaments an den Erblasser ist ausgeschlossen. Somit scheidet bei einem notariell beurkundeten Testament dessen Widerruf durch schlichte Vernichtung aus.
In jeder Erbschaftssache untersucht der Notar sodann, ob der Erblasser nicht ein in der zentralen Erfassungsstelle geführtes Testament hinterlassen hat. Auf diese Weise soll gewährleistet werden, dass der Wille des Testators sicherer geltend gemacht werden kann.[245][246]

b) Einsichtsrecht und Auskunft aus dem Testamentsregister

Ein Einsichtsrecht in das Testament steht zu Lebzeiten des Erblassers nur diesem zu (§ 100 Abs. 1 NotŘ) Bei Urkunden über die Nachlassverwaltung dürfen sowohl der Erblasser als auch der bestellte Nachlassverwalter Einsicht nehmen (§ 100 Abs. 2 NotŘ). Zugang zu den Daten des Testamentsregisters haben zu Lebzeiten des Erblassers nur der beurkundende Notar und die Notarkammer. Die Erteilung einer Auskunft ist in diesem Zeitraum nicht gestattet (§ 35a Abs. 2 S. 2, Abs. 3 S. 2 NotŘ). Nach dem Tod des Erblassers erteilt die Notarkammer

241 Vgl. ausführlich *Süß/Haas/Rombach*, Erbrecht in Tschechien, Rn. 66 ff.; *Švestka/Mikeš*, Občanský zákoník, S. 854
242 Nr. 30/2000 Sb.
243 Vgl. *Foukal*, FS für Georg Weissmann, S. 283
244 Vgl. *Süß/Haas/Rombach*, Erbrecht in Tschechien, Rn. 67
245 Vgl. *Süß/Haas/Rombach*, Erbrecht in Tschechien, Rn. 67
246 Vgl. *Foukal*, FS für Georg Weissmann, S. 283

auf Antrag eines Gerichts oder einer anderen Behörde, auf Antrag des Notars oder auf Antrag einer Person, die ihr rechtliches Interesse darlegt, Auskunft darüber, ob ein oder mehrere Testamente registriert sind.[247] Dies gilt ebenso für Urkunden, welche die Nachlassverwaltung betreffen.

c) Sonstige Testamente

Auch nicht notariell errichtete Testamente können bei jedem Notar in Verwahrung gegeben werden (§ 81 lit. a), §§ 82 ff. NotŘ). Die Hinterlegung des Testaments ist unverzüglich in das Testamentsregister einzutragen (§ 83 Abs. 4 NotŘ). Eine Besonderheit besteht darin, dass im Gegensatz zu notariellen Testamenten, eine Rückgabe dieser Testamente zulässig ist.[248] Die Rückgabe darf aber nur an den Erblasser persönlich oder seinen Bevollmächtigten erfolgen. Nach der Rückgabe des Testaments muss die Eintragung im Testamentsregister gelöscht werden.

d) Im Ausland errichtete Testamente

Hat ein Erblasser sein Testament im Ausland errichtet, aber Vermögen, insbesondere Grundbesitz, in Tschechien, möchte er in der Regel sichergestellt wissen, dass sein Testament auch in Tschechien aufgefunden wird. Die Eintragung eines durch einen ausländischen Notar errichteten Testaments durch diesen selbst in das bei der tschechischen Notarkammer geführte Testamentsregister ist nach der derzeitigen Rechtslage jedoch nicht möglich, da alle Vorschriften nur auf Notare, die dem Anwendungsbereich der tschechischen Notarordnung unterliegen, zugeschnitten sind. Eine Ablieferung in tschechische notarielle Verwahrung mit anschließender Eintragung durch den tschechischen Notar gestaltet sich zumindest bei deutschen notariellen Testamenten daher als schwierig, da der deutsche Notar nach § 34 BeurkG das Testament verschließen und unverzüglich in die besondere amtliche Verwahrung nach deutschem Recht bringen soll. Die beste Lösung für dieses Problem stellt somit eine nochmalige Errichtung des Testaments, hinsichtlich des in Tschechien belegenen Nachlasses, vor einem tschechischen Notar dar. Dieser kann eine Eintragung ins Testamentsregister veranlassen bzw. das Testament in einer anderen zulässigen Form errichten und dann in notarielle Verwahrung geben.

5. Widerruf eines Testaments (§ 480 ObčZ)

Ein Testament kann nach § 480 ObčZ sowohl durch ein späteres Testament, soweit dieses dem früheren widerspricht, als auch durch ein Widerrufstestament

247 Vgl. *Süß/Haas/Rombach*, Erbrecht in Tschechien, Rn. 70
248 Vgl. *Süß/Haas/Rombach*, Erbrecht in Tschechien, Rn. 68

oder durch Vernichtung des Testaments widerrufen werden.[249] Auch eine Rücknahme des Testaments aus der notariellen Verwahrung ist als Widerruf zu werten. Bezüglich notarieller Testamente ist hier aber eine Besonderheit zu beachten: Diese können nicht aus der notariellen Verwahrung zurückgenommen werden. Stattdessen verbleiben diese für immer beim Notar. Ein Widerruf ist aber natürlich dennoch möglich und zwar entweder durch Errichtung eines neuen Testaments oder durch eine Urkunde über die Aufhebung des notariellen Testaments.

Als späteres Testament wird auch eine letztwillige Verfügung, die eine Enterbung anordnet oder aufhebt, betrachtet.[250] Ein reines Widerrufstestament muss nicht in derselben Form wie das zu widerrufene Testament errichtet werden. Zur Auswahl stehen alle zugelassenen Testamentsformen. Für seine Gültigkeit ist es nur erforderlich, dass es den Formerfordernissen eines Testaments entspricht.[251] Inhaltlich kann das Widerrufstestament das gesamte frühere Testament oder Teile hiervon erfassen. Ebenso kann es allgemein alle früheren Verfügungen von Todes wegen aufheben oder sich nur auf ein konkretes Testament beziehen.[252] Durch den Widerruf eines Testaments lebt ein früheres Testament nicht wieder auf, und zwar auch dann nicht, wenn der Erblasser dies anordnet.[253] Dies gilt auch für den Widerruf eines Widerruftestaments. Vernichtet der Erblasser ein Widerrufstestament oder ein späteres Testament, das ein früheres Testament ganz oder teilweise aufgehoben hat, so bleibt der Widerruf jedenfalls wirksam. Sobald also ein Testament auf zulässige Art und Weise widerrufen worden ist, kann es nicht mehr wiederaufleben. Es muss dann stets neu errichtet werden.[254]

6. Erbvertrag *(dědická smlouva)*

Im tschechischen Recht besteht für den Erblasser nicht die Möglichkeit einen Erbvertrag abzuschließen.[255] Ein solcher Vertragsschluss wäre unzulässig und, da es sich hierbei um ein materielles Verbot[256] handelt, wäre der Vertrag formell und materiell unwirksam.[257] Staatsangehörige der Tschechischen Republik kön-

249 Vgl. *Mikeš/Muzikář*, Dědické právo, S. 99; *Jehlička/Švestka/Mikeš*, Občanský zákoník, S. 857; *Zuklinova*, Juris Classeur de Droit Comparé, Vol. 3, Rn. 136; *Plank*, ZfRV 1964, S. 158

250 Vgl. *Süß/Haas/Rombach*, Erbrecht in Tschechien, Rn. 65

251 Vgl. *Jehlička/Švestka/Mikeš*, Občanský zákoník, S. 858; *Zuklinova*, Juris Classeur de Droit Comparé, Vol. 3

252 Vgl. *Süß/Haas/Rombach*, Erbrecht in Tschechien, Rn. 65

253 Vgl. LG Brno, Ad Notam 2000, S. 66 f.

254 Vgl. *Süß/Haas/Rombach*, Erbrecht in Tschechien, Rn. 65

255 Vgl. Würzburger Notarhandbuch/*Hertel*, Teil 7 Kapitel 4, Rn. 1030

256 Vgl. Würzburger Notarhandbuch/*Hertel*, Teil 7 Kapitel 4, Rn. 907

257 Vgl. Würzburger Notarhandbuch/*Hertel*, Teil 7 Kapitel 3, Rn. 302; *Süß/Haas/Rombach*, Erbrecht in Tschechien, Rn. 85

nen daher auch in Deutschland nicht durch Erbvertrag verfügen.[258] Für diese Feststellung findet sich zwar keine ausdrückliche gesetzliche Normierung, jedoch wird dies allgemein aus dem Wortlaut des § 461 Abs. 1 ObčZ und dem Charakter des Testaments als zwingend einseitiges Rechtsgeschäft hergeleitet.[259] Diese Norm sieht als Formen der Erbschaft nur einen Erbschaftsanfall aufgrund des Gesetzes, eines Testaments oder einer Kombination beider Formen vor. Dadurch wird e contrario die Möglichkeit einen Erbvertrag abzuschließen ausgeschlossen.[260]Zweck dieser Regelung ist es den Erblasser zu schützen. Dieser soll zu keiner Zeit in seiner Verfügungsfreiheit eingeschränkt sein oder gebunden werden. Stattdessen soll der Erblasser sein Testament jederzeit frei widerrufen oder ändern können. Andere Personen sollen nicht durch ihren Willen den Willen des Testierenden beeinflussen können.[261] Infolge dessen sind auch alle weiteren rechtlichen Konstruktionen, die darauf abzielen den Erbvertrag zu ersetzen bzw. dieses Verbot zu umgehen, indem sie eine wechselseitige Bindungswirkung herbeiführen wollen, unzulässig.[262] In der Praxis wird dieses Problem oftmals dadurch gelöst, dass der Erblasser noch zu Lebzeiten das Vermögen mittels Kauf- oder Schenkungsvertrag auf seine Angehörigen überträgt.

7. Gemeinschaftliches Testament *(společná závěť)*

Ebenso ist die Errichtung eines gemeinschaftlichen Testaments in Tschechien nach § 476 Abs. 3 ObčZ unzulässig.[263] Dies gilt auch für Ehegatten. [264] Tschechischen Staatsangehörigen ist es daher auch in Deutschland nicht möglich durch gemeinschaftliches Testament zu verfügen.[265]Im tschechischen Recht muss jeder Ehegatte sein Testament gesondert errichten. Dadurch soll, ebenso wie beim Erbvertrag, verhindert werden, dass der Wille einer Person durch eine andere Person beeinflusst wird.[266]

---

258 Vgl. Würzburger Notarhandbuch/*Hertel*, Teil 7 Kapitel 4, Rn. 907. Möglich ist aber eine Rechtswahl nach Art. 25 Abs. 2 EGBGB. Hierbei können tschechische Staatsangehörige über in Deutschland belegenes Grundvermögen einen Erbvertrag abschließen.

259 Vgl. Würzburger Notarhandbuch/*Hertel*, Teil 7 Kapitel 3, Rn. 305

260 Vgl. *Rombach*, MittBayNot 2000, Fn. 26

261 Vgl. *Edenfeld*, ZEV 2001, S. 457

262 Soweit ersichtlich gibt es von diesem Grundsatz auch keine von der tschechischen Rechtsprechung bzw. Lehre anerkannte Ausnahme

263 Vgl. *Süß/Haas/Rombach*, Erbrecht in Tschechien, Rn. 85; *Bengel/Haas/Reimann*, Handbuch der Testamentsvollstreckung, Kapitel 9, Rn. 340

264 Vgl. Würzburger Notarhandbuch/*Hertel* Teil 7 Kapitel 3, Rn. 302 und Kapitel 4, Rn. 1030

265 Vgl. Würzburger Notarhandbuch/*Hertel*, Teil 7 Kapitel 4, Rn. 907. Denkbar ist aber wiederum eine Rechtswahl nach Art. 25 Abs. 2 EGBGB. Vgl. bereits Fn. 260

266 Vgl. *Holub/Muzikář*, Občanský zákoník, S. 640; *Edenfeld*, ZEV 2001, S. 461

Hinsichtlich § 476 Abs. 3 ObčZ ist davon auszugehen, dass es sich bei dieser Vorschrift um ein materielles Verbot handelt.[267] Ein gemeinschaftliches Testament ist daher nicht zulässig.[268]

8. Vergleich zum deutschen Recht

a) Wirksamkeit letztwilliger Verfügungen

Vergleicht man die Anforderungen, die das BGB bzw. das ObčZ an die Testierfähigkeit wie auch an die wirksame persönliche Errichtung eines Testaments stellen, so ergeben sich keine nennenswerten Unterschiede.

b) Zulässiger Inhalt letztwilliger Verfügungen

Beiden Rechtsordnungen ist gemeinsam, dass in einem Testament die Erben und deren Anteile bestimmt werden können. Trifft der Erblasser keine solche Festsetzung, dann erben diese in beiden Rechtssystemen zu gleichen Teilen.[269] Anders als das deutsche Recht gestattet das tschechische Recht allerdings keine grundlose Enterbung ohne Erbeinsetzung i.S.d. § 1938 BGB (sog. negatives Testament).

Auch für den Fall, dass den Erben bestimmte Gegenstände zugewandt werden sollen, gehen beide Rechtssysteme unterschiedliche Wege. Das BGB fasst dies als Vermächtnis auf (vgl. § 2087 Abs. 2 BGB)[270] und gewährt dem Vermächtnisnehmer lediglich einen schuldrechtlichen Anspruch gegen die Erben. Ein wesentlicher Vorteil dieser Regelung ist, dass der Bedachte auf diese Weise nicht für Nachlassverbindlichkeiten des Erblassers haftet. Dagegen wird im ObčZ die Zuwendung einer einzelnen Sache als antizipierte dingliche Erbauseinandersetzung aufgefasst. Der auf diese Weise Bedachte wird zum Miterben und das mit allen Konsequenzen, d.h. er haftet auch für Nachlassverbindlichkeiten des Erblassers.[271] Zu Gute kommt einem solchen Erben aber, dass sich die Pflichten der Erben im tschechischen Recht nach dem Umfang des geerbten Vermögens bemessen.[272]

---

267 Vgl. Würzburger Notarhandbuch/*Hertel*, Würzburger Notarhandbuch/*Hertel*, Teil 7 Kapitel 4, Rn. 907; *Süß/Haas/Rombach*, Erbrecht in Tschechien, Rn. 45

268 Gleichwohl könnte es nach Art. 26 EGBGB zumindest formgültig sein.

269 Vgl. § 477 Abs. 1 S. 2 ObčZ und § 2091 f. BGB

270 Vgl. MüKo/*Schlichting*, § 2087 Rn. 7

271 Vgl. *Holub/Muzikář*, Občanský zákoník, S. 339

272 Vgl. *Ferid/Firsching/Bohata*, Tschechien, Rn. 79

Ist nun dieser Gegenstand zum Zeitpunkt des Todes nicht mehr vorhanden, dann gehen beide Rechtsordnungen grundsätzlich von der Ungültigkeit des Testaments in diesem Teil aus.[273] Im tschechischen Recht besteht aber die Besonderheit, dass dies nicht für Geldschulden gilt. Handelt es sich um eine Geldsumme, dann bleibt das Testament gültig und die übrigen Erben müssen den fehlenden Betrag begleichen.[274] Eine solche Konstruktion ist dem deutschen Recht dahingegen unbekannt. Des Weiteren ist es sowohl in Tschechien als auch in Deutschland möglich testamentarisch eine Stiftung zu errichten.[275]
Die Grenzen der Testamentsgestaltung als auch die Fallgruppen der Unzulässigkeit bzw. Unwirksamkeit eines Testaments stimmen fast gänzlich überein. Anders als im tschechischen Recht sind aber im deutschen Recht bedingte letztwillige Verfügungen zulässig, (§§ 158 ff. i.V.m. § 2078 f. BGB).[276]

c) Testamentsformen

Beide Rechtssysteme kennen ein eigenhändiges Testament, ein Testament in anderer Schriftform sowie das notarielle Testament. In Deutschland ist überdies auch die mündliche Errichtung eines Testaments möglich (§§ 2249 ff. BGB), wenngleich dessen Wirksamkeit im Regelfall an eine Notsituation geknüpft und zudem zeitlich begrenzt bzw. von der Mitwirkung eines Notars (§ 2232 BGB) abhängig ist.[277] In Tschechien dahingegen ist ein mündliches Testament prinzipiell nicht wirksam.[278]

Unterschiedlich geregelt sind auch die erforderlichen Soll-Angaben bei der Testamentserrichtung. Gemäß § 476 Abs. 2 ObčZ ist die Angabe von Tag, Monat und Jahr der Errichtung zwingend erforderlich. Andernfalls ist das Testament unwirksam.[279] Nicht so im deutschen Recht. Hier ist die Angabe des Datums kein zwingendes Erfordernis (§ 2247 Abs. 2 BGB); eine Verletzung dieser Ordnungsvorschrift führt nicht bereits zur Unwirksamkeit des Testaments. Jedoch ist zu bedenken, dass sich bei ihrem Fehlen Beweisprobleme ergeben können.
Im Übrigen sind die Voraussetzungen an eine wirksame Errichtung eines eigenhändigen Testaments, eines notariellen Testaments bzw. eines Testaments in anderer Schriftform soweit ersichtlich identisch. Anders aber als im deutschen Recht stellt das Testament in anderer Schriftform in Tschechien kein reines Not-

273 Dies gilt im deutschen Recht aber dann nicht, wenn es sich um ein Verschaffungsvermächtnis handelt (§ 2170 BGB)
274 Vgl. *Jehlička/Švestka/Mikeš,* Občanský zákoník, S. 855
275 § 477 Abs. 2 ObčZ und §§ 81, 83 BGB
276 Vgl. zu den Bedingungen im deutschen Recht: *Leipold*, Erbrecht, § 13 III
277 Vgl. *Edenfeld*, ZEV 2001, S. 460 f.
278 Vgl. *Henrich/Schwab/Hrušáková*, Familienerbrecht und Testierfreiheit in Tschechien, S. 342
279 Vgl. *Zuklinova*, Juris Classeur de Droit Compare, Vol. 3, Rn. 129

testament dar. Der Testierende muss folglich keiner Lebensgefahr ausgesetzt sein. Stattdessen befindet er sich regelmäßig in einer Situation, in denen der Erblasser nicht mehr in der Lage ist den gesamten Testamentstext zu schreiben, aber noch eine gültig Unterschrift leisten kann. Denkbar ist auch eine Situation, in der der Testator diese Testamentsform aus Beweiszwecken wählt.[280] Im Ergebnis ähnelt die tschechische Lösung dem Wesen der §§ 2249 ff. BGB, geht aber zum Teil sogar noch über diese hinaus.
Schließlich sind auch die Verfahren bei der Testamentserrichtung von Behinderten vergleichbar. In beiden Rechtsordnungen besteht grundsätzlich für alle Behinderte die Möglichkeit ein Testament zu errichten. Dabei hängen die Testamentsform und das jeweilige Verfahren von der Art der Behinderung ab.

d) Hinterlegung des Testaments

Auch bei der Hinterlegung von Testamenten unterscheiden sich die beiden Rechtssysteme. In Deutschland sind für die besondere amtliche Verwahrung die Amtsgerichte zuständig. Hierbei müssen die vor einem Notar errichteten Testamente unverzüglich in die besondere amtliche Verwahrung gegeben werden (§ 34 BeurkG). Dies gilt sogar dann, wenn der Erblasser dem widerspricht, denn § 34 BeurkG ist zwingend.[281] Private eigenhändige Testamente werden – mangels einer entsprechenden Vorschrift – nur auf Verlangen des Erblassers in die besondere amtliche Verwahrung genommen (vgl. § 2247 BGB). Ein zentrales Testamentsregister wie in Tschechien, in das alle Testamente sowie Urkunden, die Enterbungen beinhalten als auch Urkunden, die notariell beurkundet wurden, eingetragen werden (§ 35a NotŘ), ist zwar in Planung. Ob und wann dieses eingerichtet wird, ist jedoch noch nicht absehbar.[282]

e) Widerruf eines Testaments

Sowohl in Deutschland als auch in Tschechien ist der Widerruf eines Testaments möglich. Die zur Auswahl stehenden Verfahren sind vergleichbar. Und für das reine Widerrufstestament gilt sowohl im deutschen als auch im tschechischen Recht, dass es nicht in der Form errichtet werden muss, wie das zu widerrufene Testament. Zur Auswahl stehen alle zugelassenen Testamentsformen. Ein wesentlicher Unterschied zeigt sich aber beim Widerruf des Widerrufs. Während in einem solchen Fall in Deutschland das ursprüngliche Testament wieder auflebt (vgl. § 2257 BGB), bleibt der Widerruf im tschechischen Recht wirksam. Das Testament muss dann neu errichtet werden.

---

280 Vgl. *Trilsch-Eckardt*, Das tschechische Erbrecht, S. 7
281 Vgl. MüKo/*Hagena*, § 2258 a, Rn. 3
282 Vgl. DNotZ 2006, S. 598

Ebenso wird die Rücknahme eines notariellen Testaments aus der amtlichen Verwahrung unterschiedlich behandelt. In Tschechien ist eine solche Rücknahme ausgeschlossen. Stattdessen ist ein Widerruf nur mehr durch Errichtung eines neuen Testaments bzw. durch eine Urkunde, in der eine Aufhebung angeordnet wird, möglich. Das ursprüngliche notarielle Testament bleibt aber für immer in notarieller Verwahrung. Dahingegen ist in Deutschland eine Rücknahme des notariellen Testaments aus der Verwahrung möglich. Gemäß § 2256 Abs. 1 BGB gilt damit das vor dem Notar errichtete Testament als widerrufen.

f) Der Erbvertrag

Anders als in Tschechien, wo der Erbvertrag verboten ist, um die Verfügungsfreiheit des Erblassers zu schützen, ist dieser in Deutschland ein anerkanntes Rechtsinstitut und auch im BGB ausdrücklich neben dem Testament als weitere Möglichkeit einer Verfügung von Todes wegen genannt (§ 1941 BGB). Zweck des Erbvertrags ist es hinsichtlich der „vertragsmäßigen" Verfügungen eine Bindungswirkung herbeizuführen, die der Erblasser grundsätzlich nicht mehr einseitig aufheben kann.[283] Die innere Rechtfertigung einer solchen Bindung erblickt das Gesetz im Vertragsprinzip, also im Abschluss des Rechtsgeschäfts durch übereinstimmende Erklärungen zweier Personen. [284]

g) Das gemeinschaftliche Testament

Auch hier gehen das deutsche und das tschechische Recht unterschiedliche Wege. Während das ObčZ gemäß § 476 Abs. 3 den Abschluss eines gemeinschaftlichen Testaments untersagt, gestattet das BGB dies *expressis verbis* (§§ 2265 ff.). Ehegatten und eingetragene Lebenspartner haben hier die Möglichkeit ein gemeinschaftliches Testament zu errichten. Seine Rechtfertigung findet das gemeinschaftliche Testament – trotz bestehender Bedenken gegen diese Testamentsform[285] – in der Lebensgemeinschaft der Ehegatten und deren Wunsch, gemeinsam über ihr Vermögen, das sie weitgehend als eine Vermögensmasse ansehen, zu verfügen.[286]

---

283 Vgl. *Leipold*, Erbrecht, § 15 I 1
284 Vgl. *Leipold*, Erbrecht, § 15 I 1
285 Vgl. Mot. V 253-254
286 Vgl. *Lange/Kuchinke*, Erbrecht, § 24 I 1 a

VI. Ausschluss von der Erbfolge

1. Enterbung, § 469a ObčZ *(vydědění)*

Die Enterbung ist in § 469a ObčZ geregelt. Diese Norm wurde erst 1982 wieder ins ObčZ eingefügt.[287] Während der Blütezeit des kommunistischen Rechts in der Tschechoslowakei war hingegen keine Möglichkeit zur Enterbung im tschechischen Recht vorgesehen.[288]
1991 wurden die Gründe für eine Enterbung im Rahmen der Zivilrechtsreform nochmals erweitert. Somit hat der Erblasser gegenwärtig sowohl die Möglichkeit seine Abkömmlinge vollständig zu enterben als auch sich auf eine teilweise Enterbung bzw. eine Entziehung des Pflichtteilsrechts zu beschränken. Letzteres ist zwar gesetzlich nicht so geregelt, entspricht aber der allgemeinen Meinung.[289]

a) Terminologie

Im tschechischen Recht meint Enterbung (i.S.d. § 469a ObčZ) sowohl den (zumindest teilweisen) Ausschluss von der Erbfolge als auch die Entziehung des Pflichtteilsanspruchs.
Im deutschen Recht dagegen versteht man unter Enterbung (nur) den Ausschluss gesetzlicher Erben von der Erbfolge durch ein negatives Testament (§ 1938 BGB) – ein solches gibt es im tschechischen Recht aber nicht. Falls der Enterbte zu dem in § 2303 BGB genannten Personenkreis gehört, verbleibt ihm zumindest ein Pflichtteilsanspruch. Wird der Pflichtteilsberechtigte infolge der §§ 2333 ff. BGB auch vom Pflichtteilsrecht ausgeschlossen, ist dies als Pflichtteilsentziehung zu bezeichnen.

b) Verfahren

Die Enterbung eines Abkömmlings aus den in § 469a ObčZ abschließend[290] genannten Gründen muss durch Verfügung von Todes wegen erfolgen.[291]
Beispiele:[292]

- Der Abkömmling hat dem Erblasser entgegen der guten Sitten, bei Krankheit, im Alter oder in anderen wichtigen Fällen keine Hilfe geleistet (§ 469a Abs. 1 lit. a) ObčZ)[293]

287 Vgl. Nr. 131/1982 Sb.
288 Vgl. *Ferid/Firsching/Bohata*, Tschechien, Rn. 31 Fn. 44
289 Vgl. *Trilsch-Eckardt*, Das tschechische Erbrecht, S. 7
290 Vgl. *Jehlička/Švestka/Mikeš*, Občanský zákoník, S. 843
291 Vgl. *Henrich/Schwab/Hrušaková*, Familienerbrecht und Testierfreiheit in Tschechien, S. 345
292 Vgl. *Ferid/Firsching/Bohata*, Tschechien, Rn. 32 ff.; *Zuklinova*, Juris Classeur de Droit Comparé, Vol. 3, Rn. 120

- Der Abkömmling hat am Erblasser dauerhaft kein echtes Interesse[294] gezeigt, das er als Abkömmling zeigen sollte (§ 469a Abs. 1 lit. b) ObčZ)[295]
- Der Abkömmling ist wegen einer vorsätzlichen Tat zu einer Freiheitsstrafe von mindestens einem Jahr verurteilt worden (§ 469a Abs. 1 lit. c) ObčZ)
- Der Abkömmling hat dauerhaft ein ungeordnetes Leben geführt (§ 469a Abs. 1 lit. d) ObčZ)[296]

c) Form

§ 476 ObčZ und § 480 ObčZ, die an sich die Errichtung und Aufhebung eines Testaments regeln, sind analog auf die Errichtung der Enterbungsurkunde bzw. deren Kraftloserklärung anzuwenden.[297]
In der Testamentsurkunde ist der Grund der Enterbung anzugeben.[298] Dabei muss sich die Angabe auf konkrete Handlungen bzw. Unterlassungen beziehen. Eine Verfügung, die erklärt, dass der Erbe enterbt werden soll, wenn sich dieser bis zum Tode des Erblassers einer der gesetzlichen Enterbungsgründe schuldig gemacht hat, genügt hingegen nicht.[299]Sinnvoll ist es daher, dass der Erblasser sich nicht auf die Nennung der gesetzlichen Definitionen beschränkt, sondern

293 Vgl. dazu ausführlich *Jehlička/Švestka/Mikeš,* Občanský zákoník, S. 843

294 Beispiele: Abkömmling hat den Erblasser nicht gepflegt, hat ihn nie besucht, ihm nie geschrieben und jeglichen Kontakt zu ihm verweigert (vgl. *Trilsch-Eckardt*, Das tschechische Erbrecht, S. 7). Erforderlich ist hierbei, dass der Erblasser Interesse an dem Kontakt gehabt hätte. War es offensichtlich, dass der Erblasser keinen Kontakt wünschte, dann fällt dieser Grund weg.

295 Diese Tatbestandsvariante kann wohl nur für volljährige Abkömmlinge gelten. Bei einem Minderjährigen, der durch Scheidung der Eltern nicht mehr bei dem Erblasser lebte und unter dem Sorgerecht und Einfluss einer anderen Person stand, kann dies nicht gelten, da der Sorgeberechtigte es zumeist in der Hand hat den Kontakt zwischen dem Erblasser und dem Abkömmling zu verhindern. Die Kontaktverweigerung setzt daher beim Abkömmling ein bewusstes, selbständiges Verweigern voraus. Es fällt daher auch nicht unter diese Bestimmung, wenn ein Abkömmling in einer anderen Stadt oder im Ausland wohnt und daher verhindert ist, den Erblasser häufig zu besuchen oder intensiver Anteil an seinem Leben zu nehmen. Im Ergebnis wird es daher immer zu Einzelfallentscheidungen kommen. Vgl. *Trilsch-Eckardt*, Das tschechische Erbrecht, S. 7

296 Während der Zeit des Kommunismus stellte auch das Leben entgegen der Regeln der kommunistischen Gesellschaft (z.B. keine geregelte Erwerbstätigkeit) einen „unsittlichen Lebenswandel" dar. Jetzt können solche Tatbestände nur mehr im Rahmen des sittenwidrigen Verhaltens berücksichtigt werden. Dort aber unter viel restriktiveren Gesichtspunkten. Vgl. *Ferid/Firsching/Bohata*, Tschechien, Rn. 32 Fn. 45

297 Vgl. *Zuklinova*, Juris Classeur de Droit Comparé, Vol. 3, Rn. 120

298 Vgl. *Ferid/Firsching/Bohata*, Tschechien, Rn. 36; *Zuklinova*, Juris Classeur de Droit Comparé, Vol. 3, Rn. 120

299 Vgl. *Henrich/Schwab/Hrušaková*, Familienerbrecht und Testierfreiheit in Tschechien, S. 346

stattdessen die relevante Situation möglichst konkret durch Angabe von Ort, Zeit, Handlung usw. beschreibt. Dadurch können Streitigkeiten vermieden werden.[300]Des Weiteren hat der Erblasser die Möglichkeit im Testament anzuordnen[301], dass sich die Enterbung auch auf die in § 473 Abs. 2 ObčZ genannten Personen, also die Abkömmlinge des Erblassers, erstrecken soll (§ 469a Abs. 2 ObčZ). Auf diese Weise kann der gesamte Stamm von der Erbfolge ausgeschlossen werden. Dabei ist es nicht erforderlich, dass auch in der Person der Abkömmlinge des Kindes ein Enterbungsgrund vorliegt.[302]

d) Vergleich zum deutschen Recht

Das tschechische ObčZ gibt dem Erblasser die Möglichkeit Abkömmlinge vollständig von der Erbfolge auszuschließen (§ 469a ObčZ). Diesen verbleibt dann u.U. nicht einmal mehr der Pflichtteil. Jedoch ist eine Enterbung nur im Rahmen der gesetzlich genannten Gründe möglich.

Anders das BGB. Dies gestattet zwar dem Erblasser, seine gesetzlichen Erben ohne Begründung von der Erbfolge auszuschließen (§ 1938 BGB). Dafür behalten diese aber einen Pflichtteilsanspruch. Dieser kann dem Abkömmling, da es sich um eine von Gesetzes wegen garantierte Mindestbeteiligung am Nachlass handelt,[303] nur dann entzogen werden, wenn er dem Erblasser nach dem Leben trachtet, ihn vorsätzlich körperlich misshandelt oder die ihm gegenüber dem Erblasser obliegende Unterhaltspflicht böswillig verletzt hat (vgl. §§ 2333 ff. BGB). Eine Pflichtteilsentziehung bzw. Pflichtteilsminderung mangels „Näheverhältnis“ zwischen Erblasser und Aszendenten oder Deszendenten, die das ObčZ gemäß § 469a Abs. 1 lit. b) ermöglicht, kennt das deutsche Recht nicht. Meines Erachtens sollte man auch keine solche Regelung ins deutsche Recht übernehmen. Es ist schon kaum möglich, eine präzise Gesetzesformulierung zu finden, die der *ratio legis* gerecht wird und die Vielzahl der denkbaren Einzelfälle abdeckt. Die Norm müsste daher kasuistisch gefasst werden. Dies würde aber dem Stil des BGB, das vorwiegend um eine abstrahierend-generalisierende Fassung der Normen bemüht ist, widersprechen. Auch würde es sich als problematisch darstellen, dass bei einer eventuellen Klärung der Streitfrage vor Gericht zur Klärung des Sachverhalts zahlreiche Details aus der Privatsphäre der Familie ermittelt werden müssten und auf diesem Wege an die Öffentlichkeit gelangen würden. Dies wiederum würde die familiären Beziehungen zusätzlich

---

300 Vgl. *Ferid/Firsching/Bohata*, Tschechien, Rn. 36

301 Diese Anordnung muss *ausdrücklich* erfolgen; vgl. *Zuklinova*, Juris Classeur de Droit Comparé, Vol. 3, Rn. 120

302 Vgl. *Süß/Haas/Rombach*, Erbrecht in Tschechien, Rn. 72; *Švestka/Mikeš*, Občanský zákoník, S. 844

303 Vgl. *Palandt/Edenhofer*, § 2333, Rn. 1

belasten und könnte zu einer weiteren Verschlechterung der Verhältnisse führen. Die Aufnahme einer entsprechenden Vorschrift ins BGB ist daher abzulehnen.

Ein weiterer wesentlicher Unterschied zwischen den beiden Rechtsordnungen besteht darin, dass es im tschechischen Recht möglich ist, dem Abkömmling den Erbteil zu entziehen, wenn dieser wegen einer Straftat zu einer Freiheitsstrafe von mindestens einem Jahr verurteilt wurde (§ 469a Abs. 1 lit. c ObčZ) – egal gegen wen sich diese Tat richtete. Im deutschen Recht hingegen erfordern die § 2333 Ziff. 1, 2, 3 BGB, dass sich die strafbare Handlung gegen den Erblasser bzw. nahe Familienangehörige richtet und die Schwere der Handlung einen hohen Grad erreicht haben muss. Wenn nun aber durch das Verbrechen nicht Verwandte, sondern z.B. gute Freunde des Erblassers geschädigt werden, dann hat der Erblasser im deutschen Recht keine Möglichkeit dem Täter den Pflichtteil zu entziehen.[304] Nach der geplanten Erbrechtsreform soll es aber zumindest zulässig sein, einen Abkömmling zu enterben, wenn der Täter seinen Eltern etwas angetan hat, ohne dass man ihn hierfür zur Verantwortung ziehen kann.[305]

Beiden Rechtssystemen ist gemeinsam, dass der Pflichtteil entzogen werden kann, wenn der Abkömmling einen unsittlichen Lebenswandel führt (§ 469a Abs. 1 lit. d) ObčZ bzw. § 2333 Abs. 1 Nr. 5 BGB). In Deutschland wird aber gegenwärtig darüber diskutiert, ob man diese Klausel nicht ersatzlos streichen sollte.[306]

2. Erbunwürdigkeit, § 469 ObčZ *(nezpůsobilost dědit)*

a) Gründe und Verfahren der Erbunwürdigkeit

Die Erbunwürdigkeit tritt kraft Gesetzes bei Vorliegen der in § 469 ObčZ abschließend genannten Gründe ein. Durch das Institut der Erbunwürdigkeit soll verhindert werden, dass Erben, gleichgültig ob gesetzlich oder testamentarisch,[307] in den Genuss des Nachlasses kommen, obwohl sie dessen nicht würdig sind.[308] Als Gründe für die Erbunwürdigkeit sieht das Gesetz folgende Tatbestände vor:[309]

---

304 Vgl. *Trilsch-Eckardt*, Das tschechische Erbrecht, S. 7

305 Die Relevanz dieser Neuerung zeigt ein Fall, den das OLG Köln zu entscheiden hatte: Ein junger Mann hatte sein Mutter erschlagen. Da er unter Schizophrenie litt, stellte das Gericht aber seine Schuldunfähigkeit fest. Daher war auch eine Pflichtteilsentziehung wegen schuldhaftem Fehlverhalten des Pflichtteilsberechtigten nicht möglich. Der Täter bekam seinen Pflichtteil zugesprochen (OLG Köln, Az. 1 U 108/98; BVerfG, Az.1 BvR 1644/00). Abgedruckt in FamRZ 2005, S. 872 ff.

306 Vgl. http://www.focus.de/finanzen/recht/tid-7764/erbrecht_aid_136810.html

307 Vgl. *Jehlička/Švestka/Mikeš*, Občanský zákoník, S. 842

308 Vgl. *Trilsch-Eckardt*, Das tschechische Erbrecht, S. 9

309 Vgl. *Zuklinova*, Juris Classeur de Droit Compare, Vol. 3, Rn. 119

- Vorsätzliche strafbare Handlung gegen den Erblasser, dessen Ehegatten, Kinder oder Eltern (§ 469 S. 1 Alt. 1 ObčZ)
- Verstoß gegen den letzten Willen des Erblassers in verabscheuungswürdiger Art und Weise (§ 469 S. 1 Alt. 2 ObčZ)[310]

Neben Täterschaft können auch Anstiftung und Beihilfe die Erbunwürdigkeit zur Folge haben. (Grob) fahrlässige Begehungsformen werden hingegen nicht geahndet.[311]Die Erbunwürdigkeit ist aber ausgeschlossen, wenn der Erblasser dem Erbunwürdigen verziehen hat (§ 469 S. 2 ObčZ).[312] Die Verzeihung muss entweder ausdrücklich in einem später errichteten Testament erfolgen oder durch ein entsprechendes Verhalten, aus dem eindeutig hervorgeht, dass der Erblasser die Tat zwar kannte, aber aus ihr keine Rechtsfolgen ableiten will, kundgetan werden.[313] Eine einmal verziehene Tat bleibt für immer unberücksichtigt. Vom ObčZ unbeantwortet bleibt allerdings die Frage, wer an die Stelle der erbunwürdigen Erben treten soll. Daher muss dieses Problem über die allgemeinen Regeln der erbrechtlichen Vorschriften gelöst werden.[314] Folglich erben im Rahmen der gesetzlichen Erbfolge statt der erbunwürdigen Personen diejenigen, deren Erbrecht davon abhängt, ob der erbunwürdige Erbe erben darf oder nicht.[315] Bei einer testamentarischen Erbfolge treten die gesetzlichen Erben an die Stelle der erbunwürdigen testamentarischen Erben (vgl. § 461 Abs. 2 ObčZ).[316]

b) Vergleich zum deutschen Recht

Die Erbunwürdigkeit tritt in Tschechien kraft Gesetzes bei Vorliegen der in § 469 ObčZ abschließend genannten Gründe ein.[317] Nur für den Fall, dass es strittig ist, ob ein Erbunwürdigkeitsgrund vorliegt, kann eine Klärung im Streitverfahren erforderlich werden (§ 175k Abs. 2 OSŘ).

310 Beispiele: Der Täter versuchte eine Testamentserrichtung oder den Widerruf zu verhindern oder eine Enterbungsurkunde zu unterschlagen; der Täter versuchte den Erblasser zu einer Testamentserrichtung mit einem bestimmten Inhalt zu nötigen; der Täter versuchte ein gefälschtes Testament vorzulegen (vgl. *Ferid/Firsching/Bohata*, Tschechien, Rn. 28)

311 Vgl. *Jehlička/Švestka/Mikeš*, Občanský zákoník, S. 842

312 Vgl. *Henrich/Schwab/Hrušaková*, Familienerbrecht und Testierfreiheit in Tschechien, S. 338; *Zuklinova*, Juris Classeur de Droit Compare, Vol. 3, Rn. 119

313 Vgl. *Jehlička/Švestka/Mikeš*, Občanský zákoník, S. 843

314 Vgl. *Ferid/Firsching/Bohata*, Tschechien, Rn. 30

315 Vgl. *Jehlička/Švestka/Mikeš*, Občanský zákoník, S. 843

316 Vgl. *Jehlička/Švestka/Mikeš*, Občanský zákoník, S. 843

317 Vgl. *Trilsch-Eckardt*, Das tschechische Erbrecht, S. 9

Anders die deutsche Regelung: Für die Geltendmachung der Erbunwürdigkeit im engeren Sinn ist eine Anfechtungsklage erforderlich (§ 2342 BGB). Wird eine Vermächtnis- bzw. Pflichtteilsunwürdigkeit behauptet, genügt jedoch eine formlose Anfechtung (§ 2345 BGB).

Auch die Gründe, die zu einer Erbunwürdigkeit führen, unterscheiden die beiden Rechtssysteme. Zwar ist § 469 S. 1 Alt. 1 ObčZ und § 2339 Abs. 1 Nr. 1 BGB eine vorsätzliche strafbare Handlung als Ursache für die Erbunwürdigkeit gemeinsam. Während sich im deutschen Recht aber die Tat gegen den Erblasser richten muss, sind im tschechischen Recht auch der Ehegatte, die Kinder und die Eltern des Erblassers vom Schutzbereich der Norm umfasst. Zudem lässt das ObčZ jede vorsätzliche strafbare Handlung genügen. Das BGB erfordert dahingegen ein Tötungsdelikt. Die tschechische Regelung der Erbunwürdigkeit geht also in diesem Punkt weiter als das deutsche Recht.

Zudem ist nach tschechischem Recht erbunwürdig, wer in verabscheuungswürdiger Art gegen den letzten Willen des Erblassers verstoßen hat, § 469 Alt. 2 ObčZ. Dieser allgemeinen Formulierung des ObčZ entsprechen in etwa die § 2339 Abs. 1 Nr. 2,3 und 4 BGB. Identisch geregelt ist in Deutschland und Tschechien, dass die Erbunwürdigkeit ausgeschlossen ist, wenn der Erblasser die Tat verziehen hat (§ 469 S. 2 ObčZ bzw. § 2343 BGB).

3. Erbverzicht *(vzdání se dědictví)*

Gemäß der herrschenden Meinung sind im tschechischen Recht Erbverzichtsverträge unzulässig.[318] In Tschechien wird das subjektive Erbrecht des Erben, also der Anspruch einer bestimmten Person, nach dem Tode des Erblassers in die Rechte und Pflichten einzutreten, die ein Menschenleben überdauern, nicht als eine Art Anwartschaft betrachtet. Daher ist ein Erbverzicht nicht möglich.[319] Stattdessen besteht aber die Möglichkeit, die Erbschaft vollständig auszuschlagen (vgl. §§ 463 ff. ObčZ).

Anders die Regelung im deutschen Recht. Der Erbverzicht (§§ 2346 ff. BGB), der in der Rechtspraxis kaum hinwegzudenken ist[320], wird als ein besonderer erbrechtlicher Verfügungsvertrag angesehen. Mit dessen Abschluss verzichten Verwandte, der Ehegatte oder der Lebenspartner[321] auf ihr gesetzliches Erbrecht (§ 2346 Abs. 1 S. 1 BGB), testamentarisch bedachte Erben oder Vermächtnis-

318 Vgl. *Mauch,* BWNotZ 2001, S. 41; Würzburger Notarhandbuch/*Hertel*, Teil 7 Kapitel 4, Rn. 1026

319 Vgl. *Ferid/Firsching/Bohata*, Tschechien, Rn. 18

320 Vgl. *Riering*, ZEV 1998, S. 248

321 § 10 Abs. 7 LPartG

nehmer auf das rechtsgeschäftlich Zugewandte (§ 2352 BGB). Möglich ist es aber auch, den Verzicht auf den Pflichtteil zu beschränken (§ 2346 Abs. 2 BGB). Der Zweck des Erbverzichts wird im deutschen Recht darin gesehen, ein Erbrecht und auch ein Pflichtteilsrecht des Verzichtenden mit Sicherheit auszuschließen zu können. Eine große praktische Bedeutung kommt dem Erbverzicht daher vor allem im Zusammenhang mit Abfindungsverträgen zu.[322]

VII. Pflichtteilsrecht *(povinný díl)*

1. Der Kreis der pflichtteilsberechtigten Personen *(nepominutelný dědic)* und der Umfang des Pflichtteilsanspruchs

Im tschechischen Recht sind lediglich die Abkömmlinge des Erblassers pflichtteilsberechtigt (§ 479 ObčZ).[323] Die Eltern des Erblassers haben keinen Pflichtteilsanspruch, ebenso wenig der überlebende Ehegatte. Dieser wird jedoch im tschechischen Recht über das Güterrecht geschützt, durch das ihm ohnehin die Hälfte des gemeinschaftlichen Vermögens gehört.[324]
Gemäß § 479 S. 1 ObčZ steht minderjährigen Abkömmlingen mindestens ihr gesetzlicher Erbteil zu. Der Pflichtteil volljähriger Abkömmlinge beträgt die Hälfte des gesetzlichen Erbteils.[325] Diese Differenzierung zeigt, dass der Umfang des Pflichtteils im tschechischen Recht abhängig ist von der Bedürftigkeit des Pflichtteilsberechtigten.[326] Dabei wird durch diese Regelung der typischen Bedürftigkeit minderjähriger Kinder des Erblassers besonders Rechnung getragen. Für den Erblasser kann dies jedoch in bestimmt gelagerten Fällen zur Folge haben, dass er gar nichts testamentarisch vermachen kann, z.B. wenn ihn nur minderjährige Abkömmlinge überleben.[327]

---

322 Vgl. *Leipold*, Erbrecht, § 16 I

323 Vgl. *Jehlička/Švestka/Mikeš,* Občanský zákoník, S. 856; Würzburger Notarhandbuch/*Hertel*, Teil 7 Kapitel 4, Rn. 1025; *Henrich/Schwab/Hrušaková*, Familienerbrecht und Testierfreiheit in Tschechien, S. 344

324 Vgl. *Trilsch-Eckardt*, Das tschechische Erbrecht, S. 8

325 Vgl. *Jehlička/Švestka/Mikeš,* Občanský zákoník, S. 856; Würzburger Notarhandbuch/*Hertel*, Teil 7 Kapitel 4, Rn. 1025; *Zuklinova*, Juris Classeur de Droit Comparé, Vol. 3, Rn. 135

326 Vgl. *Henrich:* Deutsches, ausländisches und internationales Familien- und Erbrecht, S. 314

327 Vgl. *Ferid/Firsching/Bohata*, Tschechien, Rn. 88

2. Pflichtteilsverzicht und Pflichtteilsentziehung

Das tschechische Recht sieht keine Möglichkeit eines Erb- oder Pflichtteilsverzichts zu Lebzeiten des Erblassers vor;[328] ein solcher Verzicht hätte daher keinerlei Rechtswirkungen.[329] Denkbar ist nur eine Ausschlagung der Erbschaft nach dem Todesfall (§§ 463 ff. ObčZ). Der Pflichtteilsanspruch besteht aber dann nicht, soweit ein Pflichtteilsberechtigter nach § 469 ObčZ erbunwürdig ist oder vom Erblasser nach § 469a ObčZ wirksam enterbt worden ist.[330]

Unterschiede zwischen Erbunwürdigkeit und Enterbung können sich bei der Höhe der Pflichtteile der weiteren Abkömmlinge ergeben: Liegt bei einem Kind ein Erbunwürdigkeitsgrund vor, wird es so betrachtet, als ob es den Erbfall nicht erlebt hätte. In einem solchen Fall würden die Abkömmlinge direkt zur Erbfolge gelangen, so dass es bei der Berechnung ihres Pflichtteils darauf ankommt, ob sie selbst minder- oder volljährig sind.[331]

Ist ein Kind dagegen zwar grundsätzlich erbwürdig, aber enterbt worden, richtet sich der Pflichtteil seiner Abkömmlinge nach dem Pflichtteil, der dem enterbten Kind zugestanden hätte d.h. die Abkömmlinge können höchstens den Pflichtteil ihres enterbten Elternteils erhalten.[332]

3. Einbeziehung lebzeitiger Verfügungen des Erblassers

Zwar kennt das tschechische Recht keine Pflichtteilsergänzung, dafür besteht in Tschechien aber die Möglichkeit unentgeltliche Zuwendungen, die zu Lebzeiten des Erblassers unter den Erben verteilt wurden, anzurechnen (§ 484 ObčZ).[333] Ebenso wie im deutschen Recht (vgl. § 2330 BGB) sind jedoch „gewöhnliche" Schenkungen im Rahmen der Anrechnung nicht zu berücksichtigen (§ 484 S. 1 ObčZ).[334] Bei der Anrechnung ist zwischen gesetzlichen und testamentarischen Erben zu unterscheiden:
Im Rahmen der gesetzlichen Erbfolge wird dem Erben auf seinen Anteil angerechnet, was er zu Lebzeiten des Erblassers von diesem unentgeltlich erhalten hat, außer es handelte sich um eine gewöhnliche Schenkung (§ 482 S. 2 ObčZ).

---

328 Vgl. Würzburger Notarhandbuch/*Hertel*, Teil 7 Kapitel 3, Rn. 277 und Kapitel 4, Rn. 1026; *Süß/Haas/Rombach,* Erbrecht in Tschechien, Rn. 71

329 Vgl. *Holub/Muzikář*, Občanský zákoník, S. 316; *Mikeš,* Dědické právo, S. 430 f.

330 Vgl. oben Teil 1, VI. 1 und 2, S. 41 ff.

331 Vgl. *Süß/Haas/Rombach*, Erbrecht in Tschechien, Rn. 73

332 Vgl. *Holub/Muzikář*, Občanský zákoník, S. 600

333 Vgl. *Süß/Haas/Rombach*, Erbrecht in Tschechien, Rn. 74

334 Vgl. die Beispiele zur „gewöhnlichen Schenkung" bei *Süß/Haas/Rombach*, Erbrecht in Tschechien, Rn. 79

Bei der testamentarischen Erbfolge dagegen erfolgt nur dann eine Anrechnung, wenn der Erblasser diese im Testament angeordnet hat oder wenn ein beschenkter Erbe gegenüber dem pflichtteilsberechtigten Erben „grundlos begünstigt" würde (§ 484 S. 3 ObčZ). Durch eine Schenkung „grundlos begünstigt" ist er aber nur dann, wenn für sie kein Grund oder Anlass bestand und der pflichtteilsberechtigt Erbe ohne die Schenkung einen höheren Pflichtteil erhalten hätte.[335] Voraussetzung für eine Anrechnung ist zudem, dass die beschenkte Person Erbe ist.[336] Auch muss der Erbe die Schenkung tatsächlich erhalten und zu Lebzeiten des Erblassers nicht zurückgegeben haben.[337] Des Weiteren ist erforderlich, dass die Erben im Rahmen des Nachlassverfahrens keine Einigung erzielen und dann das Gericht die einzelnen Erbquoten festlegt (vgl. § 484 S. 1 ObčZ). Bei einer einvernehmlichen Aufteilung des Nachlasses steht es im Belieben der Erben, ob sie lebzeitige Zuwendungen berücksichtigen wollen oder nicht. Lassen die Erben bei der Erbauseinandersetzung lebzeitige Schenkungen unberücksichtigt, stellt dies keinen Versagungsgrund für die gerichtliche Genehmigung dar.[338]

Die Anrechnung kann aber niemals dazu führen, dass der beschenkte Erbe etwas aus der Schenkung zurückerstatten muss.[339] Reicht der Nachlass zur Erfüllung der (fiktiven) Erbteile von nicht beschenkten Erben oder von Erben, die eine ihren Erbteil nicht vollständig erschöpfende Schenkung erhalten haben, nicht aus, so ist der verbleibende (nicht ausreichende) Nachlass gemäß den Erbquoten zu verteilen.[340]

4. Durchsetzung des Pflichtteilsanspruchs

Wenn der Erblasser ein Testament errichtet, in dem er einen pflichtteilsberechtigten Abkömmling übergeht oder ihm weniger als seinen Mindestanteil zukommen lässt, dann ist dieses Testament relativ unwirksam (§ 479 ObčZ). Gemäß § 40a ObčZ muss die relative Unwirksamkeit aber vom Pflichtteilsberechtigten geltend gemacht werden. Das Testament ist also nicht bereits kraft Gesetzes absolut unwirksam. Geschieht dies nicht, wird das Testament als gültig betrachtet.[341]

---

335 Vgl. *Holub/Muzikář*, Občanský zákoník, S. 713; *Süß/Haas/Rombach*, Erbrecht in Tschechien, Rn. 69

336 Vgl. *Süß/Haas/Rombach*, Erbrecht in Tschechien, Rn. 77

337 Vgl. LG Brno, Ad Notam 1999, S. 107 ff.

338 Vgl. *Holub/Muzikář*, Občanský zákoník, S. 711; *Süß/Haas/Rombach*, Erbrecht in Tschechien, Rn. 75

339 Vgl. *Holub/Muzikář*, Občanský zákoník, S. 709; Beispielsfälle zur Anrechnung bei *Süß/Haas/Rombach*, Erbrecht in Tschechien, Rn. 78

340 Vgl. *Süß/Haas/Rombach*, Erbrecht in Tschechien, Rn. 78

341 Vgl. *Jehlička/Švestka/Mikeš*, Občanský zákoník, S. 856; *Süß/Haas/Rombach*, Erbrecht in Tschechien, Rn. 82; *Henrich/Schwab/Hrušaková*, Familienerbrecht und Testierfreiheit in Tschechien, S. 345

Die Durchsetzbarkeit des Pflichtteilsanspruchs richtet somit danach, ob der Noterbe am Nachlassverfahren beteiligt wurde oder nicht: Hat der Noterbe am Nachlassverfahren teilgenommen und machte er dennoch sein Noterbrecht nicht geltend, so kann er die Entscheidung über die Nachlassverteilung nachträglich nicht mehr angreifen.[342] Ist eine pflichtteilsberechtigte Person jedoch nicht am Nachlassverfahren beteiligt worden und konnte daher ihre Ansprüche nicht geltend machen, kann sie gegen den (Schein-) Erben Klage auf Herausgabe des entsprechenden Nachlasses nach den Grundsätzen über eine „ungerechtfertigte Bereicherung" (§ 485 i.V.m. §§ 451 ff. ObčZ) erheben.[343]

Dabei verjährt das Recht des berechtigten Erben gegen den Scheinerben auf Herausgabe des Nachlasses gemäß § 101 ObčZ innerhalb von drei Jahren nach Rechtskraft der Entscheidung im Nachlassverfahren.[344]

5. Vergleich zum deutschen Recht

a) Pflichtteilsberechtigte Personen

Der Kreis der pflichtteilsberechtigten Personen in Tschechien und Deutschland ist unterschiedlich ausgestaltet: Während im tschechischen Recht lediglich die Nachkommen geschützt werden und daher nur die Abkömmlinge des Erblassers pflichtteilsberechtigt sind (§ 479 ObčZ), haben im deutschen Recht auch die Eltern des Erblassers sowie der überlebende Ehegatte einen Pflichtteilsanspruch (§ 2303 BGB). Beiden Rechtsordnungen ist aber gemeinsam, dass der Pflichtteil nur den Abkömmlingen zusteht, die kraft Gesetzes zur Erbfolge gelangen würden.[345]

b) Umfang des Pflichtteilsanspruchs

Anders als im BGB, in dem der Pflichtteil pauschal die Hälfte des Wertes des gesetzlichen Erbteils beträgt (§ 2303 Abs. 1 S. 2 BGB), wird im ObčZ differenziert: Minderjährige Abkömmlinge erhalten mindestens ihren gesetzlichen Erbanteil und volljährige Abkömmlinge mindestens die Hälfte ihres gesetzlichen Erbteils (§ 479 S. 1 ObčZ). Diese Differenzierung zeigt, dass der Umfang des Pflichtteils im tschechischen Recht abhängig ist von der Bedürftigkeit des Pflichtteilsberechtigten und nicht wie im deutschen Recht mit einer starren Quote geregelt ist.

---

342 Vgl. Würzburger Notarhandbuch/*Hertel*, Teil 7 Kapitel 4, Rn. 1025

343 Vgl. *Süß/Haas/Rombach*, Erbrecht in Tschechien, Rn. 83

344 Vgl. *Holub/Muzikář*, Občanský zákoník, S. 727; Würzburger Notarhandbuch/*Hertel*, Teil 7 Kapitel 4, Rn. 1025

345 Beispiel: Lebt der Sohn des Erblassers ist nur dieser, und nicht auch dessen Abkömmling, pflichtteilsberechtigt

Volljährige Abkömmlinge sind in beiden Rechtsordnungen wertmäßig gleich gestellt, da sie jeweils die Hälfte des gesetzlichen Erbteils erlangen. Allerdings ist hinsichtlich dessen, was der Pflichtteilsberechtigte tatsächlich erhält, zu unterscheiden: Der Pflichtteilsanspruch im deutschen Recht verschafft dem Berechtigten keinerlei dingliche Rechte, eine Gesamtrechtsnachfolge findet gerade nicht statt.[346] Stattdessen führt der Pflichtteilsanspruch zu einem Geldanspruch gegen den Erben, der mit dem Erbfall entsteht (§ 2317 Abs. 1 BGB) und eine Nachlassverbindlichkeit darstellt.[347] Dies kann von Vorteil sein, wenn man ein Interesse an Liquidität hat. Allerdings hat der Pflichtteilsberechtigte so keinen Anspruch auf einzelne Gegenstände oder Immobilien. Im tschechischen Erbrecht hingegen hat der Pflichtteilsberechtigte die Stellung eines Erben, da das Pflichtteilsrecht als Noterbrecht ausgestaltet ist.[348] Der Pflichtteil ist ein regulärer Erbteil, der nur in der Höhe vom gesetzlichen Erbteil nach unten abweichen kann.[349] Dies ist verbunden mit allen Vor- und Nachteilen einer Erbenstellung: So ergeben sich zum Beispiel regelmäßig Schwierigkeiten bei der Erbauseinandersetzung. Können sich die Erben in einem solchen Fall auf keinen Erbauseinandersetzungsvertrag einigen, dann führt das Nachlassgericht die Erbauseinandersetzung durch (§§ 482 ff. ObčZ).[350]

c) Pflichtteilsverzicht

Ein Erb- oder Pflichtteilsverzicht zu Lebzeiten des Erblassers ist im tschechischen Recht nicht möglich.[351] Wird dennoch ein solcher Verzicht erklärt, so ist dieser ohne rechtliche Wirkungen. Anders hingegen im deutschen Recht. Gemäß § 2346 BGB besteht die Möglichkeit, dass der Erblasser mit seinem Ehegatten, Lebenspartner oder mit einem Verwandten einen Erbverzichtsvertrag abschließt. In diesem Vertrag kann der Verzichtende auf den Anfall eines künftigen gesetzlichen Erbrechts verzichten. Ebenso ist es möglich, den Verzicht nur auf das Pflichtteilsrecht (§ 2346 Abs. 2 BGB) bzw. ein Vermächtnis (§ 2352 BGB) zu beschränken.

---

346 Vgl. *Henrich/Schwab/Reimann*, Familienerbrecht und Testierfreiheit im deutschen Recht, S. 47

347 Vgl. *Leipold*, Erbrecht, § 24 II 1

348 Vgl. Würzburger Notarhandbuch/*Hertel*, Teil 7 Kapitel 3, Rn. 268 und Kapitel 4, Rn. 905, 1025; *Trilsch-Eckardt*, Das tschechische Erbrecht, S. 8

349 Vgl. *Holub/Muzikář*, Občanský zákoník, S. 342

350 Vgl. *Trilsch-Eckardt*, Das tschechische Erbrecht, S. 8

351 Vgl. Würzburger Notarhandbuch/*Hertel*, Teil 7 Kapitel 3, Rn. 277 und Kapitel 4, Rn. 1026

d) Pflichtteilsentziehung

Wird dem Pflichtteilsberechtigten sein Anspruch wegen Pflichtteilsunwürdigkeit entzogen (§ 469 ObčZ bzw. § 2345 Abs. 2 i.V.m. § 2339 BGB), so wird in beiden Rechtsordnungen der Erbunwürdige so betrachtet, als ob er den Erbfall nicht erlebt hätte. In einem solchen Fall würden dessen Abkömmlinge direkt zur Erbfolge gelangen, so dass die Höhe des Pflichtteils von der Höhe ihres eigenen gesetzlichen Erbteils abhängt.[352]

Unterschiedlich ausgestaltet ist aber die Regelung in Deutschland und Tschechien in den Fällen einer Enterbung: Während obige Ausführungen im deutschen Recht auch für die Enterbung gelten,[353] richtet sich im tschechischen Recht der Pflichtteil der Abkömmlinge des enterbten Erben nach dem Pflichtteil, der diesem zugestanden hätte d.h. die Abkömmlinge können höchstens den Pflichtteil ihres enterbten Elternteils erhalten.[354]

e) Einbeziehung lebzeitiger Verfügungen des Erblassers

Im Gegensatz zum BGB (§§ 2325 ff.) sieht das ObčZ keine Pflichtteilsergänzung vor. Durch den Pflichtteilsergänzungsanspruch soll der Pflichtteilsberechtigte vor lebzeitigen Verfügungen des Erblassers geschützt werden, durch die dieser die vom Gesetz vorgesehene Mindestbeteiligung des Pflichtteilsberechtigten am Nachlass faktisch entwertet.[355] Jedoch ist es in Tschechien gemäß § 484 ObčZ möglich, unentgeltliche Zuwendungen, die zu Lebzeiten des Erblassers unter den Erben verteilt wurden, anzurechnen.

Für eine Anrechnung ist auch keine ausdrückliche Anordnung des Erblassers notwendig.[356] Stattdessen werden die unentgeltlichen Zuwendungen bei der gesetzlichen Erbfolge kraft Gesetzes berücksichtigt (§ 484 S. 2 ObčZ) und auch bei der testamentarischen Erbfolge, wenn andernfalls der beschenkte Erbe gegenüber dem pflichtteilsberechtigten Erben grundlos begünstigt wäre (§ 484 S. 3 ObčZ). Dagegen ist im deutschen Recht gemäß § 2315 Abs. 1 BGB für eine Anrechnung der Zuwendungen eine ausdrückliche Erklärung erforderlich. Diese kann auch nicht nachgeholt werden, was eine „Schwachstelle des deutschen Rechts“[357] darstellt, denn in einer intakten Familie wird kaum jemals solch eine

---

352 Vgl. MüKo/*Lange*, § 2309, Rn. 2 zum deutschen Recht und *Süß/Haas/Rombach*, Erbrecht in Tschechien, Rn. 73 zum tschechischen Recht

353 Vgl. MüKo/*Lange*, § 2309, Rn. 2

354 Vgl. *Süß/Haas/Rombach*, Erbrecht in Tschechien, Rn. 73; *Holub/Muzikář*, Občanský zákoník, S. 600

355 Vgl. *Palandt/Edenhofer*, § 2325, Rn. 1

356 Vgl. *Süß/Haas/Rombach*, Erbrecht in Tschechien, Rn. 74

357 Vgl. *Henrich/Schwab/Henrich*, Familienerbrecht und Testierfreiheit im europäischen Vergleich, S. 383

ausdrückliche Erklärung erfolgen. Der Pflichtteilsberechtigte kann also trotz erheblicher lebzeitiger Zuwendungen seinen vollen Pflichtteil verlangen. Dafür kommt dem Pflichtteilsberechtigten in Deutschland zu Gute, dass auch Schenkungen berücksichtigt werden, die der Erblasser Dritten gemacht hat (vgl. § 2325 Abs. 1 BGB). Anders ist in diesem Punkt die Regelung in Tschechien: Dort werden gemäß § 484 ObčZ nur solche unentgeltliche Zuwendungen angerechnet, die der Erblasser den Erben zugewandt hat.

Identisch geregelt ist in beiden Rechtssystemen, dass die Ausgleichung niemals dazu führen kann, dass der beschenkte Erbe etwas aus der Schenkung zurückerstatten muss.[358]

f) Durchsetzung des Pflichtteilsanspruchs

In Tschechien hängt die Durchsetzbarkeit des Pflichtteilsanspruchs davon ab, ob der Anspruchsinhaber am Nachlassverfahren beteiligt wurde oder nicht.[359] Daran ist ersichtlich, dass es sich bei dem Pflichtteilsanspruch im tschechischen Recht um ein Noterbrecht handelt, durch das der Pflichtteilsberechtigte zum Miterben wird. Ganz anders das Verfahren im deutschen Recht: Der Pflichtteilsanspruch stellt eine schuldrechtliche Verbindlichkeit der Erbengemeinschaft dar, die unmittelbar mit dem Erbfall entsteht (§ 2317 Abs. 1 ObčZ). Eine Stundung des Pflichtteilsanspruchs ist nur im Ausnahmenfall möglich, was einen gravierenden Mangel des deutschen Rechts darstellt.[360] Wird nämlich der mit dem Erbfall entstehende und sofort fällige Pflichtteilsanspruch rücksichtslos geltend gemacht, besteht die Gefahr, dass zum Nachlass gehörende Werte oder Wirtschaftseinheiten zerschlagen werden müssen.[361]

Vergleichbar geregelt ist in beiden Rechtsordnungen der zeitliche Rahmen innerhalb dessen der Anspruch geltend gemacht werden muss. In Tschechien verjährt das Recht des berechtigten Erben, gegen den Scheinerben auf Herausgabe des Nachlasses zu klagen, innerhalb von drei Jahren nach Rechtskraft der Entscheidung im Nachlassverfahren (§ 101 ObčZ). Ebenso unterliegt der Pflichtteilsanspruch im deutschen Recht der kurzen Verjährung des § 2332 BGB. Beginnend mit dem Zeitpunkt, in welchem der Pflichtteilsberechtigte vom Eintritt des Erbfalls und der ihn beeinträchtigenden Verfügung Kenntnis erlangt, hat dieser noch drei Jahre Zeit, sein Recht durchzusetzen. Erlangt der Pflichtteilsbe-

358 Vgl. *Süß/Haas/Rombach*, Erbrecht in Tschechien, Rn. 78; im deutschen Recht besteht aber gemäß § 2329 BGB die Möglichkeit vom Beschenkten die Herausgabe des Geschenks zu verlangen, wenn der Erbe nicht haftbar gemacht werden kann

359 Vgl. oben Teil 1, VII. 4, S. 49

360 Vgl. *Henrich/Schwab/Reimann*, Familienerbrecht und Testierfreiheit im deutschen Recht, S. 47

361 Vgl. MüKo/*Lange*, § 2331 a, Rn. 1

rechtigte keine Kenntnis, so verbleiben ihm sogar 30 Jahre von dem Eintritt des Erbfalls an (§ 2332 Abs. 1 BGB).

VIII. Beschwerungen des Erben

1. Vermächtnis *(odkaz závět')*

Vermächtnisse sieht das tschechische ObčZ – anders als das deutsche BGB (§§ 2147 ff.) – nicht vor.[362] In Tschechien erfolgt die Zuteilung einzelner Gegenstände durch Erbeinsetzung auf einzelne Sachen oder Rechte.[363] Folge dieser Regelung ist aber auch, dass der Bedachte als Erbe für alle Nachlassverbindlichkeiten des Erblassers haftet, jedoch begrenzt auf die Höhe des erworbenen Wertes.[364]
Dagegen ist in Deutschland die Einzelzuwendung eines Vermögensvorteils durch Verfügung von Todes wegen regelmäßig als Vermächtnis (§ 1939 BGB i.V.m. §§ 2147 ff. BGB) anzusehen[365] und stellt gerade keine Erbeinsetzung dar.[366] Anders ist dies nur, wenn der Erblasser den Bedachten über diesen Einzelgegenstand zu einer bestimmten Quote am Vermögen als Ganzen beteiligen wollte und nicht nur diesen konkreten Gegenstand zuwenden wollte.[367] Ein Vorteil dieser Regelung ist, dass der Bedachte so nicht für Nachlassverbindlichkeiten des Erblassers haften muss. Allerdings ist er auch zunächst auf einen schuldrechtlichen Anspruch beschränkt[368], den er gegebenenfalls gerichtlich durchsetzen muss.

2. Auflage

Die Anordnung einer Auflage ist im tschechischen Recht ebenfalls nicht möglich.[369] Eine solche Gestaltung würde zwar das Testament nicht ungültig werden lassen, hätte aber als unzulässige Bedingung zur Erbeinsetzung keine Rechts-

362 Vgl. Würzburger Notarhandbuch/*Hertel*, Teil 7 Kapitel 4, Rn. 908 und 1031; *Süß/Haas/Rombach*, Erbrecht in Tschechien, Rn. 46; *Bengel/Haas/Reimann*, Handbuch der Testamentsvollstreckung, Kapitel 9, Rn. 343

363 Vgl. *Henrich/Schwab/Hrušáková*, Familienerbrecht und Testierfreiheit in Tschechien, S. 336; Würzburger Notarhandbuch/*Hertel*, Teil 7 Kapitel 4, Rn. 908 und 1031

364 Vgl. *Ferid/Firsching/Bohata*, Tschechien, Rn. 79

365 Vgl. BGH MDR 1960, S. 484; NJW-RR 1997, S. 389

366 Vgl. auch die Auslegungsregel § 2087 BGB.

367 Vgl. *Erman/Schmidt*, Bürgerliches Gesetzbuch, § 2087, Rn. 6

368 Ein dingliches Vermächtnis kennt das geltende Recht nicht. Vgl. MüKo/*Leipold*, § 1939, Rn. 2 f.

369 Vgl. *Süß/Haas/Rombach*, Erbrecht in Tschechien, Rn. 47; Würzburger Notarhandbuch/*Hertel*, Teil 7 Kapitel 4, Rn. 1031; *Bengel/Haas/Reimann*, Handbuch der Testamentsvollstreckung, Kapitel 9, Rn. 343

wirkung.[370] Von diesem Grundsatz gibt es jedoch eine Ausnahme. Der Erblasser hat die Möglichkeit zu verfügen, dass all das auf den Erbteil anzurechnen ist, was ein Erbe oder dessen Vorfahre zu Lebzeiten des Erblassers von diesem unentgeltlich erhalten hat, soweit es sich dabei um keine gewöhnliche Schenkung handelt (§ 484 S. 2 ObčZ).[371]

Dahingegen gestattet das BGB dem Erblasser, den Erben zu einer Leistung zu verpflichten (§ 1940 i.V.m. § 2192), [372] allerdings ohne dass einem anderen ein Anspruch auf die Leistung zugewandt würde.[373] Durch die Auflage kann der Erblasser auf das Verhalten der von ihm bedachten Person in rechtsverbindlicher Weise Einfluss nehmen und dadurch einen bestimmten Zweck fördern.[374]

IX. Vor- und Nacherbschaft bzw. Ersatzerbschaft

1. Vor- und Nacherbschaft *(fideikomisiární substituce)*

Die Anordnung einer Vor- und Nacherbschaft ist im tschechischen Recht nicht möglich.[375] Solche Gestaltungen hätten als unzulässige Bedingungen zur Erbeinsetzung keine Rechtwirkungen. Die Verfügungsbefugnis des Erben soll vom Erblasser nicht eingeschränkt werden können.[376]Eine fideikommissarische Substitution, die in etwa der deutschen Nacherbfolge entspricht,[377] ist seit der Einführung des neuen ObčZ (1964) nicht nur unzulässig, sondern es sind sogar alle daraus abgeleiteten Rechte ersatzlos gestrichen worden (§ 503 Abs. 2 ObčZ a.F.).[378]

Ganz anders im deutschen Erbrecht. Hier gestattet das Gesetz die Anordnung einer Nacherbschaft (§§ 2100 ff. BGB). Bei dieser Gestaltung der Erbfolge fällt

---

370 Vgl. *Jehlička/Švestka/Mikeš*, Občanský zákoník, S. 856; *Henrich/Schwab/Hrušaková*, Familienerbrecht und Testierfreiheit in Tschechien, S. 344

371 Vgl. *Jehlička/Švestka/Mikeš*, Občanský zákoník, S. 856 und S. 868 f.; *Henrich/Schwab/Hrušáková*, Familienerbrecht und Testierfreiheit in Tschechien, S. 344. Eine ähnliche Vorschrift gibt es auch im BGB: § 2315

372 Beispiele: Grabpflege; Büste aufzustellen; Unternehmen des Erblassers fortzuführen; vgl. *Palandt/Edenhofer*, § 2192, Rn. 3

373 Dies unterscheidet die Auflage vom Vermächtnis. Vgl. *Leipold*, Erbrecht, § 22 II

374 Vgl. MüKo/*Leipold*, § 1940 Rn. 1

375 Vgl. Würzburger Notarhandbuch/*Hertel*, Teil 7 Kapitel 4, Rn. 908, 1031 und 1033; *Süß/Haas/Rombach*, Erbrecht in Tschechien, Rn. 47; *Bengel/Haas/Reimann*, Handbuch der Testamentsvollstreckung, Kapitel 9, Rn. 343

376 Vgl. Würzburger Notarhandbuch/*Hertel*, Teil 7 Kapitel 3, Rn. 324

377 Vgl. *Lange/Kuchinke*, Erbrecht, § 28 I 1 b

378 Vgl. *Zuklinova*, Juris Classeur de Droit Comparé, Vol, 3, Rn. 114; *Henrich/Schwab/Hrušaková*, Familienerbrecht und Testierfreiheit in Tschechien, S. 337

der Nachlass zunächst dem Vorerben an, von einem bestimmten Zeitpunkt oder Ereignis dagegen dem Nacherben (§ 2139 BGB). Auf diesem Weg kann der Erblasser dafür sorgen, dass sein Vermögen über den Tod hinaus als Einheit erhalten bleibt und er kann dadurch festlegen, wem der Nachlass in ferner Zukunft zufallen soll.[379]

2. Ersatzerbschaft *(náhradní dědictví)*

Der Verfügende im tschechischen Recht hat, genauso wie im deutschen Recht (§ 2096 BGB), die Möglichkeit einen Ersatzerben (Substitut) zu bestimmen.[380]Ein Ersatzerbe wird immer dann relevant, wenn der im Testament bedachte Erbe den Erblasser nicht überlebt, das Erbe ausschlägt oder erbunwürdig ist, mithin als Erbe wegfällt.
Hierbei ist die Bestimmung eines Ersatzerben im tschechischen Recht durchaus sehr sinnvoll, denn § 461 Abs. 2 ObčZ bestimmt, dass die durch den Wegfall des an sich bedachten Erben freigewordenen Erbteile an die gesetzlichen Erben fallen. Anders als das BGB (§ 2094) kennt das ObčZ somit keine anteilsmäßige Erhöhung der Erbteile der testamentarischen Erbteile und es treten auch nicht die Abkömmlinge der ausgefallenen testamentarischen Erben an deren Stelle.[381]

X. Sicherung und Schutz der Erben

Wenn sich nach Abschluss des Nachlassverfahrens herausstellt, dass der rechtmäßige Erbe jemand anders ist als dies vom Gericht bestätigt wurde und der Nachlass, oder wenigstens ein Teil des Nachlasses, infolge dessen zunächst in falsche Hände geraten ist , braucht der rechtmäßige Erbe eine Möglichkeit, um eine Herausgabe der Erbschaft bewirken zu können.[382]

1. Die Ansprüche

Da die Rechte infolge der Universalsukzession mit dem Todeszeitpunkt auf den rechtmäßigen Erben übergehen, kann dieser in einem solchen Fall verschiedene Ansprüche geltend machen:

- § 485 ObčZ: Herausgabe der Erbschaft an den rechtmäßigen Erben
- § 131 ObčZ: Herausgabepflicht des unberechtigten Besitzers

---

379 Vgl. *Leipold*, Erbrecht, § 19 II 1

380 Vgl. *Mikeš*, Občanské právo hmnotné, S. 440 f.; *Jehlička/Švestka/Mikeš,* Občanský zákoník, S. 856; *Henrich/Schwab/Hrušáková*, Familienerbrecht und Testierfreiheit in Tschechien, S. 343

381 Vgl. *Ferid/Firsching/Bohata*, Tschechien, Rn. 83

382 Vgl. ausführlich zum Schutz des rechtmäßigen Erben *Němcova*, Ad notam 2003, S. 81

Eine Herausgabe gemäß § 485 ObčZ erfolgt nach den Grundsätzen der ungerechtfertigten Bereicherung (§ 451 ff. ObčZ).[383] Hierbei kann der Anspruch erst geltend gemacht werden, wenn das Nachlassverfahren rechtskräftig abgeschlossen wurde.[384] Andernfalls hätte der rechtmäßige Erbe nämlich die Möglichkeit, dem Nachlassverfahren beizutreten und könnte bereits so seine Rechte geltend machen.[385] Bei der Durchsetzung des Anspruchs muss unterschieden werden, ob der herausgabepflichtige unrechtmäßige Erbe gutgläubig ist oder nicht.[386] Das Recht auf Herausgabe verjährt im tschechischen Recht gemäß § 105 ObčZ i. V. m. § 101 ObčZ bereits nach drei Jahren mit Rechtskraft des Nachlassverfahrens.[387]

2. Der gutgläubige Erwerb

Das ObčZ schützt den gutgläubigen Erwerb an Nachlassgegenständen. Wer also von einem unrechtmäßigen Erben, dem die Erbschaft bestätigt worden ist, etwas in gutem Glauben erworben hat, wird so geschützt, als ob er es vom rechtmäßigen Erben erworben hätte (§ 486 ObčZ). Der Anspruch ist daher nur gegen Personen durchsetzbar, die wussten oder hätten wissen müssen, dass ein anderer rechtmäßiger Erbe ist.[388] Dies ist deshalb bemerkenswert, da im tschechischen Zivilrecht grundsätzlich kein gutgläubiger Erwerb von Sachen oder Rechten möglich ist.[389] Dies stellt eine von nur zwei Ausnahmen dar, in denen ein gutgläubiger Erwerb möglich ist.[390]

3. Umfang und Inhalt der Ansprüche

Der Herausgabeanspruch ist grundsätzlich ein Anspruch auf Naturalrestitution. Ein Ersatzanspruch in Geld ist nur gegeben, wenn die Herausgabe (z.B. wegen gutgläubigen Erwerbs) nicht mehr möglich ist.[391] Das Gericht hat aber die Möglichkeit zu entscheiden, dass bei einem nicht gutgläubigen unrechtmäßigen Er-

383 Vgl. *Zuklinova*, Juris Classeur de Droit Comparé, Vol. 3, Rn. 142

384 Vgl. *Mikeš/Muzikář*, Dědické právo, S. 105

385 Vgl. *Jehlička/Švestka/Mikeš*, Občanský zákoník, S. 873; *Ferid/Firsching/Bohata*, Tschechien, Rn. 114

386 Vgl. *Ferid/Firsching/Bohata*, Tschechien, Rn. 114

387 Vgl. *Jehlička/Švestka/Mikeš*, Občanský zákoník, S. 430; vor der Novelle des ObčZ im Jahre 1982 wurde die Frist ab dem Todeszeitpunkt des Erblassers berechnet. Vgl. *Ferid/Firsching/Bohata*, Tschechien, Rn. 114 Fn. 99

388 Vgl. *Zuklinova*, Juris Classeur de Droit Comparé, Vol. 3, Rn. 142; *Jehlička/Švestka/Mikeš*, Občanský zákoník, S. 873

389 Vgl. *Mikeš/Muzikář*, Dědické právo, S. 106; *Jehlička/Švestka/Mikeš*, Občanský zákoník, S. 873

390 Eine zweite Ausnahme ermöglicht § 446 ObchZ (Nr. 513/1991 Sb.) beim Kauf von beweglichen Sachen

391 Vgl. *Ferid/Firsching/Bohata*, Tschechien, Rn. 115

ben Befriedigung hinsichtlich des Bereicherungsanspruchs auch aus den Sachen gesucht werden kann, die der Bereicherungsschuldner aus der ungerechtfertigten Bereicherung erlangte und zwar sogar dann, wenn diese andernfalls der Zwangsvollstreckung nicht unterliegen würden.[392]

Im Rahmen des Herausgabeanspruchs sind auch die gezogenen Früchte zu berücksichtigen (§ 485 S. 1 2. HS. ObčZ). War der Nichtberechtigte gutgläubig, so muss er die gezogenen Früchte jedoch nicht herausgeben.[393] Zudem kann der redliche Erbschaftsbesitzer in Tschechien auch alle Verwendungen ersetzt verlangen (§ 485 Abs. 2 S. 1 1. HS. ObčZ). War der Erbschaftsbesitzer aber bösgläubig, so steht ihm nur ein Anspruch der notwendigen Verwendungen zu d.h. von Verwendungen, die der Erhaltung der Sache dienen.[394] Eine Verschönerung der Sache dahingegen wird nicht geschützt.[395] Gemäß § 487 ObčZ gelten obige Ausführungen auch dann, wenn die Erbschaft an den Staat gefallen ist.[396]

4. Vergleich zum deutschen Recht

a) Die Ansprüche

Beide Rechtsordnungen gewähren dem rechtmäßigen Erben verschiedene Optionen, mittels derer der Erbe seinen Erbanspruch geltend machen kann. Dabei ist die zentrale Norm im tschechischen Recht § 485 ObčZ und im deutschen Recht § 2018 BGB. Während aber in Tschechien das Recht auf Herausgabe bereits nach drei Jahren mit Rechtskraft des Nachlassverfahrens verjährt (§ 105 i.V.m. § 101 ObčZ), können in Deutschland erbrechtliche Ansprüche innerhalb eines Zeitraums von 30 Jahren verfolgt werden (§ 197 Abs. 1 Nr. 2 BGB).

b) Der gutgläubige Erwerb

Anders als das ObčZ, das grundsätzlich davon ausgeht, dass niemand mehr Rechte übertragen kann, als er selber besitzt, kennt das BGB zahlreiche Erwerbstatbestände, die auf Gutgläubigkeit beruhen.[397] Durch diese Regelungen schützt das Gesetz das Vertrauen des Erwerbers in den durch einen Rechts-

392 Vgl. *Ferid/Firsching/Bohata*, Tschechien, Rn. 116

393 Vgl. *Zuklinova,* Juris Classeur de Droit Comparé, Vol. 3, Rn. 142; *Mikeš/Muzikář,* Dědické právo, S. 105

394 Vgl. *Ferid/Firsching/Bohata*, Tschechien, Rn. 116

395 Vgl. dazu ausführlich *Mikeš*, Dědické právo, S. 181 f.

396 Vgl. *Mikeš/Muzikář,* Dědické právo, S. 106

397 Beispiele: §§ 932 ff. BGB bei beweglichen Sachen, § 892 bei Grundstücken, § 1257 bei gesetzlichen Pfandrechten

scheinträger begründeten Rechtsschein.[398] Obwohl nun das ObčZ im Erbrecht von seinem Grundsatz eine Ausnahme macht und einen gutgläubigen Erwerb zulässt (§ 486 ObčZ), wird dennoch der Schutz gutgläubiger Dritter unterschiedlich verwirklicht. Das tschechische Recht lässt auch von einem unrechtmäßigen Erben, dem die Erbschaft bestätigt wurde, einen Erwerb zu, wenn der Dritte gutgläubig war. Im Gegensatz dazu die Regelung im deutschen Recht: Gemäß § 857 BGB geht der Besitz zum Zeitpunkt des Erbfalls auf den Erben über. Nimmt nun der Erbschaftsbesitzer die Sache weg, so stellt dies ein Abhandenkommen i. S. d. § 935 BGB dar. Dies schließt einen gutgläubigen Erwerb durch einen Dritten aus (§ 935 Abs. 1 BGB). Aber auch das BGB schützt den redlichen Dritten, sofern sich der Erbschaftsbesitzer durch einen Erbschein ausgewiesen hatte (§ 2366).[399]

c) Umfang und Inhalt der Ansprüche

In beiden Rechtsordnungen zielt der Herausgabeanspruch primär auf die Herausgabe des Erlangten ab (§ 485 Abs. 1 ObčZ bzw. § 2018 BGB). Erst wenn dem Erbschaftsbesitzer die Herausgabe in Natur unmöglich ist, verwandelt sich der Herausgabeanspruch in einen Anspruch auf Wertersatz (§ 485 ObčZ i.V.m. § 458 ObčZ bzw. § 2021 i.V.m. § 818 Abs. 2 BGB).Zudem sind im tschechischen Recht im Rahmen des Herausgabeanspruchs auch die gezogenen Früchte herauszugeben (§ 485 Abs. 2 ObčZ). War der Nichtberechtigte jedoch gutgläubig, so darf er die gezogenen Früchte behalten. Anders die Regelung im deutschen Recht: Sogar der gutgläubige Erbschaftsbesitzer muss dem Erben die gezogenen Nutzungen herausgeben (§ 2020 BGB). Die Verpflichtung zur Herausgabe erstreckt sich dabei auch auf Früchte, an denen er das Eigentum erworben hat (§ 2020 2. HS. BGB).

Gleich geregelt ist in Deutschland und Tschechien der Ersatz von Aufwendungen: Der gutgläubige Erbschaftsbesitzer hat in beiden Rechtsordnungen einen Anspruch auf Ersatz aller Verwendungen (§ 485 Abs. 2 S. 1 ObčZ bzw. § 2022 BGB). War der Erbschaftsbesitzer aber bösgläubig, so werden ihm nur die zweckmäßigen Verwendungen ersetzt (§ 485 Abs. 1 S. 2 ObčZ bzw. § 2023 Abs. 2 BGB).

398 Vgl. *Palandt/Bassenge*, Vorb v § 929, Rn. 6
399 Vgl. MüKo/*Helms*, § 2019, Rn. 16

XI. Die Erbauseinandersetzung[400]

Wird der Erblasser von mehreren Personen beerbt, dann bilden diese eine Erbenmehrheit (§ 482 ObčZ). Diese ist verpflichtet *vor einem Gericht* eine Erbauseinandersetzungsvereinbarung zu schließen, welche von dem zuständigen Nachlassgericht genehmigt werden muss (§ 482 Abs. 1 ObčZ i.V.m. § 175q Abs. 1 lit. c OSŘ). Verstößt die Vereinbarung weder gegen das Gesetz noch die guten Sitten, dann ist sie vom Gericht zu bestätigen (§ 482 Abs. 2 ObčZ). Gegenüber Dritten entfaltet die Vereinbarung keine unmittelbare Rechtswirkung.[401]

Hinsichtlich des Regelungsinhalts der Erbauseinandersetzungsvereinbarung sind die Erben grundsätzlich weitgehend ungebunden. Der Erbengemeinschaft steht es daher frei, von den gesetzlichen Erbquoten abzuweichen oder anrechnungspflichtige Geschenke unberücksichtigt zu lassen. Des Weiteren können sie bestimmen, dass ein Erbe alles erhält und die verbleibenden Erben dafür durch Ausgleichszahlungen aus dem Eigenvermögen des Übernehmers abzufinden sind.[402] Ebenso können die Miterben vereinbaren, dass ein Erbe nichts aus dem Nachlass erhält.[403] Erforderlich ist es aber, dass sich die Erben über alle Rechte und Pflichten einigen; Teillösungen sind ausgeschlossen.[404]

Gelingt es den Erben nicht, sich auf eine Auseinandersetzungsvereinbarung zu einigen, beschränkt sich das Nachlassgericht darauf, denjenigen den Anfall der Erbschaft zu bestätigen, deren Erbrecht nachgewiesen worden ist (§ 483 ObčZ i.V.m. § 175q Abs. 1 lit. d OSŘ). Dies geschieht entsprechend den Erbquoten, die prozentual oder als Bruchteil angegeben werden (§ 484 S. 1 ObčZ).[405] Kommt es zu keiner wirksamen Auseinandersetzungsvereinbarung, erfolgt die Erbauseinandersetzung nach den allgemeinen Regeln über die Auseinandersetzung der Bruchteilsgemeinschaft (§§ 141 f. ObčZ).[406]

Die tschechische Erbauseinandersetzung unterscheidet sich von der Erbauseinandersetzung nach deutschem Recht dadurch, dass sie zwingend gerichtlich zu erfolgen hat. Im deutschen Recht soll die Auseinandersetzung des Nachlasses grundsätzlich einvernehmlich zwischen den Erben erfolgen und nur bei unüberbrückbaren Streitigkeiten kann das Nachlassgericht als vermittelnde Stelle

---

400 Siehe zur Erbauseinandersetzung im tschechischen Recht auch 3. Teil, II. 4. b, S. 120 ff. und 4. Teil, IV, S. 158

401 Vgl. *Jehlička/Švestka/Mikeš*, Občanský zákoník, S. 868

402 Vgl. *Süß/Haas/Rombach*, Erbrecht in Tschechien, Rn. 93

403 Vgl. *Süß/Haas/Rombach*, Erbrecht in Tschechien, Rn. 93

404 Vgl. *Ferid/Firsching/Bohata*, Tschechien, Rn. 102

405 Vgl. *Jehlička/Švestka/Mikeš*, Občanský zákoník, S. 868

406 Vgl. *Süß/Haas/Rombach*, Erbrecht in Tschechien Rn. 92; zu dem allgemeinen Regeln über die Auseinandersetzung der Bruchteilsgemeinschaft ausführlich *Jehlička/Švestka/Dvořák*, Občanský zákoník, S. 576 ff.

angerufen werden (§§ 86 ff. FGG). Scheitert dieses mit seinen Vermittlungsbemühungen, kommt keine Erbauseinandersetzung zustande. Anders als im tschechischen Recht erfolgt auch keine Bestätigung der Erbanteile durch das Gericht. Was den zulässigen Inhalt der Erbauseinandersetzungsvereinbarung anbelangt, sind die Erben in beiden Rechtssystemen weitgehend ungebunden. Eine Grenze ist erst bei einem Verstoß gegen das geltende Recht zu erblicken. Jedoch ist es dem tschechischen Erblasser nicht gestattet die Auseinandersetzung des Nachlassvermögens auszuschließen. Anders hier das BGB, welches diese Möglichkeit gemäß § 2044 BGB vorsieht.

XII. Exkurs: Nachlassregelung außerhalb des Erbrechts

1. Transmortale Vollmacht

Im tschechischen Recht ist die Erteilung einer transmortalen Vollmacht möglich.[407] Anders aber als im deutschen Recht, in dem die Vollmacht in der Regel nicht mit dem Tod des Vollmachtgebers erlischt (§ 168 S. 1 BGB i.V.m. § 672 S. 1 BGB), [408] ist im tschechischen Recht eine ausdrückliche Anordnung der Geltung der Vollmacht über den Tod hinaus erforderlich (§ 33b Abs. 2 ObčZ). Regelmäßig wird mit einer transmortalen Vollmacht die Kontinuität und Aufrechterhaltung der Handlungsfähigkeit - über den Tod des Vollmachtgebers hinaus - bei einer Versorgung von Vermögensinteressen angestrebt.

Allerdings spielt die transmortale Vollmacht in der Praxis keine große Rolle, was vor allem daran liegt, dass im tschechischen Recht Erben Gegenstände des Nachlasses – während der Durchführung des Nachlassverfahrens – nur mit Zustimmung des Gerichts veräußern oder andere Maßnahmen, die die gewöhnliche Verwendung überschreiten, hierüber treffen können (§ 175r OSŘ). So frieren z.B. Kreditinstitute in der Regel die bei ihnen geführten Konten ein, sobald bei ihnen im Rahmen der Nachlassermittlung die Anfrage des Gerichts bezüglich des Kontostandes eingegangen ist.[409]

In Deutschland hingegen ist die vom Erblasser erteilte Vollmacht über den Tod hinaus oder auf den Todesfall als Übergangslösung weit verbreitet. Dadurch sollen Verfügungen über Nachlassgegenstände (z.B. Bankguthaben) in der Zeit nach dem Erbfall, die bis zur Beschaffung des Erbnachweises oder (bei Testamentsvollstreckung) bis zur Annahme des Testamentsvollstreckeramtes und bis

---

407 Vgl. *Süß/Haas/Rombach*, Erbrecht in Tschechien, Rn. 87

408 Vgl. *Leipold*, Erbrecht, § 17 I 4

409 Vgl. *Süß/Haas/Rombach*, Erbrecht in Tschechien, 1. Auflage, Rn. 77

zur Erteilung des Testamentsvollstreckerzeugnisses vergeht, ermöglicht oder erleichtert werden.[410]

2. Vorweggenommene Erbfolge

Rechtsgeschäfte, mit denen ein (künftiger) Erblasser schon zu seinen Lebzeiten sein Vermögen – oder zumindest einen wesentlichen Teil davon – auf einen oder mehrere als künftige Erben in Aussicht genommene Empfänger überträgt, unterliegen nicht dem Erbrecht.[411] Solche als „Übergabevertrag" oder ähnlich bezeichneten Rechtsgeschäfte unter Lebenden sind nicht typisiert, sondern vielfältig gestaltbar entsprechend der Vielfalt der Motive. Die Gründe liegen hierbei oftmals im steuerlichen oder gesellschaftsrechtlichen Bereich. Häufig möchte sich der Erblasser durch eine Zusage von Versorgungsleistungen aber auch Pflege und Fürsorge sichern.[412]

Jedoch wird in Tschechien von dieser Möglichkeit kaum Gebrauch gemacht.[413] Ein Grund dafür könnte sein, dass Personen der Steuerklasse I (Verwandte in gerader Linie und der Ehegatte) beim Erwerb von Todes wegen von der Steuer befreit sind. Daher besteht kaum Handlungsbedarf für vorweggenommene Schenkungen oder Überlassungen.

3. Gesetzliche Bestimmungen

Des Weiteren gibt es eine Reihe von gesetzlichen Bestimmungen, die vorschreiben, dass die erworbenen Ansprüche des Erblassers nicht in den Nachlass fallen, sondern unmittelbar auf eine dritte Person übergehen. So z.B. bei der Vererbung von Lohnansprüchen[414], Krankengeldern[415], Sozialversicherungsansprüchen[416] und Versicherungsleistungen[417], die allesamt einer Sonderrechtsnachfolge unterliegen.[418]

---

410 Vgl. MüKo/*Zimmermann*, Vorb 2197, Rn. 9 und 11

411 Vgl. BGHZ 111, S. 310; *Palandt/Edenhofer*, Einl v § 1922, Rn. 6

412 Vgl. *Lange/Kuchinke*, Erbrecht, § 25 XI 1

413 Vgl. *Süß/Haas/Rombach*, Erbrecht in Tschechien, Rn. 86

414 Vgl. § 328 Zákoník práce, Nr. 262/2006 Sb. („Arbeitsgesetzbuch")

415 Vgl. § 45 Zákon o sociálním zabezpečení, Nr. 100/1988 Sb. (Sozialversicherungsgesetz")

416 Vgl. § 63 Zákon o důchodovém pojištění, Nr. 155/1995 Sb. („Rentenversicherungsgesetz")

417 Vgl. § 51 Zákon o pojistné smlouvě , Nr. 37/2004 Sb. („Gesetz über Versicherungsverträge")

418 Vgl. *Jehlička/Švestka/Mikeš,* Občanský zákoník, S. 833; *Ferid/Firsching/Bohata*, Tschechien, Rn. 17

4. Nachfolgeregelungen im Gesellschaftsrecht

Grundsätzlich sieht das Gesetz beim Tod eines Gesellschafters die Auflösung der Personenhandelsgesellschaft vor, es sei denn der Gesellschaftsvertrag lässt eine Vererbung von Gesellschaftsanteilen zu (§ 88 Abs. 1 lit. c ObchZ).[419] Eine Norm, die wie § 738 BGB beim Ausscheiden eines Gesellschafters ein Anwachsen des Anteils am Gesellschaftsvermögen der übrigen Gesellschafter vorsieht, ist dem tschechischen Recht unbekannt. Stattdessen ist eine Regelung im Gesellschaftsvertrag erforderlich.
Bei Kapitalgesellschaften werden die Gesellschaftsanteile grundsätzlich vererbt, falls nicht der Gesellschaftsvertrag die Vererbbarkeit ausschließt.[420] Wird die Vererbbarkeit ausgeschlossen, steht den Erben ein Abfindungsanspruch gegen die Gesellschaft zu. Anders als im deutschen Recht existieren in Tschechien keine „Nachfolgeklauseln" d.h. es ist nicht möglich, dass der Gesellschaftsanteil des Erblassers unmittelbar auf eine dritte Person übergeht ohne in den Nachlass zu fallen.

5. Errichtung einer Stiftung

Schließlich hat der Erblasser auch die Möglichkeit testamentarisch eine Stiftung bzw. einen Stiftungsfonds zu errichten und sein Vermögen auf diese zu übertragen (§ 477 Abs. 2 ObčZ).[421] Hierzu ist es erforderlich, dass das Testament die in § 3 Abs. 3 NadZ[422] angeordneten Angaben enthält. Ein solches Testament muss gemäß § 3 Abs. 1 NadZ notariell beurkundet werden. Falls ein Testament diese inhaltlichen Erfordernisse nicht erfüllen sollte, ist es in diesem Teil ungültig.[423]

419 Vgl. *Breidenbach/Čermák*, Tschechien, D.I, Rn. 105

420 Vgl. *Breidenbach/ Čermák*, Tschechien, D.I, Rn. 225

421 Vgl. *Zuklinova*, Juris Classeur de Droit Comparé, Vol. 3, Rn. 134; *Jehlička/Švestka/ Mikeš*, Občanský zákoník, S. 855

422 Zákon o nadacích a nadačních fondech, Nr. 227/1997 Sb. ("Stiftungsgesetz")

423 Vgl. *Henrich/Schwab/Hrušaková*, Familienerbrecht und Testierfreiheit in Tschechien, S. 344

2. Teil: Das internationale Privatrecht bei deutsch-tschechischen Erbfällen

I. Das deutsche Kollisionsrecht

1. Das Erbstatut

a) Allgemeines zum internationalen Privatrecht in Deutschland

Eine Kodifikation des deutschen internationalen Privatrechts enthalten die Art. 3 – 46 EGBGB.[1] Für das deutsche internationale Erbrecht findet sich eine unvollständige[2] Regelung in den Art. 25 f. EGBGB. Diese Bestimmungen gelten für alle Erbfälle nach dem 31.08.1986, wobei der Todestag des Erblassers maßgebend ist (vgl. Art. 220 Abs. 1 EGBGB). Das autonome staatliche Kollisionsrecht gelangt immer dann zur Anwendung, wenn keine vorrangigen staatlichen Vereinbarungen[3] getroffen worden sind (Art. 3 Abs. 2 EGBGB). Zwischen der Bundesrepublik Deutschland und der Tschechischen Republik bestehen auf dem Gebiet des Erbrechts keine bilateralen Abkommen.[4] Ebenso geht eine wirksam getroffene Rechtswahl des Erblassers nach Art. 25 Abs. 2 EGBGB dem staatlichen Kollisionsrecht vor.[5]

b) Staatsangehörigkeitsprinzip

Anknüpfungspunkt im internationalen Erbrecht ist die Staatsangehörigkeit[6] (sog. Personalstatut).[7] Hierbei ist für die Frage der Staatsangehörigkeit allein das IPR des Staates entscheidend, um dessen Zugehörigkeit es geht.[8]

Ob jemand die deutsche Staatsangehörigkeit besitzt, bestimmt sich nach dem Staatsangehörigkeitsgesetz (StAG[9]). Gemäß § 3 StAG folgt das deutsche Recht

---

1 Weitere Vorschriften des deutschen IPR finden sich verstreut in verschiedenen Spezialgesetzen z.B. WechselG §§ 91 ff, ScheckG § 60 ff, InsO §§ 335 ff.

2 Vgl. MüKo/*Birk*, Art. 25 EGBGB, Rn. 1

3 Vgl. im einzelnen: MüKo/*Sonnenberger*, Einl IPR, Rn. 298 ff; zu Staatsverträgen auf dem Gebiet des Familien- und Erbrechts: *Kegel/Schurig* § 1 IX 2a gg; *Palandt/Heldrich*, Einl v EGBGB 3, Rn. 6

4 Vgl. *Ferid/Firsching/Bohata*, Tschechien, Rn. 5; *Staudinger/Dörner*, Anh zu Art. 25 f EGBGB, Rn. 853

5 Vgl. *Schömmer/Bürgi*, Schweiz, Rn. 20

6 Ein wesentlicher Nachteil dieses Prinzips ist, dass so auch lange in Deutschland lebenden Ausländern das oft sachnähere deutsche Recht verwehrt wird (vgl. *Kropholler*, IPR, S. 273 f., S. 435)

7 Die Staatsangehörigkeit ist vom Nachlassgericht von Amts wegen zu prüfen und ggf. zu ermitteln (vgl. *Schömmer/Bürgi*, Schweiz, Rn. 24)

8 Vgl. *Kegel/ Schurig*, Internationales Privatrecht, § 13 II 4

dem Grundsatz der Abstammung.[10] Ergänzt wird dieses sog. ius-sanguinis-Prinzip durch Elemente des Territorialitätsprinzips (ius-soli-Prinzip).[11] Der Verlust der deutschen Staatsangehörigkeit richtet sich nach §§ 17 StAG. Dabei ist jedoch immer die Schranke des Artikel 16 Abs. 1 GG zu beachten. Verboten ist danach die Entziehung der deutschen Staatsangehörigkeit ohne oder gegen den Willen des Betroffenen. [12]

Gehörte der Erblasser mehreren Staaten an, so ist gemäß Art. 5 Abs. 1 S. 1 EGBGB das Recht desjenigen Staates anzuwenden, mit dem die Person am engsten verbunden war (sog. effektive Staatsangehörigkeit).[13] Als maßgebliche Kriterien sind hier vor allem der gewöhnliche Aufenthalt und der Lebensverlauf des Erblassers heranzuziehen.[14] Besaß der Erblasser auch die deutsche Staatsangehörigkeit, so hat diese zwingend Vorrang (Art. 5 Abs. 1 S. 2 EGBGB).[15]

c) Fragen der Staatsangehörigkeit bei Sudetendeutschen

Fragen hinsichtlich der Staatsangehörigkeit können sich bei der Abwicklung deutsch-tschechischer Erbfälle insbesondere bei Sudetendeutschen ergeben.[16] Im Zuge seiner Expansionspolitik nach dem 31.12.1937 verlieh das Deutsche Reich der volksdeutschen Bevölkerung in den reichsangeschlossenen bzw. annektierten Gebieten die deutsche Staatsbürgerschaft durch Sammeleinbürgerung. Die Rechtswirksamkeit dieser Sammeleinbürgerungen war lange Zeit umstritten. In

---

9 Vgl. BGBl I, S. 1618; abgedruckt bei *Sartorius*, Verfassungs- und Verwaltungsgesetze, Nr. 15

10 Vgl. BVerwG 75, S. 86 ff. (S. 90) = NJW 1987, S. 856; *Marx*, Kommentar zum Staatsangehörigkeitsrecht, § 4 RuStAG, Rn. 1

11 Vgl. § 4 Abs. 3 StAG

12 Vgl. *Leopold*, JuS 2006, S. 128; *Schnapp/Neupert*, Jura 2004, S. 170

13 Vgl. im einzelnen: *Mansel*, Personalstatut, Rn. 84 ff.; *Staudinger/Blumenwitz*, Art. 5 EGBGB, Rn. 13 ff; *MüKo/Sonnenberger*, Art. 5 EGBGB, Rn. 4 ff.; *Firsching/Graf*, Nachlassrecht, Rn. 2.72

14 Aber auch andere Kriterien wie z.B. Sprache, Lebensgewohnheiten, Vermögensbezug, berufliche und familiäre Bindungen, Ausübung politischer Rechte sind zu ermitteln und zu gewichten (vgl. *Hohloch*, JuS 2006, S. 186 f.)

15 Ein deutscher Doppelstaater wird also stets als Deutscher behandelt und somit in das deutsche Recht gezwungen; dies sogar dann, wenn die deutsche Staatsangehörigkeit nicht seine effektive Staatsangehörigkeit ist (vgl. *Siehr*, IPRax 1987, S. 5). In der Literatur wird daher eine teleologische Reduktion des Art. 5 Abs. 1 S. 2 EGBGB für die Fälle erwogen, in denen die deutsche Staatsbürgerschaft „vollkommen ineffektiv" ist, weil der Mehrstaater keinerlei Beziehungen (mehr) zu Deutschland hat. In diesem Fall ist nicht an die deutsche, sondern an die effektive ausländische Staatsangehörigkeit anzuknüpfen (vgl. *Mansel*, Personalstatut Rn. 272; *Staudinger/Blumenwitz*, Art. 5 EGBGB, Rn. 25)

16 Vgl. dazu eingehend *Bergmann/Ferid/Bohata*, Int. Ehe- und Kindschaftsrecht, Tschechien, II.; *Staudinger/Blumenwitz*, Art. 5 EGBGB, Anhang II, Rn. 53; *Firsching/Graf*, Nachlassrecht, Rn. 2.71 ff.; Würzburger Notarhandbuch/*Hertel*, Teil 7 Kapitel 1, Rn. 67

seiner Entscheidung vom 28.05.1952[17] gelangte das Bundesverfassungsgericht zu dem Ergebnis, dass aus der Unwirksamkeit der nach dem 31.12.1937 vorgenommenen Annexionen nicht die Folgerung gezogen werden könne, dass alle mit den Annexionen zusammenhängenden Zwangsverleihungen der deutschen Staatsangehörigkeit als nichtig zu betrachten seien. Es ist vielmehr davon auszugehen, dass diejenigen deutschen Bewohner des Sudetenlandes, welche die deutsche Staatsangehörigkeit 1938 oder später durch Geburt erworben haben und diese nicht wieder durch Ausschlagung, Entlassung oder Erwerb einer anderen Staatsangehörigkeit verloren haben, die deutsche Staatsangehörigkeit auch heute noch besitzen.[18] Sehr wesentlich ist in diesem Zusammenhang der Umstand, dass die Tschechoslowakei als der betroffene Staat nach Wiedererlangung seiner staatlichen Unabhängigkeit die deutsche Staatsangehörigkeit der heimatvertriebenen Sudetendeutschen nie bezweifelt, sondern sie im Gegenteil schon durch Dekret ihres Staatspräsidenten vom 02.08.1945 ausdrücklich anerkannt hat.[19] Durch die Einbürgerung nach der Deutschen Volksliste und durch das Recht auf rückwirkende Ausschlagung[20] wurde zudem der Wille der Betroffenen berücksichtigt, so dass eine ausreichende Verknüpfung zum deutschen Staatsverband besteht. Infolgedessen sind die durch Sammeleinbürgerug erfolgten Verleihungen der deutschen Staatsangehörigkeit an deutsche Volkszugehörige in den Sudetengebieten als auch dem ehemaligen Protektorat Böhmen und Mähren als rechtswirksam zu betrachten, sofern die Kollektiveingebürgerten nicht von ihrem Ausschlagungsrecht Gebrauch gemacht haben. Dies gilt auch für Abkömmlinge[21] der Kollektiveingebürgerten und deren Ehefrauen bzw. Ehegatten, sofern die Ehe bis zum Ablauf des 31.03.1953 geschlossen wurde und soweit sie nach deutschem Recht ihre Staatsangehörigkeit von ihm ableitet.[22]Schließlich wurden auch durch den deutsch-tschechoslowakischen Vertrag vom 11.12.1973[23] Fragen der Staatsangehörigkeit nicht berührt.[24] Sudetendeutsche blieben daher weiterhin deutsche Staatsangehörige.[25]

Einige Sudetendeutsche besitzen sogar eine deutsch-tschechische Doppelstaatsbürgerschaft.[26] Gemäß § 1 des Gesetzes über den Erwerb der tschechoslowakischen Staatsangehörigkeit durch die in der Tschechoslowakei verbliebenen

17 Vgl. BVerfGE 1, S. 322 ff.
18 Vgl. BayObLG NJW 1969, S 998
19 Vgl. *Seeler*, Die Staatsangehörigkeit der Volksdeutschen, S. 58; BayObLG a.a.O.
20 § 1 Abs. 1, § 3 und § 5 Abs. 1 Staatsangehörigkeitsregelungsgesetz vom 22.02.1955 (BGBl. I, S. 65)
21 Vgl. BayObLG NJW 1969, S. 997
22 Vgl. *Staudinger/Blumenwitz*, Art. 5 EGBGB, Anhang II, Rn. 53
23 Vgl. BGBl. II, S. 989
24 Art. 2 Abs. 2 des deutsch-tschechoslowakischen Vertrages vom 11.12.1973
25 Vgl. BVerfGE 43, S. 203; BGHZ 75, S. 32; BayObLGZ 80, S. 72; *Palandt/Heldrich*, Anhang zu Art. 5 EGBGB, Rn.10
26 Vgl. *Staudinger/Blumenwitz*, Anhang II zu Art. 5 EGBGB, Rn. 57 f.

Volksdeutschen[27] wurde den 1938 kollektiv eingebürgerten Sudetendeutschen nach 1945 wiederum kollektiv die tschechoslowakische Staatsbürgerschaft verliehen. Daraus ergibt sich eine deutsch-tschechoslowakische bzw. nun deutsch-tschechische Staatsbürgerschaft für die in der Tschechoslowakei verbliebenen Sudetendeutschen.

d) Nachlasseinheit und Nachlassspaltung

Im deutschen internationalen Erbrecht wird die Vererbung des gesamten, wo immer belegenen Nachlasses einer einzigen Rechtsordnung, dem Heimatrecht des Erblassers, unterstellt. Es gilt der Grundsatz der territorialen Nachlasseinheit. [28] Ausnahmsweise kann aber auch nach deutschem IPR eine Nachlassspaltung eintreten:[29]

- durch eine teilweise Rück- oder Weiterverweisung des ausländischen Heimatrechts, das eine Nachlassspaltung vornimmt (Art. 4 Abs. 1 EGBGB)[30]
- durch den Vorrang des Einzelstatuts (Art. 3a Abs. 2 EGBGB)[31]
- durch eine Wahl des deutschen Rechts für das im Inland belegene unbewegliche Vermögen (Art. 25 Abs. 2 EGBGB)
- durch einen Staatsvertrag[32]

---

27 Nr. 194/1949 Sb. sowie Änderungsgesetz Nr. 72/1958 Sb.

28 Aus der Sicht des deutschen IPR kommt es folglich nicht auf den letzten Wohnsitz oder Aufenthalt des Erblassers an. Ein deutscher Erblasser mit letztem Wohnsitz im Ausland wird daher auch hinsichtlich seines im Ausland belegenen Vermögens nach deutschem Recht beerbt (vgl. *Schömmer/Bürgi*, Schweiz, Rn. 21; *Palandt/Heldrich*, Art. 25 EGBGB, Rn. 1)

29 Vgl. MüKo/*Birk*, Art. 25 EGBGB, Rn. 127; *Kropholler*, IPR, S. 436; *Odersky*, Die Abwicklung deutsch-englischer Erbfälle, S. 44

30 Da das tschechische Recht ebenfalls vom Grundsatz der Nachlasseinheit ausgeht und in Übereinstimmung mit Art. 25 Abs. 1 EGBGB an die Staatsangehörigkeit des Erblassers im Zeitpunkt seines Todes anknüpft, scheidet eine Rück- oder Weiterverweisung aus (vgl. *Staudinger/Hausmann*, Art. 4 EGBGB, Rn. 252; Anh. zu Art. 4 EGBGB, Rn. 448; *Süß/Haas/Rombach*, Erbrecht in Tschechien, Rn. 13)

31 Als Beispiele für Gegenstände im Sinne des Art. 3 Abs. 3 EGBGB sind vor allem Sondervermögen (z.B. Fideikommisse, Lehen usw.) sowie Höfe im Sinne der Höfeordnung (vgl. *Erman/Hohloch*, Art. 3 EGBGB, Rn. 16; *Kropholler*, IPR, § 26 II 2 a, Fn. 5; *Schotten*, IPR, Rn. 282) zu nennen

32 Zum Beispiel dem deutsch-türkischen Konsularvertrag vom 28.5.1929 sowie dem deutsch-sowjetischen Konsularvertrag vom 25.4.1958; beide Abkommen gehen als völkerrechtliche Vereinbarungen gemäß Art. 3 Abs. 2 EGBGB dem autonomen Kollisionsrecht vor (vgl. *Schotten*, IPR, S. 192 Fn. 37)

Im Hinblick auf die Tschechische Republik bedeutet dies Folgendes: Eine Nachlassspaltung infolge eines bilateralen Abkommens zwischen der Bundesrepublik Deutschland und Tschechien scheidet aus, da auf dem Gebiet des Erbrechts keine entsprechenden Staatsverträge geschlossen wurden.[33] Ebenso kommt eine Nachlassspaltung als Konsequenz einer Rück- oder Weiterverweisung nicht in Betracht, da das tschechische Recht ebenfalls vom Grundsatz der Nachlasseinheit ausgeht und in Übereinstimmung mit Art. 25 Abs. 1 EGBGB an die Staatsangehörigkeit des Erblassers im Zeitpunkt seines Todes anknüpft.[34] Schließlich gibt es auch keine „besonderen Vorschriften", die im Rahmen des Art. 3 Abs. 3 EGBGB zu berücksichtigen wären.[35]

Denkbar ist aber eine Nachlassspaltung auf Grund einer Rechtswahl. Art. 25 Abs. 2 EGBGB bietet dem ausländischen Erblasser die Möglichkeit für im Inland belegenes unbewegliches Vermögen in der Form einer Verfügung von Todes wegen deutsches Recht zu wählen. Unbeachtlich ist hierbei, ob das bei objektiver Anknüpfung gemäß Art. 25 Abs. 1 EGBGB berufene Recht eine solche Rechtswahl für wirksam erachtet,[36] da Streitigkeiten über das Eigentum an deutschen Grundstücken ausschließlich von deutschen Gerichten entschieden werden können.[37] Bei einem tschechischen Staatsangehörigen sollten sich aber diesbezüglich keine Schwierigkeiten ergeben, da die Entscheidung des deutschen Gerichts in der Tschechischen Republik grundsätzlich anerkannt werden wird (vgl. § 44 S. 2 MPSaP).

Die Zulassung dieser Rechtswahl soll die praktische Rechtsanwendung beim Tode eines ausländischen Erblassers mit Grundbesitz in Deutschland erleichtern.[38] Für den ausländischen Erblasser kann diese eingeschränkte Rechtwahlmöglichkeit aber zur Folge haben, dass er hinsichtlich des in Deutschland belegenen unbeweglichen Vermögens nach deutschem Recht beerbt wird, während es für die Beurteilung der Erbfolge in den übrigen Nachlass bei dem gesetzlichen Erbstatut bleibt.[39]

33 Vgl. *Ferid/Firsching/Bohata*, Tschechien, Rn. 5; *Staudinger/Dörner*, Anh zu Art. 25 f EGBGB, Rn. 853

34 Vgl. *Staudinger/Hausmann*, Art. 4 EGBGB, Rn. 252; Anh. zu Art. 4 EGBGB, Rn. 448; Würzburger Notarhandbuch/*Hertel*, Kapitel 7 Teil 3, Rn. 201; *Süß/Haas/Rombach*, Erbrecht in Tschechien, Rn. 13

35 Vgl. *Meyer*, Erbschaftssituationen bei binationalen gleichgeschlechtlichen Partnerschaften, S. 39

36 Vgl. MüKo/*Birk*, Art. 25 EGBGB, Rn. 22

37 Vgl. Würzburger Notarhandbuch/*Hertel*, Teil 7 Kapitel 3, Rn. 227

38 Vgl. *Schotten*, IPR, Rn. 291; *Pirrung*, Internationales Privat- und Verfahrensrecht, S. 170; *Lange*, DNotZ 2000, S. 340

39 Vgl. MüKo/*Birk*, Art. 25 EGBGB, Rn. 68; *Palandt/Heldrich*, Art. 25 EGBGB, Rn. 7; *Erman/Hohloch*, Art. 25 EGBGB, Rn. 20; *Schotten*, IPR, Rn. 291

Der durch die Aufspaltung entstandene Nachlassteil ist grundsätzlich als selbständiger Nachlass anzusehen d.h. nach dem jeweils maßgebenden Erbstatut so abzuhandeln, als ob er der gesamte Nachlass wäre.[40] Die rechtliche Selbständigkeit der einzelnen Nachlässe zieht u.a. folgende Konsequenzen nach sich: Eine selbständige Erbeinsetzung für jeden Teilnachlass ist möglich.[41] Ebenso muss für jeden Nachlassteil nach dem für ihn geltenden Recht selbständig die Wirksamkeit einer Erbausschlagung sowie die Auslegung und Gültigkeit eines Testaments beurteilt werden.[42] Auch die Zulässigkeit und die Rechtswirkungen einer Testamentsvollstreckung[43], das Bestehen von Pflichtteilsansprüchen[44] sowie die Zulässigkeit und Wirkungen eines Erbverzichts[45] sind für jeden Nachlassteil nach dem dafür maßgebenden Erbstatut selbständig zu prüfen. Für jede Nachlassmasse ist ein besonderer Erbschein auszustellen, die aber miteinander verbunden werden können.[46]

e) Anwendungsbereich des Erbstatuts, Art. 25 Abs. 1 EGBGB

Das Erbstatut regelt alle mit dem Erbfall zusammenhängenden erbrechtlichen Fragen und Vorgänge. Dazu zählen:[47]

- alle Regelungen der Erbfolge (z.B. Eintritt und Zeitpunkt des Erbfalls, für die mögliche Einschaltung von Zwischenpersonen wie *administrator* oder *executor* im englisch-amerikanischen Recht, Erbfähigkeit und Erbunwürdigkeit, gesetzliche Erbfolge, Voraussetzungen und Wirkungen der Verfügungen von Todes wegen, der Erbverzicht[48] und das Pflichtteilsrecht)

---

40 Vgl. BGHZ 24, S. 355; MüKo/*Birk*, Art. 25 EGBGB, Rn.91 und 125; *Palandt/Heldrich*, Art. 25 EGBGB, Rn. 9; *Erman/Hohloch*, Art. 25 EGBGB, Rn. 2 und 21

41 Vgl. *Schotten*, IPR, Rn. 269; *Nieder*, Testamentsgestaltung, Rn. 448; ausführlich zur Testamentsgestaltung in Fällen der Nachlassspaltung: *Steiner* ZEV 2001, S. 477 ff., 2003, S. 145 ff. und S. 500 ff.

42 Vgl. *Palandt/Heldrich,* Art. 25 EGBGB, Rn. 9; MüKo/*Birk,* Art. 25 EGBGB, Rn. 132; *Erman/Hohloch,* Art. 25 EGBGB, Rn. 37; *Schotten,* IPR, Rn. 269

43 Vgl. *Staudinger/Dörner*, Art. 25 EGBGB, Rn. 772; *Schotten*, IPR, Rn. 269

44 Vgl. BGH, DNotI-Report 1993, S. 5; MüKo/*Birk*, Art. 25 EGBGB, Rn. 135; *Erman/Hohloch*, Art. 25 EGBGB, Rn. 37

45 Vgl. *Staudinger/Ferid,* Einl. zu §§ 2346 ff. BGB, Rn. 111; *Schotten,* IPR, Rn. 269

46 Vgl. *Jayme*, IPRax 1986, S. 270; *Staudinger/Dörner*, Art. 25 EGBGB, Rn. 773;

47 Vgl. *Odersky*, Die Abwicklung deutsch-englischer Erbfälle, S. 42 f.; *Palandt/Heldrich* Art. 25 EGBGB, Rn. 10 ff. ; MüKo/*Birk* Art. 25 Rn. 188 ff.; *Schömmer/Bürgi,* Schweiz, Rn. 88; *Schotten*, IPR, Rn. 307; *Kropholler*, IPR, S. 440 f.

48 Vgl. dazu ausführlich *Riering*, ZEV 1998, S. 248 ff.; *Böhmer*, ZEV 1998, S. 251 ff.

- alle Fragen des Erbgangs[49] (z.B. alle Regelungen über den Erwerb der Erbschaft und ihren Verlust, die Rechtsstellung von Testamentsvollstreckern, die Regelungen zur Erbengemeinschaft sowie die Erbenhaftung)
- alle ausländischen erbrechtlichen Rechtsfiguren[50]

Das deutsche Recht folgt somit dem Prinzip der funktionellen Nachlasseinheit.[51] Dies bedeutet, dass das deutsche Recht darauf verzichtet, das Erbstatut in die Bereiche Erbfolge und Erbgang aufzuspalten und unterschiedlich anzuknüfen.[52] Ziel dieser Regelung ist die Sicherstellung einer international einheitlichen Nachlassabwicklung.[53]

Nicht vom Erbstatut (Art. 25 EGBGB) umfasst und daher gesondert anzuknüpfen sind:

- die Form letztwilliger Verfügungen (nach Art. 26 EGBGB als inkorporierter Staatsvertrag bzw. direkt nach dem Haager Testamentsformübereinkommen[54])[55]
- zum Teil die Testierfähigkeit[56]
- die Vorfrage, welche Gegenstände zum Nachlass gehören[57]
- Zulässigkeit und Ausgestaltung der Vererbung von Gesellschaftsanteilen[58]

---

49 Der von *Ferid* gemachte Vorschlag, die Fragen des Erbgangs wegen der starken Verflechtung von materiellem Recht und Verfahrensrecht der lex fori zu unterstellen, hat sich bislang nicht durchgesetzt (vgl. Rec des Cours 1974 II 71 [S. 176 ff.]; *ders.* in: FS Cohn [1975] S. 31 ff.

50 Zum Beispiel die Errichtung eines *testamentary trust;* vgl. *Palandt/Heldrich*, Art. 25 EGBGB, Rn. 11

51 Vgl. *Sipp-Mercier*, Die Abwicklung deutsch-französischer Erbfälle, S. 6; *Odersky*, Die Abwicklung deutsch-englischer Erbfälle, S. 43

52 Vgl. *Sipp-Mercier*, Die Abwicklung deutsch-französischer Erbfälle, S. 6; *Odersky*, Die Abwicklung deutsch-englischer Erbfälle, S. 43

53 Vgl. *Berenbrok*, Internationale Nachlassabwicklung, S. 106

54 Diesem ist Deutschland mit Wirkung zum 01.01.1966 beigetreten; abgedruckt bei *Jayme/Hausmann*, Nr. 39

55 Gemäß Art. 26 Abs. 4 EGBGB sind alle Arten von letztwilligen Verfügungen vom Anwendungsbereich umfasst. Die Form anderer erbrechtlicher Rechtsgeschäfte wie z.B. Annahme und Ausschlagung der Erbschaft, Testiervereinbarung, Erbverzicht oder Erbschaftskauf regelt Art. 11 EGBGB (vgl. *Palandt/Heldrich*, Art. 26 EGBGB, Rn. 5)

56 Soweit die Testierfähigkeit von der Geschäftsfähigkeit abhängig gemacht wird, entscheidet Art. 7 Abs. 1 EGBGB; Art. 25 EGBGB hingegen, wenn es sich um eine besondere, nur auf das Testieren abzielende Fähigkeit handelt (vgl. *Palandt/Heldrich*, Art. 25 EGBGB, Rn. 16); strittig, aM MüKo/*Birk*, Art. 26 EGBGB, Rn. 13: Stets Erbstatut

57 Vgl. BGH 1999, S. 356; MüKo/*Sonnenberger*, Einl IPR, Rn. 567; *Palandt/Heldrich*, Art. 25 EGBGB, Rn. 17

2. Internationale Zuständigkeit

Ein abschließend kodifiziertes internationales Verfahrensrecht existiert nicht.[59] Ebenso gibt es auf dem Gebiet des Erbrechts keine vorrangig zu beachtenden staatsvertraglichen Übereinkommen.[60] Insbesondere findet die EuGVVO[61] ebenso wie das EuGVÜ[62] und das LuGÜ[63] keine Anwendung. Maßgeblich sind daher die autonomen deutschen Regeln.

a) Streitiges Verfahren

Im Rahmen der streitigen Gerichtsbarkeit ist nach allgemeiner Auffassung von den Vorschriften über die örtliche Zuständigkeit (§§ 12 ff. ZPO) auf die internationale zu schließen[64], sog. „Doppelfunktionalität der örtlichen Zuständigkeitsnormen“[65] In erbrechtlichen Streitigkeiten ergibt sich eine örtliche und damit internationale Zuständigkeit insbesondere aufgrund der allgemeinen Zuständigkeitsnorm § 12 ZPO (Wohnsitz des Beklagten) sowie aus den Sondervorschriften der § 27 ZPO (Besonderer Gerichtsstand der Erbschaft) und § 28 ZPO (Erweiterter Gerichtsstand der Erbschaft).[66] Schließlich kann sich eine internationale Zuständigkeit in Erbsachen auch aus dem allgemeinen Vermögensgerichtsstand (§ 23 ZPO) ergeben.[67]

Weder die Anwendbarkeit ausländischen Rechts noch Schwierigkeiten seiner Ermittlung können das Gericht von der Annahme der internationalen Zuständig-

---

58 Vgl. LG München I, IPRax 2001, S. 459 ff; *Schurig*, IPRax 2001, S. 447; *Kropholler*, IPR, S. 443

59 Vgl. MüKo/*Birk*, Art. 25 EGBGB, Rn. 307; *Schömmer/Bürgi*, Schweiz, Rn. 207; *Odersky*, Die Abwicklung deutsch-englischer Erbfälle, S. 49

60 Lediglich das deutsch-türkische Nachlassabkommen, das dem deutsch-türkischen Konsularvertrag vom 28. Mai 1929 als Anlage beigefügt ist, enthält in Art. 8, 15 besondere Bestimmungen über die internationale Zuständigkeit in Erbstreitigkeiten

61 Verordnung über die gerichtliche Zuständigkeit und die Anerkennung und Vollstreckung von Entscheidungen in Zivil- und Handelssachen (EuGVVO) vom 22.12.2000; vgl. Art. 1 Abs. 2a EuGVVO

62 Europäisches Gerichtsstands- und Vollstreckungsabkommen (EuGVÜ) vom 27. September 1968; vgl. Art. 1 Abs. 2 Nr. 1 EuGVÜ

63 Lugano-Übereinkommen (LuGÜ) vom 16. September 1988; vgl. Art. 1 Abs. 1 Nr. 1 LuGÜ

64 Vgl. BGHZ 94, S. 156 f. m.w.N.; *Schack*, Internationales Zivilverfahrensrecht, Rn. 236; *Kropholler*, Internationales Privatrecht, S. 640

65 Vgl. BGHZ 44, S. 47; 63, S. 220; 94, S. 157 f.; *Staudinger/Dörner*, Art. 25 EGBGB, Rn. 815; *Schack*, Internationales Zivilverfahrensrecht, Rn. 236

66 Zu den darin aufgeführten Klagearten ausführlich: *Baumbach/Lauterbach*, ZPO Kommentar, §§ 27, 28 ZPO

67 Vgl. BGH, ZEV 1996, S. 225

keit befreien.[68] Eine Grenze ist erst dort zu ziehen, wo das anwendbare ausländische Recht dem deutschen Richter eine Tätigkeit abverlangt, die mit seinem herkömmlichen Aufgabenbereich selbst nach einer Anpassung des deutschen Verfahrensrechts gänzlich unvereinbar wäre.[69]

b) Verfahren der freiwilligen Gerichtsbarkeit

Das IPR-Reformgesetz vom 25. Juli 1986 hat auf eine Neuregelung der internationalen Zuständigkeit in Nachlassangelegenheiten wegen angeblichen Fehlens eines zwingenden Bedürfnisses und wegen der bestehenden Zweifel bei den Grundsatzfragen verzichtet.[70] Im autonomen deutschen Verfahrensrecht findet sich daher – mit Ausnahme der Erbscheinserteilung nach § 2369 BGB – keine gesetzliche Regelung der internationalen Zuständigkeit der deutschen Nachlassgerichte in Nachlassverfahren.[71] Diese bleibt weiterhin umstritten.

aa) Gleichlauftheorie

Nach der ständigen Rechtsprechung[72] hängt die internationale Zuständigkeit eines deutschen Nachlassgerichts bei Fehlen einer staatsvertraglichen Zuständigkeitsregelung davon ab, ob das Gericht deutsches Erbrecht anzuwenden hat, sei es unmittelbar oder auf Grund einer Rück- bzw. Weiterverweisung. Ausschlaggebend ist damit der nach deutschem IPR zu bestimmende Herrschaftsbereich des deutschen materiellen Rechts.[73] Es kommt daher nicht auf die Belegenheit des Nachlasses an, sondern darauf, dass die Erbfolge deutschem Recht unterliegt.[74] Für gerichtliche Handlungen, für die ausländisches Recht gilt, fehlt daher die internationale Zuständigkeit und der daran Interessierte muss diese bei den entsprechenden ausländischen Stellen beantragen.[75] Die internationale Zuständigkeit wird dadurch zu einer „Statuszuständigkeit".

---

68 Vgl. *Schack*, Internationales Zivilverfahrensrecht, Rn. 506

69 Vgl. BGHZ 47, S. 324 und S. 333 f.

70 Vgl. Begründung BT-Drucksache 10/504 vom 20.10.1983, S. 92; kritisch *Gottwald*, IPRax 1984, S. 59

71 Vgl. *Staudinger/Dörner*, Art. 25 EGBGB, Rn. 834; MüKo/*Sonnenberger*, Einl. IPR, Rn. 465

72 Nach Inkrafttreten der Reform bestätigt u.a. durch OLG Brandenburg 1998, S. 985; KG FamRZ 2001, S. 794; BayOblG ZEV 2001, S. 487; FamRZ 2003, S. 1594; 2005, S. 310; Hamm FamRZ 2005, S. 1705

73 Vgl. *Palandt/Heldrich*, Art. 25 EGBGB, Rn. 18

74 Vgl. *von Bar*, IPR II, Rn. 385

75 Vgl. *Odersky*, Die Abwicklung deutsch-englischer Erbfälle, S. 50; *Staudinger/Dörner*, Art. 25 EGBGB, Rn. 835

Begründet wird der „Gleichlauf" von Sachrecht und Verfahren unter Hinweis auf den engen Zusammenhang von materiellem Erbrecht und Verfahrensvorschriften, der bei der Abwicklung eines ausländischem Recht unterliegenden Nachlasses leicht zu unerwünschten Konflikten führen könnte.[76] Ferner wird der Gleichlaufgrundsatz aus dem Wortlaut der § 2369 Abs. 1 BGB und § 73 Abs. 3 FGG abgeleitet. Denn während § 73 Abs. 3 FGG zwar eine örtliche Zuständigkeit aufgrund des inländischen Lageortes von Nachlassgegenständen enthält, zeige § 2369 Abs. 1 BGB, der nur ausnahmsweise die Erteilung eines Erbscheins bei im Inland belegenen Vermögen ermöglicht, im Umkehrschluss, dass die bloße Inlandsbelegenheit von Gegenständen noch keine internationale Zuständigkeit begründe. Der Schluss von der örtlichen auf die internationale Zuständigkeit, wie im internationalen Zivilprozessrecht praktiziert, ist daher nicht zulässig.[77] Zudem wird die Gleichlauftheorie mit dem Gedanken begründet, dass im Verhältnis zu Gerichten des lex-causae-Staates Entscheidungswidersprüche vermieden werden müssten (sog. „internationaler Entscheidungseinklang").[78]

bb) Durchbrechungen der Gleichlauftheorie

Das Gleichlaufprinzip gilt jedoch nicht uneingeschränkt. In drei Ausnahmefällen lässt die Rechtsprechung eine Durchbrechung des Gleichlaufprinzips zu:

(1) Gemäß § 2369 Abs. 1 BGB kann ein gegenständlich beschränkter Erbschein bzw. ein gegenständlich beschränktes Testamentsvollstreckerzeugnis (§ 2368 Abs. 3 BGB i.V.m. § 2369 BGB) hinsichtlich der Gegenstände, die im Inland belegen sind, auch dann erteilt werden, wenn an sich keine Zuständigkeit der deutschen Nachlassgerichte zur Erteilung eines allgemeinen Erbscheins bzw. allgemeinen Testamentsvollstreckerzeugnisses gegeben ist. Zweck dieser Regelung ist der Schutz des inländischen Rechtsverkehrs.[79] Daher richten sich auch die Verfahrensvorschriften sowie die materiellen Voraussetzungen und Rechtsfolgen ebenfalls nach deutschem Recht. Ausländisches materielles Erbrecht liefert nur die „Daten" für den Erbscheinsinhalt.[80] Über den Wortlaut des § 2369

---

76 Vgl. *von Bar*, IPR II, Rn. 389 f.; MüKo/*Sonnenberger*, Einl. IPR, Rn. 465; *Staudinger/Dörner*, Art. 25 EGBGB, Rn. 835; *Jansen*, FGG Kommentar, § 73, Rn. 26

77 Vgl. *Palandt/Heldrich*, Art. 25 EGBGB, Rn. 18; *Odersky*, Die Abwicklung deutsch-englischer Erbfälle, S. 50; *Koch/Magnus/Winkler von Mohrenfels*, IPR und Rechtsvergleichung, S. 124; *von Bar*, IPR II, Rn. 386 und 389; *Hüßtege*, Internationales Privatrecht, S. 124

78 Vgl. OLG Frankfurt aM OLGZ 1977, S. 183; OLG Zweibrücken OLGZ 1985, S. 415; *Staudinger/Dörner*, Art. 25 EGBGB, Rn. 835

79 Vgl. *Staudinger/Dörner*, Art. 25 EGBGB, Rn. 839; *Berenbrok*, Internationale Nachlassabwicklung, S. 20 f.

80 Vgl. *von Bar*, IPR II, Rn. 387; *Odersky*, Die Abwicklung deutsch-englischer Erbfälle, S. 51

BGB hinaus wird von der Rechtsprechung eine Zuständigkeit auch für solche Verrichtungen bejaht, die Voraussetzung sind für die Erbscheinserteilung bzw. in einem engen sachlichen Zusammenhang damit stehen.[81] Dies gilt für die Testamentseröffnung[82], für die Entgegennahme von Annahme[83]- bzw. Ausschlagungserklärungen[84] sowie für die Einziehung eines unrichtigen Erbscheins[85]. Diese Maßnahmen des Nachlassgerichts beurteilen sich – ebenso wie die Erbscheinserteilung – nach deutschem Recht.[86]

(2) Eine internationale Zuständigkeit des Nachlassgerichts wird ebenso bei Maßnahmen angenommen, die der Sicherung des Nachlasses dienen.[87] Es entspreche der internationalen Übung, dass die inländischen Gerichte im Bedürfnisfalle bei der Sicherung des inländischen Nachlasses eines Ausländers mitzuwirken haben.[88] Demgemäß ist eine Nachlasspflegschaft nach § 1960 BGB (Sicherung des Nachlasses von Amts wegen)[89], aber auch gemäß § 1961 BGB (Nachlasspflegschaft auf Antrag)[90] möglich. Deutsche Nachlassgerichte sind ferner international zuständig eine Testamentseröffnung vorzunehmen[91] sowie die in § 2259 BGB vorgeschriebene Ablieferung eines Testaments und dessen Verwahrung zu erzwingen.[92] Welche Sicherungsmaßnahmen erforderlich und unter welchen Voraussetzungen sie zu treffen sind, entscheidet das deutsche Recht.[93] Zulässig ist auch die Anordnung von Maßnahmen, welche das Erbstatut nicht kennt.[94]

(3) Schließlich wird eine internationale Zuständigkeit des Nachlassgerichts auch dann noch angenommen, wenn die Erben andernfalls rechtsschutzlos blieben

81 Vgl. *Staudinger/Dörner*, Art. 25 EGBGB, Rn. 840

82 Vgl. BayObLGZ 1958, S. 40; LG Bonn IPRspr 1954/55 Nr. 209; LG Lübeck IPRspr 1968 Nr. 202

83 Vgl. BayObLGZ 1965, S. 429

84 Vgl. LG Hagen FamRZ 1997, S. 645; BayObLGZ 1985, S. 423 und S. 429; dagegen sind die *Voraussetzungen* einer Annahme- oder Ausschlagungserklärung dem Erbstatut zu entnehmen (vgl. *Berenbrok*, Internationale Nachlassabwicklung, S. 22)

85 Vgl. BayObLGZ 1971, S. 37

86 Vgl. *Staudinger/Dörner*, Art. 25 EGBGB, Rn. 840

87 Vgl. ausführlich *Pinckernelle/Spreen*, DNotZ 1967, S. 195 ff.

88 Vgl. BGHZ 1, S. 2; *Palandt/Heldrich*, Art. 25 EGBGB, Rn. 19; *Staudinger/Dörner*, Art. 25 EGBGB, Rn. 841; *Berenbrok*, Internationale Nachlassabwicklung, S. 22

89 Vgl. BGHZ 49,S. 2; BayObLGZ 1963, S. 54; 1982, S. 288; 1982, S. 334

90 Vgl. BGHZ 49,S. 2; BayObLGZ 1963, S. 54

91 Vgl. BayObLG OLGE 40, S 161; LG Bonn IPRspr 1954/55 Nr. 209

92 Vgl. KG OLGE 18, S. 356; *Staudinger/Dörner* Art. 25 EGBGB, Rn. 844; *Berenbrok*, Internationale Nachlassabwicklung, S. 22

93 Vgl. BayObLGZ 1963, S. 52; OLG Hamburg NJW 1960, S. 1207; *Staudinger/Dörner*, Art. 25 EGBGB, Rn. 845; MüKo/*Birk*, Art. 25 EGBGB, Rn. 317

94 Vgl. BGHZ 45,S. 2

(sog. Notzuständigkeit).[95] Dies ist der Fall, wenn sich die Behörden des Erbstatut-Staates für unzuständig erklären oder ein Tätigwerden aus anderen Gründen ablehnen, so dass in dem Staat, dessen Recht aus Sicht des deutschen IPR maßgeblich ist, keine Nachlassabwicklung erfolgen könnte.[96] Bei der Durchführung von Not- und Fürsorgetätigkeiten richtet sich zwar das Verfahren nach deutschem Recht, hinsichtlich der Voraussetzungen und der Rechtsfolgen der Maßnahmen ist aber auf das Recht der *lex causae* abzustellen.[97]

Bedeutung hat die Not- bzw. Fürsorgezuständigkeit deutscher Nachlassgerichte bei der Behandlung von Nachlasssachen Sudetendeutscher erlangt.[98] So hat das BayObLG[99] eine Zuständigkeit für Sudetendeutsche angenommen, für deren Beerbung das in der Tschechoslowakei geltende ABGB[100] – und somit ein ausländisches Erbstatut - maßgeblich war, soweit ihre Hinterbliebenen in das Altreich vertrieben wurden. In diesen Fällen hatten die ehemaligen Heimatstaaten die nachlassgerichtliche Fürsorge abgelehnt, die Sudetendeutschen waren daher auf die deutschen Nachlassgerichte angewiesen. Da den Vertriebenen bei Ablehnung der internationalen Zuständigkeit der deutschen Nachlassgerichte folglich eine Rechtsverweigerung gedroht hätte, wurde die Zuständigkeit aus der deutschen Staatsangehörigkeit des Erblassers gefolgert.

cc) Kritik an der Gleichlauftheorie

Die Gleichlauftheorie ist aber im Schrifttum zunehmend auf Kritik gestoßen.[101] Gegen sie, auch wenn sie nur im eingeschränkten Sinn verstanden und auf das FGG beschränkt wird, bestehen wesentliche Bedenken.

---

95 Vgl. ausführlich *Dölle*, RabelZ 1962/63, S. 220 ff.

96 Vgl. BayObLGZ 1999, S. 296 und S. 303; 1965, S. 430 ff.; OLG Frankfurt aM 1977, S. 184; OLG Hamm 1973, S. 292; OLG Zweibrücken IPRax 1987, S. 108; BayObLGZ 1976, S. 157; LG Berlin RPfleger 1971, S. 400

97 Vgl. *Odersky*, Die Abwicklung deutsch-englischer Erbfälle, S. 52; *Berenbrok*, Internationale Nachlassabwicklung, S. 24; *Erman-Hohloch*, Art. 25 EGBGB, Rn. 45

98 Vgl. *Berenbrok*, Internationale Nachlassabwicklung, S. 24 und S. 28 f.; *Keidel/Kuntze/Winkler*, § 73 FGG, Rn. 2

99 Vgl. BayObLGZ 1960, S. 478 ff; 1961, S. 176 ff.; 1967, S. 197 ff.

100 Der Umstand, dass die Sudetendeutschen trotz deutscher Staatsangehörigkeit nach einem außerdeutschen Recht beerbt werden, stellt eine Anomalie dar, die darauf zurückzuführen ist, dass die Sudetendeutschen nach 1945 zunächst noch im Sudetengebiet blieben und zugleich dort das ABGB wieder tschechoslowakisches Recht wurde; vgl. BayObLGZ 1960, S. 482

101 Vgl. *Palandt/Heldrich*, Art. 25 EGBGB, Rn. 18; *Kegel/Schurig*, IPR, § 21 IV; *Soergel/Schurig*, Art. 25 EGBGB, Rn. 49 f.; *Kropholler*, Internationales Privatrecht, § 51 VI 2; *Berenbrok*, Internationale Nachlassabwicklung, S. 48 ff; MüKo/*Sonnenberger*, Einl. IPR, Rn. 468 ff.; *Bünning*, Nachlassverwaltung, S. 57 ff.; *Pfeiffer*, Internationale Zuständigkeit, S. 683 ff.; *Erman/Hohloch*, Art. 25 EGBGB, Rn. 45

Zum einen wird vorgebracht, dass sich das Ideal eines internationalen Entscheidungseinklangs, das durch den Gleichlauf von Sach- und Verfahrensrecht gefördert werden soll, angesichts häufig eintretender Nachlassspaltungen und der von der Rechtsprechung praktizierten Ausnahmen ohnehin nicht vollständig verwirklichen lasse.[102] Stattdessen könne die strenge Durchführung des Gleichlaufprinzips zu einer Rechtsverweigerung führen.[103] Auch dürfe aus dem Wortlaut der § 2369 Abs. 1 BGB und § 73 FGG keine Schlüsse gezogen werden, da diese – wie die Entstehungsgeschichte zeige – auf Fragen des IPR und der internationalen Zuständigkeit nicht eingehen wollten.[104] Schließlich sei es nicht nachvollziehbar, wieso in Nachlasssachen ein Tätigwerden nur bei Maßgeblichkeit deutschen Sachrechts erlaubt sein soll, während die internationale Zuständigkeit im übrigen internationalen Verfahrensrecht, bei dem die Verflechtung von Sach- und Verfahrensrecht nicht weniger eng ist, nicht vom anwendbaren Recht abhängig gemacht wird.[105] Die Schwierigkeiten bei der Umsetzung ausländischen Rechts mit inländischen Verfahrensregeln seien nicht bedeutender als in anderen Verfahrensarten und müssten daher mit den allgemeinen Angleichungsmethoden gelöst werden.[106]

Insgesamt betrachtet erscheint die Gleichlauftheorie daher als ein bequemes Mittel „das lästige Auslandsrecht durch die Hintertür der Zuständigkeitsablehnung im Ergebnis wieder abzuschieben".[107]

dd) Lösungsvorschlag des Schrifttums

Als Alternative zur Gleichlauftheorie wird von weiten Teilen des Schrifttums für die internationale Zuständigkeit deutscher Nachlassgerichte ebenso wie im streitigen Verfahren die Anwendung der Vorschriften über die örtliche Zuständigkeit (§§ 73, 74 FGG) vorgeschlagen.[108]

---

102 Vgl. *Staudinger/Dörner*, Art. 25 EGBGB, Rn. 849; *Odersky*, Die Abwicklung deutsch-englischer Erbfälle S. 52 f.; *Berenbrok*. Internationale Nachlassabwicklung, S. 74

103 Vgl. *Heldrich*, Internationale Zuständigkeit, S. 237; *Schlechtriem*, Ausländisches Erbrecht im deutschen Verfahren, S. 10; *Staudinger/Dörner*, Art. 25 EGBGB, Rn. 848

104 Vgl. zu § 73 FGG: *Hahn/Mugdan*, Die gesammelten Materialien zu den Reichs-Justizgesetzen, Band VII, S. 13, S. 54 ff., S. 89 ff., S. 105 ff., S. 173 ff.; zu § 2369 BGB: Mot. V 557-575, Prot. V S. 670 ff., S. 691 ff.; sowie: *Lauterbach/Wiethölter*, Vorschläge und Gutachten, S. 162 ff.; *Heldrich*, Internationale Zuständigkeit, S. 217 ff.

105 Vgl. *Berenbrok*, Internationale Nachlassabwicklung, S. 250 f.; *Schlechtriem*, Ausländisches Erbrecht im deutschen Verfahren, S. 12; MüKo/*Sonnenberger*, Einl. IPR, Rn. 468; *Kropholler*, Internationales Privatrecht, § 51 VI 2

106 Vgl. *Odersky*, Die Abwicklung deutsch-englischer Erbfälle, S. 53; *Heldrich*, NJW 1967, S. 420; *Coester*, JA 1979, S. 356

107 Vgl. *Schwimann*, RabelZ 1970, S. 220

108 Vgl. *Soergel/Schurig*, Art. 25 EGBGB, Rn. 50 ff.; MüKo/*Birk*, Art. 25 EGBGB, Rn. 320; *Berenbrok*, Internationale Nachlassabwicklung S. 46 ff. und S. 84 ff.; *Kropholler*, Internationales Privatrecht, § 51 VI 2

Danach besteht eine internationale Zuständigkeit der deutschen Gerichte für nachlassbezogene Maßnahmen, wenn:

- der Erblasser im Inland zuletzt seinen gewöhnlichen oder schlichten Aufenthalt hatte (§ 73 Abs. 1 FGG analog)
- oder der Erblasser zum Zeitpunkt seines Todes die deutsche Staatsangehörigkeit besaß (§ 73 Abs. 2 FGG analog)
- oder sich Nachlassgegenstände im Inland befinden (§ 73 Abs. 3 FGG analog)
- oder im Inland ein Bedürfnis der Fürsorge für Erbberechtigte oder Nachlassgläubiger hervortritt (§ 74 FGG analog)

Vergleichbare Regelungen werden auch ohne eine entsprechende Anwendung der §§ 73 f. FGG befürwortet.[109]

ee) Wesenseigene Zuständigkeit

Ungeachtet der vorgenannten Zuständigkeitsregeln kann ein Nachlassgericht seine Tätigkeit jedoch verweigern, wenn ihm eine „wesensfremde“, d.h. das Funktionsvermögen inländischer Gerichte überschreitende Tätigkeit abverlangt werden sollte.[110] Problematisch ist hierbei, dass dieses Rechtsinstitut keine scharfen Konturen aufweist, wie schon die unklare Bezeichnung vermuten lässt.[111] Eine wesensfremde Tätigkeit ist jedenfalls nicht bereits dann zu bejahen, wenn das betreffende ausländische materielle Rechtsinstitut dem deutschen Recht unbekannt ist oder ihm eine ungewohnte Art der Tätigkeit aufgibt.[112] Entscheidend ist allein, ob der inländische Richter die von dem fremden materiellen Recht geforderte Tätigkeit auszuführen vermag.[113] Das Rechtsinstitut der „wesenseigenen Zuständigkeit“ markiert somit bei der Anwendung ausländischen Rechts die Grenze der Anpassung, jenseits derer eine Tätigkeit als unausführbar verweigert werden darf.[114] Eine solche Anpassung ist vorwiegend auf drei Arten denkbar: Zum einen kann eine Anpassung durch eine Modifizierung inländischer Verfahrensregeln erfolgen oder aber - wenn das ausländische Rechtsinstitut dem deutschen Recht so fremd ist, dass es keine ähnlichen Verfahrensregeln

---

109 Vgl. *Keidel/Kuntze/Winkler*, FGG Kommentar, § 73, Rn. 19; *Lauterbach/Wiethölter*, Vorschläge und Gutachten, S. 183 f.; MüKo/*Birk*, Art. 25 EGBGB, Rn. 320

110 Vgl. BGHZ 47, S. 338 ; *Palandt/Heldrich*, Art. 25 EGBGB, Rn. 18; *Soergel/Schurig*, Art. 25 EGBGB, Rn. 49; *Kropholler*, IPR, § 57 II; *Berenbrok*, Internationale Nachlassabwicklung, S. 140 ff.

111 Vgl. *Berenbrok*, Internationale Nachlassabwicklung, S. 140

112 Vgl. MüKo/*Sonnenberger*, Einl. IPR, Rn. 472; *Odersky*, Die Abwicklung deutsch-englischer Erbfälle, S. 54; *Heldrich*, NJW 1967, S. 421

113 Vgl. *Berenbrok*, Internationale Nachlassabwicklung, S. 141

114 Vgl. *Schlechtriem*, Ausländisches Erbrecht im deutschen Verfahren, S. 14 ff.; *Schack*, Internationales Zivilverfahrensrecht, Rn. 506; *Heldrich*, Internationale Zuständigkeit S. 270; *Kropholler*, IPR, § 57 II

vorweisen kann - können die von dem fremden Erbstatut vorgeschriebenen Nachlassabwicklungsmaßnahmen durch funktionsgleiche Rechtsinstitute des deutschen Rechts ersetzt werden.[115] Dabei sind unter Umständen dem deutschen Rechtsinstitut die Rechtsfolgen des ausländischen Rechts beizumessen.[116] Und als letzte Möglichkeit bietet sich die Anwendung des sachrechtsbezogenen ausländischen Verfahrensrechts an.[117]

Auf Grund dieser Anpassungsmöglichkeiten sind daher nur seltene Ausnahmefälle denkbar, in denen die inländischen Gerichte ihr Tätigwerden wegen Fehlens der wesenseigenen Zuständigkeit ablehnen dürfen.[118] Soweit ersichtlich sind auch bisher keine überzeugenden Beispiele für solche wesensfremden Tätigkeiten in Nachlasssachen bekannt geworden.[119]

ff) Ausblick

Mit Inkrafttreten des FamFG zum 01. September 2009 gilt auch in Erbsachen uneingeschränkt der Grundsatz der Doppelfunktionalität: Gemäß § 105 FamFG folgt die internationale Zuständigkeit deutscher Gerichte aus deren örtlicher Zuständigkeit. Danach sind deutsche Gerichte international zuständig, wenn der Erblasser Deutscher war, dieser seinen Wohnsitz bzw. Aufenthalt zum Zeitpunkt des Erbfalls im Inland hatte oder Nachlassgegenstände im Inland belegen sind (§ 343 FamFG).[120]

II. Das tschechische Kollisionsrecht

1. Das Erbstatut *(dědický statut)*

a) Allgemeines zum internationalen Privatrecht in der Tschechischen Republik

Das tschechische internationale Privatrecht ist durch das Gesetz über das internationale Privat- und Prozessrecht vom 04. Dezember 1963 (MPSaP)[121] gere-

115 Vgl. eingehend *Berenbrok*, Internationale Nachlassabwicklung, S. 115 ff.; *Odersky*, Die Abwicklung deutsch-englischer Erbfälle, S. 54 f.

116 Vgl. *Neuhaus*, Die Grundbegriffe des internationalen Privatrechts, S. 406; *Berenbrok*, Internationale Nachlassabwicklung, S. 122 f.; *Odersky*, Die Abwicklung deutsch-englischer Erbfälle, S. 54 f.

117 Vgl. *Heldrich*, Internationale Zuständigkeit, S. 270 f.; *Kropholler*, IPR, § 57 II

118 Vgl. *Firsching/von Hoffmann*, IPR, § 9, Rn. 69; *Kegel/Schurig*, IPR, S. 872 f.; MüKo/*Birk*, Art. 25 EGBGB, Rn. 319; *Kropholler*, IPR, § 57 II

119 Vgl. Max-Planck-Institut, RabelsZ 1980, S. 365 These 21

120 Vgl. *Palandt/Thorn*, Art. 25 EGBGB, Rn. 21

121 Zákon o mezinárodnim právu soukromém a procesním, Nr. 97/1963 Sb. („Internationales Privat- und Prozessrecht")

gelt.[122] Art. 1 Abs. 1 des Verfassungsgesetzes der Tschechischen Republik vom 16. Dezember 1992 bestimmt die Fortgeltung des MPSaP in der Tschechischen Republik auch nach der Spaltung der Tschechoslowakei zum 01. Januar 1993. Das MPSaP trat im Jahre 1964 in Kraft und bestimmt in insgesamt 70 Artikeln die Rechte und Pflichten des Ausländers im Bereich des Zivil- und Zivilprozessrechts.[123] Dabei ist das Gesetz über das internationale Privat- und Prozessrecht in zwei Teile gegliedert, wovon der erste Teil Kollisionsnormen und Bestimmungen über die rechtliche Stellung der Ausländer und der zweite Teil das internationale Prozessrecht enthält.

Ebenso wie im deutschen Recht gehen Staatsverträge den allgemeinen Kollisionsnormen vor, § 2 MPSaP.[124] Solche bestehen zwar im Verhältnis zu früheren sozialistischen Staaten[125], jedoch nicht zur Bundesrepublik Deutschland.[126] Im Verhältnis zur früheren DDR hatte die Tschechoslowakei einen Rechtshilfevertrag vom 18.04.1989[127] geschlossen, der auch erbrechtliche Kollisionsnormen enthielt. Inzwischen hat die Regierung der Bundesrepublik nach Durchführung der in Art. 12 Abs. 2 EV vorgesehenen Konsultationen jedoch ausdrücklich festgestellt, dass dieser Vertrag mit der Herstellung der deutschen Einheit am 03.10.1990 erloschen ist.[128] Dem „Haager Übereinkommen über die internationale Verwaltung von Nachlässen“ vom 02.10.1973 ist zwar die Tschechische Republik beigetreten[129], jedoch nicht die Bundesrepublik Deutschland.[130] Folglich entfaltet es zwischen beiden Ländern keine Rechtskraft.

b) Erbstatut und Staatsangehörigkeitsprinzip

Das tschechische internationale Erbrecht ist hauptsächlich in den §§ 17 und 18 MPSaP enthalten.[131] Darin wird bestimmt, dass ebenso wie im deutschen Recht

122 Abgedruckt auf deutsch und tschechisch bei *Riering*, IPR-Gesetze in Europa, S. 298 ff.

123 Vgl. *Schultz*, Die Rechtsstellung des Ausländers in der Tschechoslowakei, S. 22

124 Vgl *Kučera*, Mezinárodní právo soukromé, S. 324 und S. 329; *Schmid*, WGO 1986, S. 273; *Knapp*, International encyclopedia of comparative law, Vol 1, S. 120

125 Zum Beispiel Polen, Bulgarien Ungarn, DDR, Sowjetunion; vgl. *Ferid/Firsching/Bohata*, Tschechien, Fn. 5; *Kučera*, Mezinárodní právo soukromé, S. 325; *Schultz*, Die Rechtsstellung des Ausländers in der Tschechoslowakei, S. 23

126 Vgl. *Staudinger/Dörner*, Anh. zu Art. 25 f. EGBGB, Rn. 853

127 Vgl. GBl DDR 1989 II, S. 102

128 Vgl. BGBl 1991 II, S. 1077 Nr. 81; *Staudinger/Dörner*, Anh. zu Art. 25 f. EGBGB, Rn. 853

129 Nr. 218/1995 Sb.; vgl. *Pokorný*, MPSaP, S. 42; *Kučera*, Mezinárodní právo soukromé, S. 329

130 Vgl. *Staudinger/Dörner*, Vorbem. zu Art. 25 f. EGBGB, Rn. 121 ff.

131 Vgl. *Bengel/Reimann/Haas*, Testamentsvollstreckung, Kapitel 9, Rn. 339

Anknüpfungspunkt des tschechischen internationalen Erbrechts alleine die Staatsangehörigkeit *(státní přílušnost)* ist.[132]

Diese ist im tschechischen Staatsangehörigkeitsgesetz (ZSO)[133] geregelt, welches seit dem 01.01.1993 in Kraft ist. Danach wurden Personen, die am 31.12.1992 tschechische und tschechoslowakische Staatsangehörige waren, ab dem 01.01.1993 tschechische Staatsangehörige.[134] Im Übrigen fußt das ZSO entsprechend dem deutschen Staatsangehörigkeitsgesetz auf dem Prinzip des ius-sanguinis, das heißt, dass nur die Abstammung, nicht jedoch der Ort der Geburt maßgebend ist (§ 2 und § 3 ZSO). Eine Einbürgerung (§ 7 ZSO) setzt neben einem mindestens fünfjährigen ununterbrochenen ständigen Wohnsitz in der Tschechischen Republik den Nachweis der Entlassung aus der bisherigen Staatsangehörigkeit voraus. Den Verlust der Staatsbürgerschaft regeln die §§ 13 ff. ZSO. Gemäß § 16 ZSO erlischt die Staatsbürgerschaft durch Verzichtserklärung und gemäß § 17 ZSO durch die Annahme einer anderen Staatsangehörigkeit, außer wenn der Erwerb der ausländischen Staatsangehörigkeit durch Heirat oder Geburt erfolgt.

§ 17 MPSaP bestimmt nun, dass sich die rechtlichen Erbverhältnisse nach dem Recht des Staates richten, dessen Staatsangehöriger der Erblasser zum Zeitpunkt seines Todes gewesen ist.[135] Bei doppelter Staatsbürgerschaft hat die tschechische Staatsangehörigkeit Vorrang, § 33 Abs. 1 MPSaP.[136] Ist jemand im entscheidenden Zeitraum zusätzlich Staatsangehöriger mehrerer fremder Staaten, so ist die zuletzt angenommene Staatsangehörigkeit ausschlaggebend (§ 33 Abs. 2 MPSaP).[137] Anders also als das deutsche Kollisionsrecht, das in Fällen der Mehrstaatigkeit an die effektive Staatsangehörigkeit anknüpft (vgl. Art. 5 Abs. 1 S. 1 EGBGB), ist nach tschechischem Recht die zuletzt angenommene Staatsan-

---

132 Vgl. ausführlich *Bergmann/Ferid/Bohata,* Int. Ehe- und Kindschaftsrecht, Tschechien, II. und *Másilko*, Socialisticka zakonnost 1974, S. 383 ff. sowie *Staudinger/Blumenwitz,* Anhang III zu Art. 5 EGBGB, Rn. 185; *Glos,* Rev. of Socialist Law 9, (1983), S. 280; Würzburger Notarhandbuch/*Hertel*, Kapitel 7 Teil 3 B, Rn. 202

133 Zákon České národní rady o nabývání a pozbývání státního občanství České republiky, Nr. 40/1993 Sb. („Staatsangehörigkeitsgesetz"); deutsche Übersetzung bei *Bergmann/Ferid/Bohata,* Int. Ehe- und Kindschaftsrecht, Tschechien, II.B.1

134 Slowakische Staatsbürger konnten unter bestimmten Umständen für die tschechische Staatsbürgerschaft optieren; vgl. *Bergmann/Ferid/Bohata,* Int. Ehe- und Kindschaftsrecht, Tschechien, II.5 sowie *Staudinger/Blumenwitz,* Anhang III zu Art. 5 EGBGB, Rn. 185

135 Vgl. *Pokorný*, MPSaP, S. 40; *Kučera,* Mezinárodní právo soukromé, S. 324; *Korkisch,* RabelsZ 1968, S. 606; *Zuklinova*, Juris Classeur de Droit Comparé, Rn. 159

136 Vgl. *Pokorný*, MPSaP, S. 54

137 Vgl. *Bengel/Reimann/Haas*, Testamentsvollstreckung, Kapitel 9, Rn. 340; *Zuklinova*, Juris Classeur de Droit Comparé, Vol. 3, Rn. 148

gehörigkeit entscheidend (§ 33 Abs. 2 S. 2 MPSaP).[138] Staatenlose oder Personen, deren Staatsangehörigkeit nicht festgestellt werden kann, unterliegen dem Recht ihres Wohnsitzes, hilfsweise dem Recht ihres Aufenthalts. Kann auch der Aufenthalt nicht ermittelt werden, gelangt tschechisches Recht zur Anwendung (§ 33 Abs. 3 MPSaP).[139] Eine entsprechende Vermutung ist dem deutschen Recht unbekannt. Stattdessen ist in Fällen, in denen sich weder ein gewöhnlicher noch ein schlichter Aufenthalt ermitteln lässt, an den letzten gewöhnlichen oder schlichten Aufenthalt anzuknüpfen.[140]

c) Funktionelle und territoriale Nachlasseinheit *(jednotný dědický statut)*

Das tschechische Erbstatut regelt alle „erbrechtlichen Verhältnisse“ (§ 17 MPSaP). Dieser Begriff ist weit auszulegen und umfasst – in Einklang zum deutschen Kollisionsrecht - alle erbrechtlichen Fragen[141] betreffend die Erbfolge wie auch den Erbgang. Das Heimatrecht deckt somit alle Bereiche ab, die mit dem Übergang des Vermögens des Erblassers auf die Erben zusammenhängen, also Erbschaftseröffnung, Erbvoraussetzungen, gesetzliche Erbfolge, Voraussetzungen einer Testamentserrichtung bzw. Testamentsaufhebung, die Wirkungen von Willensmängeln des Erblassers hierbei, sowie die Frage, welche weiteren Arten von Verfügungen von Todes wegen zulässig sind u.a.[142] Es gilt der Grundsatz der funktionellen Nachlasseinheit von Nachlassverteilung und Nachlassabwicklung.[143]Ebenso folgt das tschechische Recht dem Grundsatz der territorialen Nachlasseinheit.[144] Es findet keine Unterscheidung zwischen beweglichen Sachen und Liegenschaften statt.[145]Anders aber als das deutsche Recht

138 Vgl. *Korkisch*, Jahrbuch für Ostrecht 1980/81, S. 27; *ders.*, Fragen des ost-mitteleuropäischen Rechts, S. 83

139 Vgl. *Korkisch*, Jahrbuch für Ostrecht, S. 9 und S. 22 f.; *ders.*, Fragen des ost-mitteleuropäischen Rechts, S. 84; *Bengel/Reimann/Haas*, Testamentsvollstreckung, Kapitel 9, Rn. 340; *Zuklinova*, Juris Classeur de Droit Comparé, Vol. 3, Rn. 148

140 Vgl. *Staudinger/Blumenwitz*, Art. 5 EGBGB, Rn. 50

141 Vgl. *Korkisch*, RabelsZ 1968, S. 646; *ders.*, WGO 1970, S. 150; *Bystrický*, Právo mezinárodního obchodu, S. 386

142 Vgl. *Kučera/Tichý*, MPSaP, S. 146 f.; *Kučera,* Mezinárodní právo soukromé, S. 324; *Schmid*, Das internationale Erbrecht, S. 17 f.; *Korkisch*, WGO 1970, S. 150; *Glos*, Rev. of Socialist Law 9 (1983), S. 280; *Zuklinova*, Juris Classeur de Droit Comparé, Vol. 3, Rn. 148

143 Vgl. *Bengel/Reimann/Haas*, Testamentsvollstreckung, Kapitel 9, Rn. 340 ; *Staudinger/Dörner;* Anh. zu Art. 25 f. EGBGB, Rn. 856; *Korkisch*, Fragen des ost-mitteleuropäischen Rechts, S. 122

144 Vgl. *Bengel/Reimann/Haas*, Testamentsvollstreckung, Kapitel 9, Rn. 340; *Korkisch*, Jahrbuch für Ostrecht 1980, S. 9 und S. 34; *ders.*, Fragen des ost-mitteleuropäischen Rechts, S. 122

145 Vgl. *Kučera/Tichý*, MPSaP, S. 147 und S. 149; *Kučera,* Mezinárodní právo soukromé, S. 324; *Schmid,* Das internationale Erbrecht, S. 17; *Knapp*, International encyclopedia of comparative law, S. 121

sieht das internationale tschechische Erbrecht keine Möglichkeit einer Rechtswahl vor.[146] Da es überdies keine vorrangigen bilateralen Abkommen mit Deutschland gibt und auch keine Rück[147]- bzw. Weiterverweisung[148] auf das deutsche Recht erfolgt, kommt eine Nachlassspaltung infolge des tschechischen Kollisionsrechts bei deutsch-tschechischen Erbfällen nicht in Betracht.

d) Kollisionsrechtliche Besonderheiten bei testamentarischer Erbfolge

Gesondert anzuknüpfen sind die Testierfähigkeit[149], Willensmängel bei der Testamentserrichtung, die Zulässigkeit der weiteren Arten der Verfügungen von Todes wegen sowie die Testamentsform[150].[151] Dies regelt § 18 MPSaP (sog. Testamentsstatut), die als lex specialis § 17 MPSaP[152] und § 3 MPSaP[153] derogiert. Danach ist Anknüpfungsmoment das Recht des Staates, dem der Erblasser zum Zeitpunkt der Abgabe der Willenserklärung angehört hat.[154] Aus diesem Grund wird ein gemeinschaftliches Testament oder ein Erbvertrag *deutscher*

146 Vgl. Würzburger Notarhandbuch/*Hertel*, Teil 7 Kapitel 3 B, Rn. 233; *Süß/Haas/Rombach*, Erbrecht in Tschechien, Rn. 4

147 Weder bei der gesetzlichen Erbfolge noch bei einer Verfügung von Todes wegen wird auf das deutsche Recht zurückverwiesen. Vgl. *Meyer*, Erbschaftssituationen bei binationalen gleichgeschlechtlichen Partnerschaften, München 2003

148 An sich ist es dem Richter nach § 35 MPSaP im Einzelfall überlassen, ob eine Rück- bzw. Weiterverweisung der nach tschechischem Recht berufenen Rechtsordnung zu beachten ist; grundsätzlich wird er diese annehmen, wenn sie einer sinnvollen und gerechten Regelung der betroffenen Verhältnisse entspricht; nach § 36 MPSaP darf die Verweisung nicht zu einem Verstoß gegen den ordre public führen; vgl. *Korkisch*, Jahrbuch für Ostrecht 1980, S. 9 und S. 22 f.; *Bengel/Reimann/Haas*, Testamentsvollstreckung, Kapitel 9, Rn. 340; *Süß/Haas/ Rombach*, Erbrecht in Tschechien, Rn. 4

149 Nach herrschender Meinung beinhaltet dies auch die Befähigung einen Abkömmling zu enterben (§ 469a ObčZ). Vgl. *Kučera/Tichý*, MPSaP, S. 151

150 Dem Haager Testamentsformübereinkommen ist Tschechien nicht beigetreten; vgl. *Süß/Haas/Rombach*, Erbrecht in Tschechien, Rn. 7; *Kučera*, Mezinárodní právo soukromé, S. 325

151 Vgl. *Kučera*, Mezinárodní právo soukromé, S. 325; *Ferid/Firsching/Bohata*, Tschechien, Rn. 7; *Bengel/Reimann/Haas*, Testamentsvollstreckung, Kapitel 9, Rn. 340; *Korkisch*, Fragen des ost-mitteleuropäischen Rechts, S. 123; *Süß/Haas/Rombach*, Erbrecht in Tschechien, Rn. 5

152 Vgl. *Kučera/Tichý*, MPSaP, S. 147; *Bengel/Reimann/Haas*, Testamentsvollstreckung, Kapitel 9, Rn. 340; *Zuklinova*, Juris Classeur de Droit Comparé, Vol. 3, Rn. 148

153 Vgl. *Kučera/Tichý*, MPSaP, S. 151

154 Vgl. *Kučera/Tichý*, MPSaP, S. 151 f.; *Steiner*, JCl., Droit Comparé, Tschechoslowakei, Rn. 230; *Kučera*, Mezinárodní právo soukromé, S. 325; *Bengel/Reimann/Haas*, Testamentsvollstreckung, Kapitel 9, Rn. 340

Erblasser anerkannt, obwohl das tschechische Recht diese als unzulässig betrachtet.[155]

Ebenso richtet sich die Form der Annahme bzw. Ausschlagung der Erbschaft nach der *lex patriae*, § 4 MPSaP.[156] Alternativ genügt es jedoch, wenn die Erfordernisse des Rechts des Staates eingehalten wurden, auf dessen Gebiet das Testament verfasst wurde.[157] Dies gilt auch bezüglich der Form der Aufhebung eines Testaments (§ 18 Abs. 2 MPSaP).[158] Durch diese Subsidiaritätsklausel soll dem letzten Willen des Erblassers besonders Rechnung getragen werden, denn dieser hatte sich bei der Errichtung regelmäßig in einer Situation befunden, in der er es, trotz seines Aufenthalts im Ausland, für nötig befand ein Testament zu errichten. Dabei war er in der Regel auf die Mitwirkung von Personen oder Organen des fremden Landes angewiesen. Von diesen kann aber nicht erwartet werden, dass sie das Heimatrecht des Testierenden kennen.[159] Ein späterer Wechsel der Staatsangehörigkeit hat keine Auswirkungen auf die Wirksamkeit des Testaments, insbesondere wird ein unwirksam errichtetes Testament nicht geheilt.[160]

e) Die Behandlung von gemeinsamen Testamenten und Erbverträgen aus kollisionsrechtlicher Sicht

Bei der kollisionsrechtlichen Behandlung von gemeinsamen Testamenten sowie Erbverträgen bei deutsch-tschechischen Erbfällen sind im Wesentlichen vier Fallkonstellationen zu unterscheiden:
(1) Wurde der Vertrag von zwei deutschen Staatsangehörigen geschlossen, dann richtet es sich sowohl aus deutscher (Art. 26 Abs. 5 S. 1 EGBGB) als auch aus tschechischer Sicht (§ 18 Abs. 1 S. 2 MPSaP) nach deutschem Recht, ob die Verfügung von Todes wegen zulässig ist. Hierbei spielt es keine Rolle, ob die Verfügenden in Deutschland oder Tschechien leben. Da das deutsche Recht sowohl das gemeinschaftliche Testament (§§ 2265 ff.) als auch den Erbvertrag (§§ 2274 BGB) kennt, wäre eine entsprechende Verfügung von Todes wegen zulässig.

(2) Handelt es sich bei den Verfügenden um zwei tschechische Staatsbürger, dann ist es diesen gemäß § 476 Abs. 3 ObčZ untersagt – wiederum unerheblich ob sie in Deutschland oder Tschechien leben – ein gemeinschaftliches Testa-

---

155 Vgl. oben 2. Teil, II. 1. e, S. 84 ff.
156 Vgl. *Ferid/Firsching/Bohata*, Tschechien, Rn. 7
157 Vgl. *Kučera*, Mezinárodní právo soukromé, S. 325
158 Vgl. *Donner*, ZfRV 1964, S. 211; *Schmid,* Das internationale Erbrecht, S. 18; *Korkisch*, WGO 1970, S. 151
159 Vgl. *Kučera/Tichý*, MPSaP, S. 152 f.
160 Vgl. *Kučera/Tichý,* MPSaP, S. 151 f.; *Kučera,* Mezinárodní právo soukromé, S. 325; *Süß/Haas/Rombach*, Erbrecht in Tschechien, Rn. 5

ment bzw. einen Erbvertrag zu errichten. In dieser Fallkonstellation verweist sowohl das tschechische (§ 18 Abs. 1 S. 2 MPSaP) als auch das deutsche (Art. 26 Abs. 5 S. 1 EGBGB) Kollisionsrecht auf das tschechische materielle Recht. Dieses verbietet aber gerade eine derartige Verfügung von Todes wegen.[161]

(3) Die meisten Fragen hinsichtlich der Gültigkeit eines gemeinsamen Testaments bzw. Erbvertrags ergeben sich, wenn an der letztwilligen Verfügung sowohl ein deutscher als auch ein tschechischer Staatsangehöriger beteiligt sind.[162] Aus deutscher Sicht ist zunächst strittig, ob für die Beurteilung der Gültigkeit für jeden Verfügenden getrennt an sein Errichtungsstatut (Art. 26 Abs. 5 S. 1 EGBGB) anzuknüpfen ist[163] oder ob auf ein gemeinsames Errichtungsstatut[164] abzustellen ist und, falls wie in dieser Fallkonstellation die Statute unterschiedlich sind, hilfsweise beide Rechte kumulativ anzuwenden sind. Da im praktischen Ergebnis regelmäßig keine Unterschiede bestehen werden, kann der Streit an dieser Stelle unentschieden bleiben: Stellt man auf das gemeinsame Errichtungsstatut ab, dann sind die Vorschriften des tschechischen Rechts anzuwenden, da dieses die strengeren Anforderungen aufstellt.[165] Wie oben dargestellt verbietet aber das tschechische Erbrecht sowohl gemeinsame Testamente als auch Erbverträge (§ 476 Abs. 3 ObčZ). Die Testierenden bleiben ungebunden.[166]

Welche Wirkungen ein ungültiges gemeinschaftliches Testament bzw. ein ungültiger Erbvertrag besitzt, ist kumulativ nach dem Erbstatut der Erstversterbenden und dem hypothetischen Erbstatut des Überlebenden zum Zeitpunkt des Todes des Erstversterbenden zu beurteilen. Ordnen sie unterschiedliche Rechtsfolgen an, so entscheidet jedes Statut separat über die weitere rechtliche Existenz und Beurteilung der letztwilligen Verfügung.[167]Stellt man hingegen auf das jeweilige Errichtungsstatut der Verfügenden getrennt ab und verbietet nur ein Errichtungsstatut diese Form der letztwilligen Verfügung – in diesem Fall das tschechische Recht (§ 476 Abs. 3 ObčZ) – dann befindet über die Auswirkun-

---

161 Vgl. oben Teil 1, V.6 und 7, S. 35 f.

162 Vgl. ausführlich zur Gestaltungspraxis gemeinschaftlicher Testamente sowie Erbverträgen bei gemischtnationalen Ehen: *Steiner*, ZEV 2004, S. 362 ff. sowie zum Verbot gemeinschaftlicher Testamente im internationalen Erbrecht: *Süß*, IPRax 2002, S. 22 ff.

163 Vgl. *Soergel/Schurig*, Art. 26 EGBGB, Rn. 35; *Palandt/Heldrich*, Art. 25 EGBGB, Rn. 13; *Umstätter*, DNotZ 1984, S. 536

164 Vgl. *Erman/Hohloch*, Art. 25 EGBGB, Rn. 31; *Ebenroth*, Erbrecht, Rn. 1292

165 Vgl. MüKo/*Birk*, Art. 26 EGBGB, Rn. 102; *von Hoffmann*, IPR, § 9, Rn. 38

166 Vgl. MüKo/*Birk*, Art. 26 EGBGB, Rn. 102; andere Ansicht *Soergel/Schurig*, Art. 26 EGBGB, Rn. 43, die für eine Geltung des Rechts, welches die stärkere Bindung vorsieht, plädieren

167 Vgl. MüKo/*Birk*, Art. 26 EGBGB, Rn. 105

gen auf die Verfügung des anderen Partners wiederum das für diesen maßgebende hypothetische Erbstatut zum Zeitpunkt der Verfügung.[168]

In entsprechender Weise verlangt das tschechische Recht, dass das gemeinsame Testament bzw. der Erbvertrag von der Rechtsordnung beider Verfügenden zugelassen wird (§ 18 Abs. 1 S. 2 MPSaP).[169] Da aber das tschechische Recht diese Verfügungen von Todes wegen gerade verbietet, ist ein deutsch-tschechisches gemeinschaftliches Testament bzw. Erbvertrag auch aus tschechischer Sicht unwirksam. In der Praxis sollte daher den Rechtsuchenden vom Abschluss eines gemeinsamen Testaments bzw. Erbvertrags dringend abgeraten werden.

(4) Schließlich ist es noch denkbar, dass einer bzw. beide Verfügende eine doppelte Staatsbürgerschaft besitzen. Insbesondere Sudetendeutsche, die nach 1945 in der Tschechoslowakei geblieben sind, sind oftmals sowohl deutsche als auch tschechische Staatsangehörige.[170] Aus deutscher Sicht geht in Fällen der Doppelstaatigkeit, wenn die betreffende Person auch Deutscher ist, diese Rechtsstellung vor (Art. 5 Abs. 1 S. 2 EGBGB). Dies gilt auch dann, wenn die Beziehung zum ausländischen Heimatstaat, hier also Tschechien, viel enger ist.[171] Ebenso die tschechische Regelung: § 33 Abs.1 MPSaP bestimmt, dass dann, wenn der Bürger auch tschechischer Staatsangehöriger ist, diese Staatsbürgerschaft vorgeht. Folgt man dem Territorialprinzip, dann ist diejenige nationale Rechtsordnung berufen, in deren Rechtsraum die Erbschaftssituation entstanden ist.[172] Im Übrigen gelten in dieser Fallkonstellation entsprechend die Ausführungen zu (1) – (3).

Tabellarische Übersicht über die kollisionsrechtliche Behandlung gemeinsamer Testamente				
Nationalität der Verfügenden		deutsch deutsch	tschechisch tschechisch	deutsch tschechisch
Kollisionsrechtliche Behandlung aus **deutscher** Sicht	IPR-Norm	Art. 26 Abs. 5 S. 1 EGBGB	Art. 26 Abs. 5 S. 1 EGBGB	Art. 26 Abs. 5 S. 1 EGBGB
	Gesetz	BGB	ObčZ	BGB/ObčZ
	Zulässigkeit der Verfügung	Ja	Nein	Nein

168 Vgl. *Staudinger/Dörner*, 13. Bearbeitung, Art. 25 EGBGB, Rn. 305

169 Vgl. *Kučera*, Mezinárodní právo soukromé, S. 325; *Kučera/Tichý*, MPSaP, S. 151

170 Vgl. oben 2. Teil, I.1.c, S. 66 ff.

171 Vgl. *Palandt/Heldrich*, Art. 5 EGBGB, Rn. 3

172 Vgl. *Meyer*, Erbschaftssituationen bei binationalen gleichgeschlechtlichen Partnerschaften, S. 20

Kollisionsrechtliche Behandlung aus **tschechischer** Sicht	IPR-Norm	§ 18 Abs. 1 S. 2 MPSaP	§ 18 Abs. 1 S. 2 MPSaP	§ 18 Abs. 1 S. 2 MPSaP
	Gesetz	BGB	ObčZ	BGB/ObčZ
	Zulässigkeit der Verfügung	Ja	Nein	Nein

f) Das Erbrecht des Staates aus kollisionsrechtlicher Sicht

Bei der kollisionsrechtlichen Behandlung des Erbrechts des Staates ist es strittig, ob dieser auf Grund eines Erbrechts oder aus einem anderen Grund Eigentum erlangt. Im ersten Fall käme § 17 MPSaP zur Anwendung, im zweiten Fall die §§ 5 f. MPSaP. Die herrschende Meinung geht wegen des Wortlauts von § 462 ObčZ davon aus, dass der Staat eben gerade kein Erbe ist und daher das Eigentum aus einem anderen Grund erlangt.[173] Einschlägig sind daher die Kollisionsnormen, die für Rechtsverhältnisse bei Liegenschaften und beweglichen Sachen gelten (§§ 5 f. MPSaP).
In einigen Staatsverträgen wurde diese Problematik abweichend von der gesetzlichen Normierung dahingehend geregelt, dass bewegliches Vermögen an den Staat fällt, dessen Staatsangehörigkeit der Erblasser hatte, und unbewegliches Vermögen der Staat erlangt, auf dessen Territorium die Liegenschaft belegen ist.[174]

g) Vergleich des tschechischen zum deutschen internationalen Erbrecht

Insgesamt betrachtet sind das tschechische und das deutsche internationale Erbrecht fast identisch.[175] Beide Rechtsordnungen folgen dem Prinzip der funktionellen und territorialen Nachlasseinheit[176] und knüpfen hinsichtlich der Vererbung an die Staatsangehörigkeit des Erblassers zum Zeitpunkt seines Todes an. Auch genügt es in beiden Rechtskreisen für die formwirksame Errichtung einer Verfügung von Todes, wenn diese entweder den Formerfordernissen des Rechts des Staates entspricht, dem der Erblasser im Zeitpunkt, in dem er letztwillig verfügt hat, angehörte, oder wenn sie dem Recht des Ortes genügt, an dem der Erblasser letztwillig verfügt hat.[177] Hinsichtlich der Gültigkeit einer letztwilligen

---

173 Vgl. *Ferid/Firsching/Bohata*, Tschechien, Rn. 8; *Kučera,* Mezinárodní právo soukromé, S. 327; *Kučera/Tichý*, MPSaP, S. 147 ff.

174 Vgl. *Kučera,* Mezinárodní právo soukromé, S. 327

175 Vgl. *Glos*, Rev. of Socialist Law 9 (1983), S. 281 und S. 292 f.

176 Vgl. *Bengel/Reimann/Haas,* Testamentsvollstreckung, Kapitel 9, Rn. 340; *Korkisch,* Fragen des ost-mitteleuropäischen Rechts, S. 122

177 Vgl. § 18 Abs. 1 S. 1 MPSaP im tschechischen Recht und Art. 26 Abs. 1 EGBGB im deutschen Recht

Verfügung lassen es sowohl das deutsche[178] als auch das tschechische[179] Kollisionsrecht ausreichen, wenn diese den Anforderungen der *lex patriae* zum Zeitpunkt der Errichtung genügt.
Anders aber als das EGBGB[180] hat das MPSaP die erbrechtlichen Folgen einer eingetragenen Lebenspartnerschaft nicht *expressis verbis* geregelt. Auf Grund der umfassenden Gleichstellung der eingetragenen Lebenspartnerschaft mit der Ehe durch das *Zákon o registrovaném partnerství a o změně některých souvisejících zákonů* [181] hielt der Gesetzgeber eine Änderung des MPSaP für nicht erforderlich.[182]

2. Internationales Zuständigkeit *(pravomoc ve věcech dědických)*

Anders als im deutschen Recht ist im tschechischen internationalen Zivilprozessrecht eine Kodifikation erfolgt. Die internationale Zuständigkeit tschechischer Gerichte in Erbfällen mit Auslandsbezug ergibt sich aus den §§ 44[183] und 45[184] MPSaP. Daran zeigt sich, dass das tschechische internationale Privatrecht bemüht ist, die kollisionsrechtlichen Fragen möglichst vollständig und erschöpfend zu regeln und zwar nicht nur im materiellen Bereich, sondern auch auf dem Gebiet des internationalen Verfahrensrechts.[185]Die sich aus § 44 f. MPSaP ergebenden Zuständigkeiten sind zwingend und können nicht durch eine Gerichtsstandsvereinbarung geändert werden.[186]In Erbangelegenheiten mit internationalem Bezug muss somit gemäß §§ 44 und 45 MPSaP unterschieden werden, ob:[187]

(1) der Erblasser tschechischer Staatsbürger oder Ausländer war
(2) zur Erbmasse nur bewegliche Sachen oder auch Immobilien gehören
(3) die Liegenschaften im In- oder Ausland belegen sind

a) Tschechische Staatsangehörige *(zůstavitel - český občan)*

War der Erblasser tschechischer Staatsangehöriger, sind stets die tschechischen Gerichte für die Durchführung des Nachlassverfahrens zuständig (§ 44 S. 1 MPSaP i.V.m. § 9 OSŘ).[188] Dies gilt unabhängig davon, ob die Erben ausschließlich Ausländer sind bzw. im Ausland leben.[189] Handelt es sich jedoch um

178 Vgl. Art. 26 Abs. 5 S. 1 EGBGB
179 Vgl. § 18 Abs. 1 MPSaP
180 Art. 17b Abs. 1 S. 2 EGBGB
181 Nr. 115/2006 Sb. („Lebenspartnerschaftsgesetz")
182 Vgl. *Bergmann/Ferid/Bohata*, Int. Ehe- und Kindschaftsrecht, Tschechien, S. 40
183 § 44 MPSaP wurde geändert durch das Gesetz Nr. 264/1992 Sb.
184 § 45 Abs. 1 und 2 wurden geändert durch das Gesetz Nr. 264/1992 Sb.
185 Vgl. *Kalenský*, WGO 1964, S. 151
186 Vgl. *Geimer/Schütze/Wünsch*, Tschechische Republik, Nr. 1145, S. 3
187 Vgl. *Kučera*, Mezinárodní právo soukromé, S. 327
188 Vgl. *Pokorný*, MPSaP, S. 70; *Kučera*, Mezinárodní právo soukromé, S. 327

Vermögen, das sich im Ausland befindet, verhandelt das tschechische Gericht die Erbsache nur dann, wenn solches Vermögen den tschechischen Organen herausgegeben wird oder falls der fremde Staat die Rechtsfolgen einer solchen Entscheidung der tschechischen Gerichte anerkennt und diese dort auch vollstreckbar sind (§ 44 S. 2 MPSaP).[190] Sinn dieser Regelung ist es, ein überflüssiges Verfahren zu verhindern, dessen Ergebnis im Ausland ohnehin nicht durchgesetzt werden könnte.[191] Dafür wird eine ausländische Entscheidung im Nachlassverfahren von der Tschechischen Republik regelmäßig anerkannt werden.[192]Im Übrigen empfiehlt das tschechische Justizministerium einem Erben, der tschechischer Staatsbürger ist und im Ausland lebt, sich das Erbe mit Hilfe der tschechischen Botschaft in dem betreffenden Land aushändigen zu lassen.[193]

b) Staatsangehörige anderer Staaten *(zůstavitel – občan cizího státu)*

Der Nachlass eines Ausländers, der sich in der Tschechischen Republik befindet, wird, soweit es um bewegliche Sachen geht, von einem tschechischen Gericht nur verhandelt, wenn:[194]

(1) der Staat, dessen Angehöriger der Erblasser gewesen ist, sich weigert, die Erbschaft tschechischer Bürger an tschechische Gerichte herauszugeben, sowie sich weigert, die Rechtsfolgen ihrer Entscheidung anzuerkennen, oder wenn der fremde Staat es abgelehnt hat, sich mit dem Nachlass zu beschäftigen oder sich zu der Sache nicht geäußert hat (§ 45 Abs. 1 lit. a) MPSaP). Dabei gibt es keine vom Gesetz vorgesehene Frist nach deren Ablauf eine Befassung durch das tschechische Gericht erfolgen darf. Stattdessen wird in der Praxis eine angemessene Zeit abgewartet und das zuständige ausländische Organ mehrmals zum Tätigwerden aufgefordert. Bleibt das zuständige ausländische Organ dennoch untätig, dann ist der Kompetenzbereich des tschechischen Gerichts eröffnet.[195] Sinn dieser Regelung ist es zu gewährleisten, dass für jegliches innerhalb der Tschechischen Republik belegene Nachlassvermögen eine Nachlassabwicklung stattfindet.[196]

(2) Außerdem wird das tschechische Gericht tätig, wenn der Erblasser seinen Wohnsitz in der Tschechischen Republik hatte und ein Erbe seine Ansprüche

189 Vgl. *Zuklinova*, Juris Classeur de Droit Comparé, Vol. 3, Rn. 163
190 Vgl. *Pokorný*, MPSaP, S. 70 ; *Kučera,* Mezinárodní právo soukromé, S. 327
191 Vgl. *Kučera,* Mezinárodní právo soukromé, S. 327
192 Vgl. *Kučera,* Mezinárodní právo soukromé, S. 328
193 Vgl. *Pokorný*, MPSaP, S. 71
194 Vgl. *Kučera,* Mezinárodní právo soukromé, S. 327 f.
195 Vgl. *Kučera,* Mezinárodní právo soukromé, S. 328
196 Vgl. *Kučera,* Mezinárodní právo soukromé, S. 328

geltend macht, der sich ebenfalls dort aufhält (§ 45 Abs. 1 lit. b) MPSaP)[197]. Bei Vorhandensein mehrerer Erben ist es möglich, dass auch nur ein Erbe diesen Antrag stellt.[198]

In allen übrigen Nachlassfällen beschränkt sich das tschechische Gericht darauf, notwendige Maßnahmen der Sicherung des Eigentums des Ausländers vorzunehmen (§ 45 Abs. 2 MPSaP)[199] und ein Vorverfahren durchzuführen. Auf Antrag der Beteiligten stellt das Gericht eine Bescheinigung über das Ergebnis des Vorverfahrens aus (§ 175z Abs. 1 OSŘ). Soll Eigentum ins Ausland herausgegeben werden, so hat das Gericht die inländischen Erben und Gläubiger darüber durch einen 15 tägigen Gerichtsaushang in Kenntnis zu setzen (§ 175z Abs. 2 S. 1 OSŘ). Bei Immobilien, die sich auf dem Gebiet der Tschechischen Republik befinden, ist die Zuständigkeit tschechischer Gerichte grundsätzlich gegeben (§ 45 Abs. 1 lit. c) MPSaP).[200] Hierbei handelt es sich um eine ausschließliche Zuständigkeit.[201] Hinzuweisen ist an dieser Stelle auf eine Besonderheit des tschechischen Rechts: Liegenschaften können sowohl Grundstücke als auch Gebäude sein (§ 120 ObčZ). Anders als im deutschen Recht[202] sind im tschechischen Recht Gebäude keine untrennbaren Bestandteile des Grundstücks, auf dem sie errichtet wurden.[203]

c) Klagen auf Erbberichtigung (§ 485 ObčZ)

Klagen schließlich, mit denen der Kläger eine Erbberechtigung im Sinne des § 485 ObčZ anstrebt, richten sich nach § 37 MPSaP und nicht nach §§ 44 f. MPSaP. Danach ist eine Zuständigkeit des tschechischen Gerichts gegeben, soweit tschechisches Recht anzuwenden ist.[204]

---

197 § 45 Abs. 1 lit b MPSaP ist vor allem dann einschlägig, wenn ein deutscher Erblasser, der seinen letzten Wohnsitz in Tschechien hatte, mit einer tschechischen Staatsangehörigen verheiratet war. Vgl. *Süß/Haas/Rombach*, Erbrecht in Tschechien, Rn. 10

198 Vgl. *Korkisch*, WGO 1970 S. 151

199 Vgl. *Kučera*, Vgl. *Kučera*, Mezinárodní právo soukromé, S. 328

200 Vgl. *Pokorný*, MPSaP, S. 71; *Bengel/Reimann/Haas*, Testamentsvollstreckung, 9. Kapitel, Rn. 34

201 Vgl. *Kučera*, Mezinárodní právo soukromé, S. 328; *Pokorný*, MPSaP, S. 71

202 Vgl. § 94 Abs. 1 BGB

203 Vgl. *Jehlička/Švestka*, Občanský zakoník, S. 467

204 Vgl. *Kučera*, Mezinárodní právo soukromé, S. 329; *Pokorny*, MPSaP, S. 71

d) Überblick über die internationalen Zuständigkeitsregeln des deutschen und tschechischen IPR[205]

Übersicht über die Zuständigkeit bei einem Nachlassverfahren eines *deutschen* Erblassers				
Art des Vermögens / Belegenheitsort	bewegliche Sachen BRD	Liegenschaften BRD	bewegliche Sachen Tschechien	Liegenschaften Tschechien
aus deutscher Sicht	das deutsche Gericht	das deutsche Gericht	das deutsche Gericht	das deutsche Gericht
aus tschechischer Sicht	das deutsche Gericht (arg. e contr. § 45 MPSaP)	das deutsche Gericht (arg. e contr. § 45 MPSaP)	das deutsche Gericht (§ 45 Abs. 1 MPSaP)[206]	das tschechische Gericht (§ 45 Abs. 1 lit. c MPSaP)

Übersicht über die Zuständigkeit bei einem Nachlassverfahren eines *tschechischen* Erblassers				
Art des Vermögens / Belegenheitsort	bewegliche Sachen BRD	Liegenschaften BRD	bewegliche Sachen Tschechien	Liegenschaften Tschechien
aus deutscher Sicht	das tschechische Gericht	das tschechische Gericht	das tschechische Gericht	das tschechische Gericht
aus tschechischer Sicht	das tschechische Gericht (§ 44 S. 2 MPSaP)[207]	das tschechische Gericht (§ 44 S. 2 MPSaP)	das tschechische Gericht (§ 44 S. 1 MPSaP)	das tschechische Gericht (§ 44 S. 1 MPSaP)

205 Hinsichtlich des deutschen Rechts wird die Vorannahme getroffen, dass es sich um ein Verfahren der freiwilligen Gerichtsbarkeit handelt; zudem wird der „Gleichlauftheorie" gefolgt, da diese der ständigen Rechtsprechung entspricht

206 Zu beachten ist aber § 45 Abs. 1 lit. b) MPSaP, der eine Ausnahme zu dieser Regel konstituiert

207 Es wird davon ausgegangen, dass die Entscheidung des tschechischen Gerichts in der Bundesrepublik Deutschland anerkannt wird. Vgl. *Staudinger/Dörner*, Art. 25 EGBGB, 13. Bearbeitung, Rn. 797

Wie sich aus obiger Darstellung ergibt, führen die IPR-Normen des deutschen und des tschechischen Kollisionsrechts hinsichtlich der Frage, welches Gericht für die Nachlassabwicklung international zuständig ist, weitestgehend zu einem Gleichlauf der Rechtsordnungen. Lediglich die Konstellation, dass ein deutscher Erblasser eine Immobilie in der Tschechischen Republik hinterlässt, wird unterschiedlich behandelt. Während das deutsche Recht infolge der Gleichlauftheorie die deutschen Gerichte für zuständig erklärt, sind aus tschechischer Sicht gemäß § 45 Abs. 1 lit. c MPSaP die tschechischen Gerichte zur Nachlassabwicklung berufen. Um in einer solchen Situation praktische Schwierigkeiten zu vermeiden, ist es den Erben anzuraten, sich an die tschechische Gerichtsbarkeit zu wenden. Dies entspricht auch der gängigen Praxis, denn es sind keine Fälle bekannt, in denen sich ein deutsches Gericht mit einer solchen Konstellation hätte befassen müssen.

3. Teil: Die Abwicklungsberechtigten und ihre Befugnisse

I. Die deutsche Regelung

1. Die Gesamtrechtsnachfolger

a) Die Erben

Als Gesamtrechtsnachfolger im Erbfall kennt das deutsche Recht gesetzliche Erben (§§ 1924 ff. BGB) sowie gewillkürte Erben (§ 1937 BGB). Als gesetzliche Erben werden die Verwandten (§§ 1924 ff. BGB), der überlebende Ehegatte (§ 1931 BGB), der Lebenspartner des Erblassers im Falle einer eingetragenen Lebenspartnerschaft (§ 10 LPartG) sowie der Staat (§ 1936 BGB) berufen. Pflichtteilsberechtigte (§ 2303 BGB) und Vermächtnisnehmer (§ 1939 BGB i.V.m. §§ 2147 ff. BGB) sind dagegen keine Erben.

Zusätzlich ist zwischen vorläufigen und endgültigen Erben zu unterscheiden: Solange der Erbe ausschlagen kann, ist er vorläufiger Erbe.[1] Während dieser sog. Schwebezeit zwischen Erbfall und Annahme bzw. Ausschlagung der Erbschaft bildet die Erbschaft ein neben dem Eigenvermögen des Erben bestehendes Sondervermögen, das eine eigene Rechtsstellung einnimmt. Eine Vermögensverschmelzung von dem angefallenen Sondervermögen und dem Eigenvermögen des Erben findet noch nicht statt.[2] Erst die tatsächliche, oder bei Verstreichen der Ausschlagungsfrist unterstellte Annahme (§ 1943 BGB), vollendet den Erwerb.[3] Die Ausschlagungsfrist beginnt mit der Kenntnis des Erben von seiner Berufung und dauert normalerweise sechs Wochen (§ 1944 Abs. 1 und 2 BGB). Wenn der Erblasser seinen letzten Wohnsitz im Ausland hatte oder wenn sich der Erbe im Ausland aufhält, läuft sie sechs Monate (§ 1944 Abs. 3 BGB). Sind mehrere Erben vorhanden, so ist die Frist für jeden gesondert zu bestimmen.[4] Die Schwebezeit endet dann entweder mit der letzten Annahmeerklärung oder mit Ablauf der Ausschlagungsfrist für den Erben, der als letzter Kenntnis erlangt hat.[5] Mit dem Ende der Schwebezeit werden die vorläufigen zu endgültigen Erben.

---

1 Vgl. *Palandt/Edenhofer*, § 1942, Rn. 2 und § 1943, Rn. 1; *Lange/Kuchinke*, Erbrecht, § 8 I 4 m.w.N.

2 Vgl. *Sipp-Mercier*, Die Abwicklung deutsch-französischer Erbfälle, S. 25

3 Vgl. *Palandt/Edenhofer*, § 1942, Rn. 2; *Lange/Kuchinke*, Erbrecht, § 8 I 4

4 Vgl. *Palandt/Edenhofer*, § 1944, Rn. 2

5 Vgl. *Sipp-Mercier*, Die Abwicklung deutsch-französischer Erbfälle, S. 25

b) Die Abwicklungsbefugnisse des Alleinerben

aa) Die Befugnisse während der Schwebezeit

Während der Schwebezeit ist der vorläufige Alleinerbe berechtigt, aber nicht verpflichtet, nachlassbezogene Handlungen vorzunehmen (§ 1959 BGB).[6] Bei Abwicklungsmaßnahmen, die über das Notwendige hinausgehen, läuft der vorläufige Erbe jedoch Gefahr, dass seine Handlungen als konkludente Erbschaftsannahme ausgelegt werden (sog. *pro herede gestio*).[7] Notfalls ist die Nachlassfürsorge Aufgabe des Nachlassgerichts (§ 1960 BGB).
Verpflichtungsgeschäfte, die vom Erben während der Schwebezeit getätigt werden, sind gültig, wenn er die Erbschaft später annimmt. Schlägt er die Erbschaft aus, so bleibt er mit seinem Eigenvermögen verpflichtet.[8] Gegenüber den endgültigen Erben hat er dann die Stellung eines Geschäftsführers ohne Auftrag (§ 1959 Abs. 1 BGB). Auch Verfügungen des vorläufigen Erben sind wirksam, wenn er später die Erbschaft annimmt.[9] Schlägt er die Erbschaft dagegen aus, so sind nur die notwendigen Verfügungen uneingeschränkt wirksam (§ 1959 Abs. 2 BGB). Andere Verfügungen können aber vom endgültigen Erben als Berechtigtem nach § 185 Abs. 2 BGB genehmigt werden.
Einseitige empfangsbedürftige Rechtsgeschäfte (z.B. Kündigung, Mahnung, Anfechtung), die gegenüber dem Erben vorgenommen werden müssen und gegenüber dem vorläufigen Erben vorgenommen wurden, bleiben auch gegenüber dem endgültigen Erben wirksam (§ 1959 Abs. 3 BGB).

bb) Die Befugnisse nach der Schwebezeit

Durch die Annahme der Erbschaft verliert der Nachlass rückwirkend[10] seine Eigenschaft als Sondervermögen und es kommt zu einer Verschmelzung des Nachlassvermögens mit dem Eigenvermögen des Erben. Falls keine Testamentsvollstreckung, Vor- und Nacherbschaft, Nachlassverwaltung oder Nachlassinsolvenzverwaltung vorliegt, ist der Alleinerbe nun uneingeschränkt abwicklungsberechtigt.[11]

---

6 Vgl. MüKo/*Leipold*, § 1959, Rn. 1; *Lange/Kuchinke*, Erbrecht, § 8 V 1
7 Vgl. *Lange/Kuchinke*, Erbrecht, § 8 II 3; *Leipold, Erbrecht*, § 18 I 3;
8 Vgl. *Sipp-Mercier*, Die Abwicklung deutsch-französischer Erbfälle, S. 26
9 Vgl. *Sipp-Mercier*, Die Abwicklung deutsch-französischer Erbfälle, S. 26
10 Vgl. MüKo/*Leipold*, § 1943, Rn. 1
11 Vgl. *Sipp-Mercier*, Die Abwicklung deutsch-französischer Erbfälle, S. 26

c) Die Abwicklungsbefugnisse der Miterben

aa) Die Befugnisse während der Schwebezeit

Nach dem Tode des Erblassers geht die Erbschaft ungeteilt als Ganzes auf die Miterben über. Diese bilden kraft Gesetzes eine Erbengemeinschaft zur Gesamthand (§ 2032 Abs. 1 BGB).[12] Während der Schwebezeit bildet das gesamthänderisch gebundene Nachlassvermögen ein Sondervermögen, das selbständig neben dem Eigenvermögen der Miterben steht.[13] Das dient dem Schutz der Nachlassgläubiger und der einzelnen Miterben.[14] Dieses Sondervermögen unterliegt der gemeinsamen Verwaltung (§ 2038 BGB) und Verfügung (§ 2040 BGB) der Miterben. Diese haben zwar eine Gesamtberechtigung am Nachlass sowie einen Anspruch auf dessen Auseinandersetzung, bis dahin jedoch keine unmittelbare dingliche Berechtigung am Nachlassgegenstand.[15] Folglich kann zwar jeder Miterbe über seinen Erbteil (§ 2033 Abs. 1 S. 1 BGB), nicht aber über einzelne Nachlassgegenstände oder seinen Anteil daran verfügen (§§ 2033 Abs. 2, 2040 Abs. 1 BGB).[16] Verkauft ein Miterbe seinen Erbteil an einen Dritten, der nicht Miterbe ist, so haben die übrigen Miterben ein Vorkaufsrecht (§§ 2034 ff. BGB). Als Erbengemeinschaft haben die Miterben hinsichtlich des Nachlasses die gleichen Rechte und Pflichten wie der Alleinerbe. Die Rechtsstellung der Erbengemeinschaft während der Schwebezeit entspricht also der des Alleinerben.[17]

Schlagen einzelne Miterben die Erbschaft aus, so scheiden sie aus der Miterbengemeinschaft aus, die als solche weiter besteht, wie noch mindestens zwei Erben vorhanden sind. Nehmen dahingegen mehrere Erben nacheinander die Erbschaft an, so wird der Schwebezustand erst dann beendet, wenn der letzte Erbe sie annimmt oder die Ausschlagungsfrist abgelaufen ist.[18]

bb) Die Befugnisse nach der Schwebezeit

Als „geborene Liquidationsgemeinschaft“[19] ist die Erbengemeinschaft auf Auflösung gerichtet. Daher kann jeder Miterbe jederzeit die Auseinandersetzung

---

12 Vgl. *Palandt/Edenhofer*, Einl. v. § 2032, Rn. 1 und § 2032, Rn. 1; *Lange/Kuchinke*, Erbrecht, § 42 I 4

13 Vgl. MüKo/*Heldrich*, § 2032, Rn. 7; *Leipold*, Erbrecht, § 21 I 1

14 Vgl. *Brox/Walker*, Erbrecht, § 29 V

15 Vgl. *Palandt/Edenhofer*, § 2032, Rn. 1; *Leipold*, Erbrecht, § 21 II 1

16 Vgl. *Brox/Walker*, Erbrecht, § 29 V

17 Vgl. *Sipp-Mercier*, Die Abwicklung deutsch-französischer Erbfälle, S. 26; vgl. oben 3. Teil, I. 1. b, S. 97

18 Vgl. *Sipp-Mercier*, Die Abwicklung deutsch-französischer Erbfälle, S. 27

19 Vgl. *Brox/Walker*, Erbrecht, § 31 II 1

verlangen (§ 2042 Abs. 1 BGB), wenn diese nicht vom Erblasser oder durch Vereinbarung der Miterben ausgeschlossen ist (§§ 2043 ff. BGB). Regelmäßig erfolgt die Auseinandersetzung durch einen Auseinandersetzungsvertrag der Miterben.[20] Daneben kommen aber auch noch andere Verfahren zur Abwicklung der Miterbengemeinschaft in Betracht, wie z.B. eine Testamentsvollstreckung (§ 2204 BGB), ein Vermittlungsverfahren gemäß §§ 86 ff. FGG bzw. eine Auseinandersetzungsklage auf Zustimmung zum Auseinandersetzungsplan[21].

Die materiellen Auseinandersetzungsregeln können vom Erblasser durch Teilungsanordnungen oder von den Miterben durch Vertrag bestimmt werden.[22] Hilfsweise hält das Gesetz eine Regelung bereit: Danach sind zunächst alle Nachlassverbindlichkeiten zu berichtigen (§ 2046 Abs. 1 BGB); der verbleibende Rest ist schließlich unter den Miterben zu verteilen (§ 2047 BGB). Mit der Teilung werden die Nachlassgegenstände aus dem Sondervermögen in das Eigenvermögen der Miterben überführt.[23]

Hinsichtlich der Verwaltung des Nachlasses durch die Erbengemeinschaft ist zwischen Innen- und Außenverhältnis zu differenzieren. Im Innenverhältnis bedarf nur die außerordentliche Verwaltung der Mitwirkung aller Miterben (§ 2038 Abs. 1 S. 1 BGB).[24] Über die ordnungsgemäße Verwaltung entscheidet die Stimmenmehrheit (§§ 2038 Abs. 2, 745 Abs. 1 BGB), wobei der einzelne Miterbe zur Mitwirkung bei der ordnungsgemäßen Verwaltung verpflichtet ist (§ 2038 Abs. 1 S. 2 BGB). Dies ist insbesondere für Verfügungen über Nachlassgegenstände von Bedeutung, da diese nur gemeinschaftlich erfolgen können (§ 2040 Abs. 1 BGB). Notwendige Erhaltungsmaßregeln kann und muss jeder Miterbe alleine treffen (§ 2038 Abs. 1 S. 1 2. HS BGB). Im Außenverhältnis gilt für Verpflichtungsgeschäfte dasselbe wie im Innenverhältnis. Im gültigen Beschluss der Mehrheit liegt zugleich die Vollmacht zur Eingehung der Verpflichtung.[25] Dem einzelnen Miterben verleiht § 2038 Abs. 1 S. 2 2. HS BGB eine gesetzliche Vertretungsmacht für Notverpflichtungsgeschäfte.[26] Verfügungen dahingegen setzen die Mitwirkung aller Miterben voraus (§ 2040 Abs. 1 BGB), wobei auch hier die Ausnahme für Notverfügungen nach § 2038 Abs. 1 S. 2 2. Halbsatz gilt. [27]

---

20 Vgl. MüKo/*Heldrich*, § 2042, Rn. 31
21 Vgl. *Lange/Kuchinke*, § 44 III 6
22 Vgl. MüKo/*Heldrich*, § 2042, Rn. 20 und Rn. 23
23 Vgl. *Brox/Walker*, Erbrecht, § 31 V
24 Vgl. MüKo/*Heldrich*, § 2038, Rn. 23
25 Vgl. BGHZ 56, S. 47; *Brox/Walker*, Erbrecht, § 30 IV 2 b; a.A.: *Jülicher*, AcP 175, S. 147 ff.
26 Vgl. *Soergel/Wolf*, § 2038, Rn. 12; MüKo/*Heldrich*, § 2038, Rn. 61
27 Vgl. *Erman/Schlüter*, § 2040, Rn. 6; *Palandt/Edenhofer*, § 2038, Rn. 11

Nachlassansprüche kann jeder Miterbe im eigenen Namen geltend machen, und zwar auch gegen den Willen der übrigen (§ 2039 BGB). Jedoch kann der Miterbe nur Leistung oder Hinterlegung an alle Miterben bzw. Ablieferung an einen gerichtlich bestellten Verwahrer verlangen.[28] Die gesetzliche Ermächtigung gemäß § 2039 BGB beschränkt sich dabei nicht auf die Einziehung, sondern umfasst alle Rechte, die mit der Geltendmachung des Anspruchs zusammenhängen.[29] Folglich kann der Miterbe nicht nur schuldrechtliche Ansprüche, sondern auch dingliche Herausgabeansprüche sowie Unterlassungs-, Abwehr-, Berichtigungs-, und Auseinandersetzungsansprüche geltend machen.[30] Ebenfalls gehört die Aufnahme eines Prozesses und die Fortführung eines durch den Tod des Erblassers unterbrochenen Prozesses zu den Befugnissen jedes Miterben, wenn er damit einen jetzt zum Nachlass gehörenden Anspruch verfolgt.[31]

2. Der Testamentsvollstrecker

Durch Verfügung von Todes wegen kann der Erblasser eine Testamentsvollstreckung (§§ 2197 ff. BGB) anordnen. Dies geschieht regelmäßig durch Testament.[32] Die Anordnung kann aber auch in einem gemeinschaftlichen Testament oder Erbvertrag enthalten sein.[33] Ernannt wird der Testamentsvollstrecker entweder durch den Erblasser (§ 2197 Abs. 1 BGB), einen Dritten (§ 2198 Abs. 1 BGB), den Testamentsvollstrecker (§ 2199 Abs. 1 BGB)[34] oder den Nachlassrichter (§ 2200 BGB).[35] Dabei beginnt die Testamentsvollstreckung bereits mit dem Erbfall, es sei denn, dass der Erblasser einen späteren Zeitpunkt angeordnet hat.[36] Das Amt des Testamentsvollstreckers dahingegen beginnt erst mit dem Zeitpunkt, in welchem der Ernannte die Annahmeerklärung gegenüber dem Nachlassgericht abgegeben hat (§ 2202 BGB).[37] Die Testamentsvollstreckung endet mit Fristablauf (§ 2210 BGB), mit Eintritt der vom Erblasser bestimmten

28 Vgl. *Brox/Walker*, Erbrecht, § 30 IV 4

29 Vgl. MüKo/*Heldrich*, § 2039, Rn. 3 ff.

30 Vgl. *Sipp-Mercier*, Die Abwicklung deutsch-französischer Erbfälle, S. 28

31 Vgl. BGHZ 14, S. 251; *Brox/Walker*, Erbrecht, § 30 IV 4 a

32 Vgl. *Brox/Walker*, Erbrecht, § 26 II 1; *Bengel/Reimann/Reimann*, Handbuch der Testamentsvollstreckung, S. 50 und S. 72 ff.

33 Vgl. *Bengel/Reimann/Reimann*, Handbuch der Testamentsvollstreckung, S. 50; *Staudinger/Reimann*, § 2197 BGB, Rn. 10

34 Der Erblasser kann den Testamentsvollstrecker ermächtigen, einen oder mehrere Mitvollstrecker bzw. einen Nachfolger zu ernennen (§ 2199 Abs. 1 und Abs. 2 BGB)

35 Vgl. *Bengel/Reimann/Reimann*, Handbuch der Testamentsvollstreckung, S. 48 und S. 72 ff.

36 Vgl. *Brox/Walker*, Erbrecht, § 26 III 1

37 Vgl. *Bengel/Reimann/Reimann*, Handbuch der Testamentsvollstreckung, S. 87; *Staudinger/Reimann*, § 2202, Rn. 1

Bedingung oder mit Erledigung der Aufgabe.[38] Das Amt des Testamentsvollstreckers endet durch Tod (§ 2225 BGB), Verlust der Geschäftsfähigkeit bzw. Bestellung eines Betreuers zur Besorgung der Vermögensangelegenheiten (§§ 2225, 2201 BGB), Kündigung (§ 2226 BGB) oder Entlassung des Testamentsvollstreckers (§ 2227 BGB).[39]

a) Aufgabe des Testamentsvollstreckers

Die Aufgabe des Testamentsvollstreckers besteht darin, die letztwilligen Verfügungen des Erblassers auszuführen (§ 2203 BGB). Der Testamentsvollstrecker ist „Herr des Nachlasses" und regelmäßig befugt, diesen zu verwalten, über Nachlassgegenstände zu verfügen und den Nachlass betreffende Prozesse zu führen.[40] Welche Rechte und Aufgaben der Testamentsvollstrecker genau hat, richtet sich nach dem Erblasserwillen. Erforderlich ist lediglich, dass der gesetzlich vorgegebene Rahmen eingehalten wird.[41] In der Praxis am häufigsten kommen die Abwicklungsvollstreckung (§ 2203 BGB) bzw. die Verwaltungsvollstreckung im engeren Sinne (§ 2209 Abs. 1 S. 1 BGB) vor.[42] Der Testamentsvollstrecker hat bei der Abwicklungsvollstreckung die Anordnungen des Erblassers auszuführen, Nachlassverbindlichkeiten zu berichtigen und die Erbauseinandersetzung zu bewirken.[43] Deshalb räumt das Gesetz ihm das Recht zur Verwaltung des Nachlasses ein (§ 2205 BGB). Auch bei der Verwaltungsvollstreckung gemäß § 2209 BGB stehen dem Vollstrecker die in § 2205 BGB genannten Befugnisse zu;[44] sein Verwaltungsrecht schließt folglich eine gesetzliche Verpflichtungs-, Verfügungs-, und Prozessermächtigung mit ein (§§ 2205 ff., 2211 ff. BGB). Der Testamentsvollstrecker ist daher zur Verfügung über Nachlassgegenstände berechtigt (§ 2205 S. 2 BGB).[45] In bestimmten Fällen kann der Testamentsvollstrecker sogar Verbindlichkeiten mit Wirkung für den Nachlass eingehen.[46] Dabei handelt es sich um Nachlassverbindlichkeiten, für

---

38 Vgl. *Bengel/Reimann/Reimann*, Handbuch der Testamentsvollstreckung, S. 378; *Staudinger/Reimann*, § 2225, Rn. 7

39 Vgl. *Bengel/Reimann/Reimann*, Handbuch der Testamentsvollstreckung, S. 80 und S. 367 ff.; *Staudinger/Reimann*, § 2225, Rn. 1 ff.

40 Vgl. *Bengel/Reimann/Bengel*, Handbuch der Testamentsvollstreckung, S. 14 ff.; *Staudinger/Reimann*, § 2203, Rn. 1 f.

41 Vgl. Mot. V, S. 241; Prot. V, S. 308

42 Vgl. *Brox/Walker*, Erbrecht, § 26 IV 2 a

43 Vgl. *Bengel/Reimann/Bengel*, Handbuch der Testamentsvollstreckung, S. 15 ff.; *Staudinger/Reimann*, § 2203, Rn. 3; *Brox/Walker*, Erbrecht, § 26 V 1

44 Vgl. *Bengel/Reimann/Bengel*, Handbuch der Testamentsvollstreckung, S. 28; *Staudinger/Reimann*, § 2209, Rn. 15

45 Vgl. *Bengel/Reimann/Schaub*, Handbuch der Testamentsvollstreckung, S. 157 ff.; *Staudinger/Reimann*, § 2205, Rn. 24 und 32 ff.

46 Vgl. *Bengel/Reimann/Bengel*, Handbuch der Testamentsvollstreckung, S. 18 und S. 149 ff.; *Staudinger/Reimann*, § 2206, Rn. 1 ff.

die der Erbe immer mit dem Nachlass haftet.[47] Der Erbe haftet für diese genauso wie für andere Nachlassverbindlichkeiten, also zunächst auch mit seinem persönlichen Vermögen, jedoch mit der Möglichkeit, eine Beschränkung seiner Haftung herbeizuführen.[48]

b) Verhältnis zu den Erben

Soweit die Verwaltung des Testamentsvollstreckers reicht, ist dem Erben die Verfügungsmacht entzogen (§ 2211 Abs. 1 BGB).[49] Andernfalls wäre es dem Erben möglich, die Macht des Testamentsvollstreckers willkürlich zu vereiteln.[50] Verfügt der Erbe dennoch, so ist diese Verfügung gegenüber jedermann unwirksam.[51] Verpflichtungsgeschäfte hingegen können vom Erben auch über solche Nachlassgegenstände eingegangen werden, die der Verwaltung der Testamentsvollstreckung unterliegen.[52] Jedoch kann der Testamentsvollstrecker aus einem solchen Verpflichtungsgeschäft nicht in Anspruch genommen werden;[53] wäre dies möglich, dann hätte es der Erbe in der Hand, durch solche Geschäfte die Macht des Testamentsvollstreckers zu beeinträchtigen.[54]

Zwischen dem Testamentsvollstrecker und den Erben besteht ein gesetzliches Schuldverhältnis, das sich weitgehend nach Auftragsregeln richtet (§ 2218 BGB). Neben den in § 2218 BGB angesprochenen Pflichten ist der Testamentsvollstrecker zudem durch das Gesetz angehalten, unverzüglich nach Annahme des Amtes den Erben ein Nachlassverzeichnis mitzuteilen (§ 2215 BGB).[55] Darüber hinaus ist der Testamentsvollstrecker zur ordnungsgemäßen Verwaltung verpflichtet (§ 2216 BGB). Auch macht er sich gegenüber den Erben schadensersatzpflichtig, wenn er die ihm obliegenden Verpflichtungen schuldhaft verletzt (§ 2219 Abs. 1 BGB).[56] Im Gegenzug hat der Testamentsvollstrecker gegen die Erben einen Anspruch auf Aufwendungsersatz[57] (§§ 2218, 670 BGB) sowie auf

---

47 Vgl. *Bengel/Reimann/Bengel,* Handbuch der Testamentsvollstreckung, S. 20; *Staudinger/Reimann*, § 2206, Rn. 17

48 Vgl. *Staudinger/Reimann*, § 2206, Rn. 17; MüKo/*Brandner*, § 2206, Rn. 14; *Palandt/Edenhofer*, § 2206, Rn. 4

49 Vgl. *Bengel/Reimann/Bengel*, Handbuch der Testamentsvollstreckung, S. 40; *Staudinger/Reimann*, § 2111, Rn. 1

50 Vgl. Mot. V, S. 233

51 Vgl. RGZ 87, S. 432 f.

52 Vgl. Mot. V, S. 233; *Staudinger/Reimann*, § 2111, Rn. 17

53 Vgl. *Brox/Walker*, Erbrecht, VI 2

54 Vgl. *Brox/Walker*, Erbrecht, VI 2

55 Vgl. *Bengel/Reimann/Klumpp*, Handbuch der Testamentsvollstreckung, S. 104 ff.; *Staudinger/Reimann*, § 2115, Rn. 2

56 Vgl. *Staudinger/Reimann*, § 2119, Rn. 1; *Bengel/Reimann/Riederer v. Paar*, Handbuch der Testamentsvollstreckung, S. 687

57 Vgl. *Staudinger/Reimann*, § 2118, Rn. 28 ff.

eine angemessene Vergütung für die Führung des Amtes, sofern der Erblasser nicht ein anderes bestimmt hat (§ 2221 BGB).[58] Mehrere Testamentsvollstrecker führen im Regelfall das Amt nach innen und außen gemeinschaftlich (sog. Gesamtvollstrecker, § 2224 Abs. 1 BGB).[59] Dringliche Erhaltungsmaßnahmen darf jedoch jeder Testamentsvollstrecker alleine treffen (§ 2224 Abs. 2 BGB).[60]

3. Die übrigen Nachlassabwickler

Neben den Erben und den Testamentsvollstreckern gibt es im deutschen Recht noch andere abwicklungsberechtigte Personen, nämlich den Nachlasspfleger, den Nachlassverwalter und den Insolvenzverwalter.

a) Der Nachlasspfleger (§ 1960 BGB)

Wenn der Erbe unbekannt ist, er die Erbschaft noch nicht angenommen hat oder Ungewissheit über die Annahme herrscht, kann das Nachlassgericht einen Nachlasspfleger bestellen, soweit ein Fürsorgebedürfnis besteht (§ 1960 Abs. 1 BGB). Die Anordnung einer Nachlasspflegschaft dient somit der Sicherung des Nachlasses.[61] Dabei steht die Auswahl des Nachlasspflegers dem Gericht frei;[62] sie erfolgt durch den Rechtspfleger nach pflichtgemäßem Ermessen (§ 1915 i.V.m. § 1779 Abs. 2 S. 1 BGB).[63] Das Amt beginnt mit der Ernennung.[64] Nach Maßgabe der ihm übertragenen Aufgaben erhält der Pfleger auch eine Bestallungsurkunde (§ 1791 BGB).[65]

aa) Stellung des Nachlasspflegers

Im Rechtsverkehr tritt der Pfleger nicht als Amtsträger, sondern als gesetzlicher Vertreter des endgültigen Erben auf.[66] Dennoch umfasst seine Vertretungsmacht aber nur die vermögensrechtlichen Verhältnisse, nicht jedoch die erbrechtliche Stellung. Der Nachlasspfleger kann daher zwar Ansprüche, die zum Nachlass

---

58 Vgl. *Bengel/Reimann/Eckelskemper*, Handbuch der Testamentsvollstreckung, S. 583; *Staudinger/Reimann*, § 2221, Rn. 1

59 Vgl. *Bengel/Reimann/Reimann*, Handbuch der Testamentsvollstreckung, S. 84 ff.; *Staudinger/Reimann*, § 2224, Rn. 11

60 Vgl. *Bengel/Reimann/Reimann*, Handbuch der Testamentsvollstreckung, S. 87; *Staudinger/Reimann*, § 2224, Rn. 41 ff.

61 Vgl. *Sipp-Mercier*, Die Abwicklung deutsch-französischer Erbfälle, S. 44

62 Vgl. BayObLG, RPfl 1993, S. 22; *Lange/Kuchinke*, Erbrecht, § 38 IV 4 a

63 Vgl. *Palandt/Edenhofer*, § 1960, Rn. 10

64 Vgl. *Lange/Kuchinke*, Erbrecht, § 38 IV 4 a

65 Vgl. *Palandt/Edenhofer*, § 1960, Rn. 10

66 Vgl. MüKo/*Leipold*, § 1960, Rn. 31; *Firsching/Graf*, Nachlassrecht, Rn. 4.632

gehören, gerichtlich geltend machen,[67] nicht hingegen die Annahme oder Ausschlagung der Erbschaft für den Erben erklären bzw. den Erbteil des unbekannten Erben veräußern.[68] Unberührt von der Anordnung der Nachlasspflegschaft bleibt die Verpflichtungs- und Verfügungsfähigkeit des endgültigen Erben.[69] Die Nachlasspflegschaft ist ihrer Rechtsnatur nach eine Personalpflegschaft,[70] auf die nach § 1915 Abs. 1 BGB und § 75 S. 1 FGG die Vorschriften über die Vormundschaft entsprechend anzuwenden sind. An die Stelle des Vormundschaftsgerichts tritt aber das Nachlassgericht (§ 1962 BGB), das den Nachlasspfleger beaufsichtigt (§ 1915 Abs. 1 i.V.m. § 1837 BGB), die Geschäfte genehmigt, die er alleine nicht vornehmen kann (§ 1915 Abs. 1 i.V.m. § 1821 f. BGB) und seine Vergütung festsetzt (§ 1915 Abs. 1 i.V.m. § 1836 BGB). Diese richtet sich nach der Höhe des Nachlasses und dem Umfang der Tätigkeit.[71] Vom Vergütungsanspruch ist der Aufwendungsersatzanspruch zu unterscheiden. Ersatz seiner Aufwendungen kann der Nachlasspfleger stets vom Erben verlangen (§ 1915, § 1835 BGB).

bb) Aufgaben des Nachlasspflegers

Zu den Aufgaben des Nachlasspflegers gehören die Ermittlung des unbekannten Erben sowie die Sicherung, Erhaltung und Verwahrung des Nachlasses,[72] wozu auch dessen Inbesitznahme zählt.[73] Die Befriedigung der Nachlassgläubiger oder die Ausführung des letzten Willens des Erblassers werden dagegen nicht vom Tätigkeitsbereich des Nachlasspflegers umfasst.[74] Allerdings können die Nachlassgläubiger schon vor Annahme der Erbschaft als Vertreter der Erben gegen ihn vorgehen (vgl. § 1960 Abs. 3 i.V.m. § 1958 BGB)[75]. Denkbar ist es zudem, den Aufgabenbereich des Nachlasspflegers auf die Besorgung einzelner Angelegenheiten oder die Verwaltung einzelner Nachlassgegenstände zu begrenzen, falls damit dem Bedürfnis zur Sicherung des Nachlasses Genüge getan wird.[76] Des Weiteren hat der Nachlasspfleger dem Nachlassgericht Rechnung zu legen (§ 1915 Abs. 1 i.V.m. §§ 1840 ff., § 1962 BGB) und er haftet den Erben für Pflichtverletzungen (§ 1915 Abs. 1 i.V.m. § 1833 BGB). Entfällt der Grund für die Anordnung der Nachlasspflegschaft, so hat das Nachlassgericht diese aufzu-

67 Vgl. MüKo/*Leipold*, § 1960, Rn. 56; *Brox/Walker*, Erbrecht, § 36 III 2
68 Vgl. *Lange/Kuchinke*, Erbrecht, § 38 IV 4 f
69 Vgl. *Palandt/Edenhofer*, § 1960, Rn. 11; MüKo/*Leipold*, § 1960, Rn. 42
70 Vgl. MüKo/*Leipold*, § 1960, Rn. 29; *Lange/Kuchinke*, Erbrecht, § 38 IV 4 b
71 Vgl. *Tidow*, Aufwendungen und Vergütungen des Nachlasspflegers; *Lange/Kuchinke*, Erbrecht, § 38 IV 4 i
72 Vgl. *Firsching/Graf*, Nachlassrecht, Rn. 4.643 ff.; *Palandt/Edenhofer*, § 1960, Rn. 13
73 Vgl. *Brox/Walker*, Erbrecht, § 36 III 2; *Lange/Kuchinke*, Erbrecht, § 38 IV 4 c
74 Vgl. MüKo/*Leipold*, § 1960, Rn. 28; *Lange/Kuchinke*, Erbrecht, § 38 IV 4 d
75 Vgl. *Brox/Walker*, Erbrecht, § 36 III 2
76 Vgl. KG NJW 1965, S. 1719; *Lange/Kuchinke*, Erbrecht, § 38 IV 4 c

heben (§ 1962, § 1919 BGB). Das Amt endet folglich nicht automatisch mit der Erfüllung der Aufgaben.[77] Bei pflichtwidrigem Verhalten oder Insolvenz kann der Nachlasspfleger zudem entlassen werden (§ 1915, § 1886, § 1781 BGB).[78]

b) Der Nachlassverwalter (§ 1975 BGB)

Die Nachlassverwaltung ist eine Nachlasspflegschaft zum Zwecke der Befriedigung der Nachlassgläubiger.[79] Sie ist für Fälle gedacht, in denen der Nachlass zwar nicht überschuldet erscheint, der Erbe aber die Gefahr einer Inanspruchnahme seines eigenen Vermögens vermeiden will,[80] denn durch die Nachlassverwaltung wird eine Trennung des Nachlassvermögens vom Eigenvermögen herbeigeführt.[81] Folglich haftet für Nachlassverbindlichkeiten der Nachlass, für Eigenverbindlichkeiten des Erben dessen Eigenvermögen.[82] Die Nachlassverwaltung wird auf Antrag des Erben (§ 1981 Abs. 1 BGB) oder eines Nachlassgläubigers (§ 1981 Abs. 2 BGB) vom Nachlassgericht angeordnet. Die Nachlassverwaltung endet mit der Eröffnung des Nachlassinsolvenzverfahrens (§ 1988 Abs. 1 BGB) oder mit der Aufhebung durch das Nachlassgericht (§ 1988 Abs. 2 BGB). Auch nach Beendigung der Nachlassverwaltung haftet der Erbe weiterhin nur beschränkt mit dem Überrest des Nachlasses.[83]

Der Nachlassverwalter hat die Pflicht, den Nachlass zu verwalten und aus ihm die Nachlassverbindlichkeiten zu berichtigen. Stellt der Nachlassverwalter die Überschuldung des Nachlasses fest, so hat er die Eröffnung des Nachlassinsolvenzverfahrens zu beantragen (§ 1985 Abs. 2 S. 2, § 1980 Abs. 1 S. 1 BGB). Der Erbe verliert mit der Anordnung der Nachlassverwaltung die Verwaltungs- und Verfügungsbefugnis (§ 1984 BGB) sowie das Prozessführungsrecht hinsichtlich des Nachlasses.[84] Diese Befugnisse gehen auf den vom Gericht ernannten Nachlassverwalter über (§ 1985 BGB), der den Erben, sobald die Nachlassverbindlichkeiten berichtigt sind, den übrigen Nachlass auszuhändigen hat (§ 1986 BGB).
Gemäß § 1987 BGB steht dem Nachlassverwalter ein Anspruch auf eine angemessene Vergütung zu, die sich nach Bedeutung, Umfang und Schwierigkeit des Geschäfts bemisst,[85] sowie ein Anspruch auf Ersatz seiner Aufwendungen.[86]

---

77 Vgl. *Lange/Kuchinke*, Erbrecht, § 38 IV 4 l; *Palandt/Edenhofer*, § 1960, Rn. 20

78 Vgl. *Firsching/Graf*, Nachlassrecht, Rn. 4.661; *Palandt/Edenhofer*, § 1960, Rn. 20

79 Vgl. MüKo/*Leipold*, § 1975, Rn. 2; *Brox*, Erbrecht, § 39 IV

80 Vgl. *Leipold*, Erbrecht, § 20 III 1 a; *Sipp-Mercier*, Die Abwicklung deutsch-französischer Erbfälle, S. 45

81 Vgl. *Leipold*, Erbrecht, § 20 III 1 b; *Firsching/Graf*, Nachlassrecht, Rn. 4.785

82 Vgl. *Brox*, Erbrecht, § 39 IV

83 Vgl. BGH, LM, § 1975, Nr. 1; *Palandt/Edenhofer*, § 1975, Rn. 1; *Leipold*, Erbrecht, § 20 1 b

84 Vgl. *Firsching/Graf*, Nachlassrecht, Rn. 4.786; MüKo/*Siegmann*, § 1984, Rn. 2 und 6

85 Vgl. *Firsching/Graf*, Nachlassrecht, Rn. 4.845; MüKo/*Siegmann*, § 1987, Rn. 2

c) Der Insolvenzverwalter

Das Nachlassinsolvenzverfahren, das ebenso wie die Nachlassverwaltung eine Trennung des Nachlassvermögens vom Eigenvermögen des Erben herbeiführt[87], setzt die Überschuldung des Nachlasses bzw. eine Zahlungsunfähigkeit (§ 320 InsO) sowie den Antrag eines Antragsberechtigten (§ 317 InsO) voraus. Bei einer Erbenmehrheit kann dieser Antrag von jedem Miterben gestellt werden (§ 317 InsO). Dies unterscheidet das Nachlassinsolvenzverfahren von der Nachlassverwaltung, bei der dieser Antrag nur gemeinschaftlich gestellt werden kann (§ 2062 BGB).[88]

Ziel des Nachlassinsolvenzverfahrens ist es eine gleichmäßige anteilige Befriedigung der Nachlassgläubiger herbeizuführen.[89] Ein Insolvenzverfahren findet aber nur über den ganzen Nachlass, nicht hingegen über einen Erbteil statt (§ 316 Abs. 3 InsO). Im Übrigen setzt sich das Nachlassinsolvenzverfahren gegenüber einer bestehenden Nachlassverwaltung durch.[90] Gemäß § 1988 Abs. 1 BGB beendet es diese ohne weiteres. Bei der Befriedigung der Nachlassgläubiger ist deren Rangordnung zu beachten.[91] Hierbei ist zwischen gewöhnlichen und minderberechtigten Insolvenzgläubigern zu unterscheiden.[92] Sachlich und örtlich zuständig ist nicht das Nachlassgericht, sondern das Amtsgericht als Insolvenzgericht (§ 315 InsO). Die Auswahl des Insolvenzverwalters erfolgt nach § 56 InsO. Auszuwählen ist eine geeignete, geschäftskundige und unabhängige natürliche Person (§ 56 Abs. 1 InsO). Diese übt das Verwaltungs- und Verfügungsrecht über den Nachlass aus (§ 80 Abs. 1 InsO). Der Insolvenzverwalter hat zudem den Nachlass in Besitz zu nehmen, zu verwerten (§ 148 Abs. 1, § 159 InsO) sowie den Erlös zu verteilen (§ 187 InsO). Ihm steht überdies das Prozessführungsrecht zu.[93] Auch das Anfechtungsrecht im Insolvenzverfahren wird vom Insolvenzverwalter wahrgenommen (§ 129 InsO). Zwischen dem Verwalter und den Beteiligten besteht ein gesetzliches Schuldverhältnis.[94] Der Verwalter haftet für schuldhafte Pflichtverletzungen (§ 60 InsO). Nach Beendigung des Verfahrens durch Verteilung der Masse oder durch Insolvenzplan (§ 197, § 200, § 258 InsO) haftet der noch nicht unbeschränkt haftende Erbe den noch nicht befriedigten Nachlassgläubigern wie den im Aufgebotsverfahren ausgeschlossenen Gläubigern (§ 1989, § 1973 BGB).[95]

---

86 Vgl. *Palandt/Edenhofer*, § 1987 BGB, Rn. 3; MüKo/*Siegmann*, § 1987, Rn. 3
87 Vgl. *Firsching/Graf*, Nachlassrecht, Rn. 4.853; MüKo/*Siegmann*, § 1975, Rn. 4
88 Vgl. MüKo/*Siegmann*, § 1975, Rn. 4
89 Vgl. *Leipold*, Erbrecht, § 20 III 2 a; *Firsching/Graf*, Nachlassrecht, Rn. 4.853
90 Vgl. MüKo/*Siegmann*, § 1975, Rn. 4
91 Vgl. *Leipold*, Erbrecht, § 20 III 2 b; *Brox/Walker*, Erbrecht, § 38 III 2 c
92 Vgl. *Brox/Walker*, Erbrecht, § 39 III 2 c
93 Vgl. *Brox/Walker*, Erbrecht, § 39 III 2 d
94 Vgl. *Brox/Walker*, Erbrecht, § 39 III 2 d
95 Vgl. *Lange/Kuchinke*, Erbrecht, § 49 VI 3

II. Die tschechische Regelung

1. Der Notar (*notář*)

a) Allgemeines

Obwohl es sich seit dem 01.01.1993 beim Nachlassverfahren um ein gerichtliches Verfahren handelt, wird in der Tschechischen Republik fast die gesamte Nachlassabwicklung von den Notaren als Gerichtskommissären durchgeführt (§ 38 OSŘ i.V.m. § 75 JednŘ[96]).[97] Die Tätigkeit des Gerichts beschränkt sich in der Regel auf den Erlass der erforderlichen Beschlüsse.[98] Der Notar ist hier sowohl für die praktische Abwicklung der Abhandlung zuständig, also insbesondere die Erbensuche und die Ermittlung und Sicherung des Nachlasses (§ 175d OSŘ i.V.m. § 74 JednŘ)[99], als auch für die Todesfallaufnahme (d.h. die Erklärungen der dem Erblasser nahe stehenden Personen) und für die Kundgabe der Verfügungen von Todes wegen (§ 175i OSŘ).[100]

Der Notar wird vom Gericht zum Erbschaftsverfahren befugt.[101] Dies ist der einzige Fall, in dem man seinen Notar nicht selber wählen kann. Dabei werden alle Notare mit Kanzleisitz im Bezirk des zuständigen Amtsgerichts[102] nach einem jährlich zu erstellenden Geschäftsverteilungsplan des Amtsgerichtspräsidenten gleichmäßig mit Rechtshandlungen des Nachlassverfahrens befasst (§ 175za OSŘ i.V.m. §§ 99 ff. JednŘ).[103] Das Nachlassverfahren wird in der Regel vom Gericht nicht auf Antrag eröffnet, sondern wegen der Sterbeurkunde, die das Gericht von dem den Todesfall aufnehmenden Standesamt erhält (§ 175a OSŘ). Während des Nachlassverfahrens kontaktiert der Notar die Erben, meis-

96 Vyhláska ministerstva spravedlnosti České republiky o jednacím řádu pro okresni a krajske soudy, Nr. 37/1992 Sb. („Geschäftsordnung für Land- und Amtsgerichte")

97 Vgl. *Staudinger/Hertel*, Vorbemerkungen zu § 127 a und § 128 Beurkundungsgesetz, Rn. 772; *Bureš/Drápal/ Krčmář/Drápal*: Občanský soudní řád, S. 806 ff. und S. 882. Das geplante Reformgesetz (Nr. 7/2009 Sb.) der tschechischen Zivilprozessordnung wird den Notaren zudem noch weitere Kompetenzen im Nachlassverfahren verschaffen.

98 Vgl. *Süß/Haas/Rombach*, Erbrecht in Tschechien, Rn. 102; *Bureš/Drápal/Krčmář/ Drápal*: Občanský soudní řád, S. 881

99 Vgl. *Bureš/Drápal/Krčmář/Drápal*: Občanský soudní řád, S. 803 f.

100 Vgl. *Staudinger/Hertel*, Vorbemerkungen zu § 127a und § 128 Beurkundungsgesetz, Rn. 772

101 Vgl. http://www.nkcr.cz/LANG/DE/index.php?page=dedictvi

102 Zuständig ist das Amtsgericht, in dessen Bezirk der Erblasser seinen letzten Wohnsitz, in Ermangelung eines solchen, seinen letzten Aufenthaltsort hatte. Ist beides nicht feststellbar, ist das Gericht zuständig, in dessen Bezirk sich der Nachlass befindet (§ 88 OSŘ)

103 Vgl. *Bureš/Drápal/Krčmář/Drápal*: Občanský soudní řád, S. 882

tens zuerst diejenige Person, die sich um die Beerdigung gekümmert hat. Diese Person belehrt der Notar über die nächsten notwendigen Schritte.[104]

b) Das Nachlassverfahren (*řízení o dědictví*)

aa) Allgemeines

Gesetzlich geregelt ist das Nachlassverfahren in den §§ 481 ff. ObčZ, § 175a ff. OSŘ sowie in den §§ 74 ff. JednŘ. Demzufolge sind am Verfahren alle Personen zu beteiligen, von denen begründet angenommen werden kann, dass sie die Erben des Erblassers sind bzw. falls solche nicht vorhanden sind, der Staat (§ 175b S. 1 OSŘ).[105] Zudem sind die Gläubiger des Erblassers ins Nachlassverfahren miteinzubeziehen, wenn ihnen der Nachlass zur Befriedigung ihrer Forderungen überlassen wurde bzw. ein Nachlasskonkurs durchgeführt wird oder ihre Forderung auseinandergesetzt werden soll (§ 175b S. 2 OSŘ). Gemäß § 175h OSŘ[106] kann auch diejenige Person Verfahrensbeteiligter sein, welche die Bestattung des Erblassers besorgt hat. Schließlich ist auch der überlebende Ehegatte sogar dann, wenn er als Erbe nicht in Betracht kommt, am Verfahren zu beteiligen, falls Vermögen vorhanden ist, das aus dem gesetzlichen Güterstand der Eheleute stammt (§ 175l OSŘ).[107] Besteht Streit über die Erbberechtigung einer Person, so ist sie bis zur gerichtlichen Klärung zu beteiligen.[108]

bb) Vorverfahren (*předběžné šetření*)

(1) Verfahrensablauf

Sobald das Nachlassgericht vom Tod einer Person erfährt, wird das sog. Vorverfahren eröffnet (§ 175a OSŘ).[109] Gemäß § 74 Abs. 1 JednŘ sind unverzüglich Ermittlungen im Zentralen Testamentsregister durchzuführen und es ist festzustellen, ob dort ein Testament, eine Enterbungsurkunde oder ein Widerruf dieser Handlungen verzeichnet ist. Dasselbe gilt für Ermittlungen im Zentralen Register hinsichtlich Urkunden einer Nachlassverwaltung. Mit den Handlungen gemäß § 74 JednŘ hat das Gericht einen Notar zu beauftragen, der diese als Gerichtskommissär durchführt, § 75 Abs. 1 JednŘ. Anschließend hat der Notar alle relevanten Daten zu besorgen, die für die Bestimmung der Erben sowie für die Erfassung des Vermögens bzw. der Verbindlichkeiten des Erblassers erforder-

---

104 Vgl. http://www.nkcr.cz/LANG/DE/index.php?page=dedictvi
105 Vgl. *Bureš/Drápal/Krčmář/Drápal*: Občanský soudní řád, S. 793
106 Einstellung des Verfahrens mangels Nachlassvermögens
107 Vgl. *Bureš/Drápal/Krčmář/Drápal*: Občanský soudní řád, S. 835
108 Vgl. *Süß/Haas/Rombach*, Erbrecht in Tschechien, Rn. 104
109 Vgl. *Bureš/Drápal/Krčmář/Drápal*: Občanský soudní řád, S. 789

lich sind (§ 175d Abs. 1 OSŘ).[110] Üblicherweise geschieht dies durch eine Ladung von Personen, die als Beteiligte in Betracht kommen, insbesondere also Kinder oder der überlebende Ehegatte. Sind solche nicht vorhanden oder bekannt, wird der Ausrichter der Beerdigung geladen.[111] Die geladenen Personen werden aufgefordert alle vorhandenen relevanten Urkunden sowie Unterlagen über den Nachlass und die Verbindlichkeiten mitzubringen sowie genaue Angaben über dem Erblasser nahe stehende Personen, und somit mögliche Erben, zu machen.[112]

Zudem ist es Aufgabe des Notars zu prüfen, ob für die Erben, deren gesetzlicher Vertreter der Erblasser war, ein Verfahrenspfleger bestellt werden muss. Hat der Verstorbene ein Testament oder eine notarielle Urkunde hinterlassen, durch die eine Nachlassverwaltung angeordnet wurde, so hat der Notar deren Zustand und Inhalt festzuhalten (§ 175d Abs. 2 OSŘ). Entsprechendes gilt für eine Enterbungsurkunde.[113] Über die Ergebnisse der Kontrolle hat der Notar ein Protokoll anzufertigen (§ 75 Abs. 1 S. 2 JednŘ). Nach der Überprüfung des Zustands und des Inhalts des Testaments ist das Original, falls es nicht in Form einer notariellen Niederschrift verfasst wurde, in die beim Gericht geführte Sammlung der eröffneten Testamente aufzunehmen (§ 175d Abs. 3 OSŘ). Stellt man während des Vorverfahrens fest, dass der Erblasser einen Nachlassverwalter bestellt hat, dann muss diese Person über den Tod des Erblassers informiert und gefragt werden, ob sie das Amt annehme. Hat die zum Nachlassverwalter berufene Person bereits die Annahme des Amtes erklärt, entfällt diese Verpflichtung (§ 175d Abs. 4 OSŘ).[114] Zeigt sich im Laufe des Vorverfahrens, dass der Erblasser Inhaber von Bankkonten war, sind die Banken über den Todestag des Erblassers zu verständigen (§ 175d Abs. 5 OSŘ).[115]

(2) Unaufschiebbare Maßnahmen

In manchen Fällen kann es das öffentliche Interesse bzw. ein wichtiges Interesse der Verfahrensbeteiligten erfordern, dass das Gericht auch ohne Antrag unaufschiebbare Maßnahmen trifft, insbesondere den Nachlass sichert und die Sachen des persönlichen Bedarfs dem Ehegatten des Erblassers oder einem anderen Familienangehörigen überlässt (§ 175e OSŘ).[116] Für Sachen, die nicht ohne Gefahr einer Beschädigung oder nur mit unverhältnismäßigen Kosten aufbewahrt wer-

---

110 Vgl. *Bureš/Drápal/Krčmář/Drápal*: Občanský soudní řád, S. 802 ff.
111 Vgl. *Süß/Haas/Rombach*, Erbrecht in Tschechien, Rn. 105
112 Vgl. *Süß/Haas/Rombach*, Erbrecht in Tschechien, Rn. 105
113 Vgl. *Ferid/Firsching/Bohata*, Tschechien, Rn. 122
114 Vgl. *Bureš/Drápal/Krčmář/Drápal*: Občanský soudní řád, S. 804
115 Vgl. *Bureš/Drápal/Krčmář/Drápal*: Občanský soudní řád, S. 805
116 Vgl. *Bureš/Drápal/Krčmář/Drápal*: Občanský soudní řád, S. 806 ff.

den können, ist ein Nachlassverwalter zu bestellen (§ 175f OSŘ)[117], der diese gegebenenfalls veräußert.

(3) Einstellung des Vorverfahrens

Gemäß § 175h OSŘ ist das Vorverfahren einzustellen, wenn sich zeigt, dass der Erblasser kein Nachlassvermögen hatte. Hat der Erblasser lediglich ein unbedeutendes Vermögen[118] hinterlassen, so kann das Gericht das Vermögen an denjenigen herausgeben, der die Bestattung des Erblassers organisiert hat und anschließend das Verfahren einstellen (§ 175h Abs. 2 OSŘ).[119] Der Ausrichter der Beerdigung wird auf diese Weise aber nicht zum Erben, sondern erwirbt das Eigentum auf Grund einer gerichtlichen Entscheidung.[120] Gegen eine solche Entscheidung nach Absatz 1 oder 2 ist kein Rechtsmittel zulässig (§ 175h Abs. 3 OSŘ).[121] Sollte sich später herausstellen, dass der Erblasser doch Vermögen hinterlassen hat, so muss das Nachlassverfahren wieder aufgenommen werden (§ 175x OSŘ).[122]

Kam es zu keiner Einstellung des Verfahrens, dann schließt das Vorverfahren an dieser Stelle automatisch und geht in das Hauptverfahren über.[123]

cc) Hauptverfahren *(hlavní řízení)*

Wurde das Vorverfahren nicht gemäß § 175h OSŘ eingestellt, dann kommt es zum eigentlichen Nachlassverfahren. Gemäß § 175i OSŘ verständigt das Gericht diejenigen über die Erbschaft, von denen es annimmt, dass sie Erben sind.[124] Wie weit der Kreis der zu benachrichtigenden Personen zu ziehen ist, hängt von den Umständen des Einzelfalles und dem Ermessen des Notars ab.[125] Sie sind darüber zu unterrichten, dass sie die Erbschaft innerhalb eines Monats nach Erhalt dieser Mitteilung ausschlagen können (§§ 463 ff. ObčZ). Nur aus wichtigen Gründen, wie z.B. einem Auslandsaufenthalt[126], kann diese Frist verlängert werden.[127] Gleichzeitig sind die Erben über die Form und die Auswirkungen einer Erbausschlagung zu belehren (§ 175i Abs. 1 S. 2 OSŘ).

---

117 Vgl. *Bureš/Drápal/Krčmář/Drápal*: Občanský soudní řád, S. 810 ff.

118 Als unbedeutend wird ein Vermögen angesehen, das 15.000 Kč nicht übersteigt. Vgl. *Bureš/Drápal/Krčmář/Drápal*: Občanský soudní řád, S. 817

119 Vgl. *Bureš/Drápal/Krčmář/Drápal*: Občanský soudní řád, S. 817

120 Vgl. *Süß/Haas/Rombach*, Erbrecht in Tschechien, Rn. 106

121 Vgl. *Bureš/Drápal/Krčmář/Drápal*: Občanský soudní řád, S. 817

122 Vgl. *Ferid/Firsching/Bohata*, Tschechien, Rn. 124; Vgl. *Bureš/Drápal/Krčmář/Drápal*: Občanský soudní řád, S. 876

123 Vgl. *Ferid/Firsching/Bohata*, Tschechien, Rn. 124

124 Vgl. *Bureš/Drápal/Krčmář/Drápal*: Občanský soudní řád, S. 819 f.

125 Vgl. *Süß/Haas/Rombach*, Erbrecht in Tschechien, Rn. 107

126 Vgl. *Ferid/Firsching/Bohata*, Tschechien, Rn. 125

127 Eine Verlängerung ist aber nur möglich, wenn die Frist noch nicht abgelaufen war

(1) Verlauf

Wenn nur ein Alleinerbe vorhanden ist und dieser die Erbschaft nicht ausgeschlagen hat oder die Erbschaft gemäß § 462 ObčZ an den Staat fällt, kann das Gericht eine Entscheidung ohne Durchführung einer Verhandlung treffen (§ 175j ObčZ).[128] In der Praxis wird von dieser Möglichkeit jedoch nur selten Gebrauch gemacht, da sie einige praktische Probleme mit sich bringt.[129] In allen anderen Fällen beginnt das Gericht die Nachlassverhandlung anzubahnen. Dazu gehört es, die Auseinandersetzung der Sachen vorzubereiten und die Erben zur Verhandlung zu laden (§ 115 OSŘ).[130] In der Praxis werden häufig alle Verfahrensschritte in einem Termin zusammengefasst.[131]

Das Gericht wird zunächst die Aktiva und Passiva des Vermögens des Erblassers feststellen (§ 175m OSŘ).[132] Auf Grund der Ermittlungen nach § 175m OSŘ setzt das Gericht den allgemeinen Wert des Nachlassvermögens zum Zeitpunkt des Todes des Erblassers fest (§ 175o Abs. 1 OSŘ).[133] Sind die Aktiva und Passiva des Nachlasses zwischen den Beteiligten strittig, so stellt das Gericht lediglich diese Streitfrage fest. Es hat aber keine Möglichkeit, diese Problematik innerhalb des Nachlassverfahrens zu lösen. Stattdessen bleiben diese Positionen bei der Berechnung des Nettovermögens des Erblassers unberücksichtigt (§ 175k Abs. 3 OSŘ)[134] und die Verfahrensbeteiligten werden auf ihr Recht verwiesen, diese Ansprüche außerhalb des Nachlassverfahrens vor einem Zivilgericht einzuklagen (§ 175y Abs. 1 OSŘ).[135] Eine entsprechende Klage kann auch bereits vor Abschluss des Nachlassverfahrens eingereicht werden.[136]

(2) Auseinandersetzung von unteilbarem Miteigentum

Lebte der Erblasser mit einem Ehepartner im gesetzlichen Güterstand der Errungenschaftsgemeinschaft (§§ 136 ff. ObčZ)[137] und hatte daher unteilbares Miteigentum, so ist es Aufgabe des Gerichts, über den allgemeinen Wert des Eigentums zum Zeitpunkt des Todes des Erblassers zu entscheiden (§ 175l Abs. 1 OSŘ)[138] und eine Auseinandersetzung dieses Vermögens nach den allgemeinen

128 Vgl. *Bureš/Drápal/Krčmář/Drápal*: Občanský soudní řád, S. 822 ff.
129 Zum Beispiel fehlt dann eine Bewertung der Nachlassgegenstände
130 Vgl. *Ferid/Firsching/Bohata*, Tschechien, Rn. 127
131 Vgl. *Süß/Haas/Rombach*, Erbrecht in Tschechien, Rn. 108
132 Vgl. *Bureš/Drápal/Krčmář/Drápal*: Občanský soudní řád, S. 841 ff.
133 Vgl. *Bureš/Drápal/Krčmář/Drápal*: Občanský soudní řád, S. 848 f.
134 Vgl. *Bureš/Drápal/Krčmář/Drápal*: Občanský soudní řád, S. 828 f.
135 Vgl. *Bureš/Drápal/Krčmář/Drápal*: Občanský soudní řád, S. 878 f.
136 Vgl. *Ferid/Firsching/Bohata*, Tschechien, Rn. 131
137 Vgl. *Jehlička/Švestka /Dvořák*, Občanský zákoník, S. 564 ff.
138 Vgl. *Bureš/Drápal/Krčmář/Drápal*: Občanský soudní řád, S. 835 ff.

Regelungen des Zivilgesetzbuches (§ 143 ff. ObčZ)[139] zu veranlassen. Das Gericht muss dabei entscheiden, welche Sachen dem Ehegatten zustehen und was zum Nachlass gehört. Für die Verfahrensbeteiligten besteht aber die Möglichkeit, die Auseinandersetzung des Gesamtguts selbständig zu regeln.[140]

(3) Feststellung des Nachlassumfangs

Ist der Umfang des Nachlasses so festgestellt worden und unbestritten und sind sich die Erben auch über dessen Auseinandersetzung einig, dann bestätigt das Nachlassgericht die Erbauseinandersetzungsvereinbarung und beendet das Nachlassverfahren (§ 175q Abs. 1 lit. c OSŘ).[141] Behauptet dahingegen jemand vor dem Abschluss des Verfahrens, dass er Erbe sei und bestreitet das Erbrecht eines anderen, der die Erbschaft nicht ausgeschlagen hat, so hat das Gericht das Erbrecht beider Personen zu prüfen und mit demjenigen weiter zu verhandeln, von dem es annimmt, dass er Erbe sei (§ 175k Abs. 1 OSŘ).[142]

Bei problematischen Rechtsfragen entscheidet hierüber der Notar.[143] Hängt jedoch die Entscheidung über das Erbrecht von der Klärung strittiger Tatsachen ab, so hat das Gericht nach einem erfolglosen Schlichtungsversuch durch Beschluss denjenigen auf den ordentlichen Rechtsweg zu verweisen, von dem es annimmt, dass sein Erbrecht weniger wahrscheinlich ist (§ 175k Abs. 2 S. 1 OSŘ).[144] Zur Klageeinreichung ist eine Frist zu setzen. Nach erfolglosem Verstreichen dieser Frist setzt das Gericht das Verfahren fort und die betreffende Person wird ab diesem Zeitpunkt nicht mehr am Nachlassverfahren beteiligt (§ 175k Abs. 2 S. 2, 3 OSŘ). Wurde jedoch fristgerecht eine Klage auf Feststellung der Erbansprüche erhoben, dann unterbricht das Gericht die Auseinandersetzung des Nachlasses und entscheidet zunächst über die Klage.[145] Der Notar nutzt diese Zwischenzeit regelmäßig um z.B. die Wertfestsetzung des Nachlassvermögens voranzutreiben. Dabei verhandelt er mit allen Beteiligten d.h. allen Streitenden.

(4) Konvokation der Gläubiger

Des Weiteren kann das Gericht auf Antrag der Erben die sog. Konvokation der Gläubiger veranlassen (§ 175n OSŘ).[146] Die Erben werden einen entsprechenden Antrag stellen, wenn sie der Auffassung sind, dass der Nachlass überschul-

139 Vgl. *Jehlička/Švestka/Dvořák*, Občanský zákoník, S. 582 ff.
140 Vgl. *Süß/Haas/Rombach*, Erbrecht in Tschechien, Rn. 109
141 Vgl. ausführlich zur Erbauseinandersetzung 3. Teil, II. 4. b, S. 120 ff.
142 Vgl. *Bureš/Drápal/Krčmář/Drápal*: Občanský soudní řád, S. 825 f.
143 Vgl. *Süß/Haas/Rombach*, Erbrecht in Tschechien, Rn. 111
144 Vgl. *Bureš/Drápal/Krčmář/Drápal*: Občanský soudní řád, S. 826 f.
145 Vgl. *Ferid/Firsching/Bohata*, Tschechien, Rn. 130
146 Vgl. *Bureš/Drápal/Krčmář/Drápal*: Občanský soudní řád, S. 846

det ist.[147] Im Rahmen der Konvokation werden alle Gläubiger des Erblassers aufgerufen, ihre Forderungen in der durch das Gericht festgelegten Frist anzumelden. Dabei sind die Gläubiger darüber zu belehren, dass die Erben von ihrer Haftung befreit sind, wenn die Forderungen nicht fristgerecht angemeldet werden.[148] Dies trifft aber nur zu, wenn durch die Begleichung der fristgerecht angemeldeten Forderungen das Nettovermögen der von den Erben erlangten Erbanteile bereits aufgebraucht ist (§ 175n S. 1 OSŘ). Alternativ können sich die Erben auch darauf verständigen, dass der überschuldete Nachlass den Gläubigern zur Begleichung der Forderungen überlassen wird (§ 175p OSŘ).[149] Diese Einigung bedarf der Zustimmung des Gerichts. Dabei darf das Gericht die Zustimmung nur versagen, wenn die Einigung rechtswidrig ist. Wird die Einigung nicht genehmigt, dann hat das Gericht das Verfahren nach Rechtskraft dieser Entscheidung fortzusetzen; es kann dann aber die Liquidation des Nachlasses beschließen (§ 175t OSŘ).[150] Entsprechend ist zu verfahren, wenn der Staat die Liquidation beantragt, weil ein Gläubiger es abgelehnt hat, einen Gegenstand aus der Erbmasse zur Begleichung seiner Forderungen entgegenzunehmen (§ 175t Abs. 1 S. 3 OSŘ). Die Liquidation des Nachlasses führt das Gericht durch die Veräußerung des gesamten Eigentums des Erblassers nach den Bestimmungen über die Vollstreckung von Titeln in bewegliche[151] oder unbewegliche[152] Sachen oder durch den Verkauf außerhalb der Versteigerung nach Sonderbestimmungen[153] durch (§ 175u Abs. 1 OSŘ).[154] Der dadurch erzielte Erlös wird unter den Gläubigern aufgeteilt (§ 175v Abs. 1 OSŘ). Dabei ist bei der Befriedigung der Gläubiger folgende Reihenfolge einzuhalten (§ 175v Abs. 2 OSŘ)[155]: Zunächst sind die Kosten der Krankheit des Erblassers und seine angemessenen Bestattungskosten sowie die Verfahrensgebühren und fällige Unterhaltsverpflichtungen zu begleichen. Anschließend sind geschuldete Steuern und Abgaben zu zahlen und schließlich alle sonstigen Forderungen zu befriedigen.

(5) Nachlassverfahren bei fehlender Zuständigkeit des tschechischen Gerichts

Fällt das Nachlassverfahren nicht in die Zuständigkeit eines tschechischen Gerichts, so führt das tschechische Nachlassgericht lediglich ein Vorverfahren

147 Vgl. *Ferid/Firsching/Bohata*, Tschechien, Rn. 132
148 Vgl. *Bureš/Drápal/Krčmář/Drápal*: Občanský soudní řád, S. 846
149 Vgl. *Bureš/Drápal/Krčmář/Drápal*: Občanský soudní řád, S. 852 f.
150 Vgl. *Bureš/Drápal/Krčmář/Drápal*: Občanský soudní řád, S. 868 f.
151 §§ 323 ff. OSŘ; vgl. *Bureš/Drápal/Krčmář/Bureš*: Občanský soudní řád, S. 1597 ff.
152 §§ 335 ff. OSŘ; Vgl. *Bureš/Drápal/Krčmář/Dlouhá*: Občanský soudní řád, S. 1627 ff.
153 § 27 Abs. 2 Zákon o konkursu a vyrovnání („Gesetz über den Konkurs und Vergleich"), Nr. 328/1991 Sb.
154 Vgl. *Bureš/Drápal/Krčmář/Drápal*: Občanský soudní řád, S. 870 f.
155 Vgl. *Bureš/Drápal/Krčmář/Drápal*: Občanský soudní řád, S. 872 ff.

durch und stellt den Beteiligten auf ihren Antrag hin eine Bescheinigung über das Ergebnis des Vorverfahrens aus (§ 175z Abs. 1 OSŘ).[156] Bei deutsch-tschechischen Erbfällen ist eine solche Konstellation gegeben, wenn ein deutscher Erblasser in Tschechien verstirbt und dort bewegliches Vermögen hinterlässt.[157] Soll dieses Eigentum ins Ausland herausgegeben werden, so hat das Gericht die inländischen Erben und Gläubiger darüber durch einen 15-tägigen Gerichtsaushang (§ 50i OSŘ) in Kenntnis zu setzen. Ist dem Gericht der Wohnsitz bekannt, so ist diese Mitteilung zuzustellen (§ 175z Abs. 2 OSŘ).

(6) Kosten

Was die Kosten betrifft, so ist die Durchführung des Nachlassverfahrens in der ersten Instanz von den Gerichtsgebühren befreit, § 11 Abs. 1 lit. f) des Gerichtskostengesetzes.[158] Ab der zweiten Instanz fallen die in diesem Gesetz genannten Gebühren an. Die Gebühren des Notars und seine Auslagen sind von den Erben zu erstatten (§ 140 Abs. 3 S. 1 OSŘ)[159]. Sie richten sich nach den §§ 11 ff. Notariatsgebührenverordnung.[160] Wurde das Verfahren nach § 175h OSŘ eingestellt, dann trägt die Gebühren der Staat (§ 140 Abs. 3 S. 3 OSŘ).

c) Vergleich zum deutschen Recht

Der Aufgabenbereich eines Notars in Tschechien unterscheidet sich zum Teil deutlich von dem Tätigkeitsspektrum eines deutschen Notars. In Tschechien wird die gesamte Nachlassabwicklung von den Notaren als Gerichtskommissären durchgeführt (§ 38 OSŘ i.V.m. § 75 JednŘ). Sie sind hier sowohl für die praktische Abwicklung der Abhandlung zuständig, also insbesondere die Erbensuche und die Ermittlung und Sicherung des Nachlasses (§ 175d OSŘ i.V.m. § 74 JednŘ)[161], als auch für die Todesfallaufnahme d.h. die Erklärungen der dem Erblasser nahe stehenden Personen und überdies für die Kundgabe der Verfügungen von Todes wegen (§ 175i OSŘ).

Im deutschen Recht hingegen obliegt die Nachlassabwicklung hauptsächlich den Erben. Die Notare sind zwar neben den Gerichten für die Vermittlung von Nachlassauseinandersetzungen zuständig (Art. 38 BayAGGVG), jedoch spielt

---

156 Vgl. *Bureš/Drápal/Krčmář/Drápal*: Občanský soudní řád, S. 880 ff.

157 Vgl. die Übersicht zur internationalen Zuständigkeit tschechischer Gerichte bei internationalen Erbfällen auf S. 91

158 Zákon České národní rady o soudních poplatcích a poplatku za výpis z rejstříku trestů, Nr. 549/1991 Sb. („Gerichtskostengesetz")

159 Vgl. *Bureš/Drápal/Krčmář/Drápal*: Občanský soudní řád, S. 644 ff.

160 Vyhláška Ministerstva spravedlnosti o odměnách a náhradách notářů a správců dědictví, Nr. 196/2001 Sb. („Notariatsgebührenverordnung")

161 Vgl. *Bureš/Drápal/Krčmář/Drápal*: Občanský soudní řád, S. 803 f.

das notarielle Auseinandersetzungsverfahren in der Praxis keine große Rolle.[162] Daneben helfen die Notare auf Gesuch der Erben bei der Regulierung des Nachlasses d.h. bei der Erfüllung von Vermächtnissen, Auflagen und Teilungsanordnungen sowie bei der Geltendmachung von Ausgleichs- und Pflichtteilsansprüchen.[163]

Beiden Rechtsordnungen gemeinsam ist jedoch, dass der Notar bei der Gestaltung einer Verfügung von Todes wegen mitwirkt, indem er diese Gestaltung entweder selbst formuliert, den Erblasser berät oder eine von diesem bereits gewählte Formulierung beurteilt.

2. Der Erbschaftsverwalter *(správce dědictví)*

Durch das Gesetz Nr. 554/2004 Sb. wurde zum 01.01.2005 das Rechtsinstitut der Erbschaftsverwaltung neu in das tschechische Recht eingefügt (§§ 480a ff. ObčZ).[164] Zweck einer solchen Nachlassverwaltung ist es, für den Zeitraum, in dem noch nicht sicher ist, an wen die Erbschaft endgültig fällt, sicherzustellen, dass das hinterlassene Vermögen keinen wirtschaftlichen Schaden erleidet und stattdessen in seinem ungeschmälerten Zustand verbleibt.[165] Der Inhalt der Tätigkeit des Verwalters kann dabei auf einen Teil des Erbschaftsvermögens beschränkt werden (§ 480d Abs. 1 S. 1 ObčZ), z.B. auf ein Unternehmen, eine bestimmte Liegenschaft oder einen anderen Teil der Erbschaft, insbesondere auf die Disposition über Geldmittel aus Giro- oder Sparkonten.[166] Die Erbschaftsverwaltung endet in jedem Fall, sobald das Nachlassverfahren abgeschlossen ist.[167]

a) Die Anordnung einer Erbschaftsverwaltung

Die Anordnung einer Erbschaftsverwaltung kann auf zweierlei Arten erfolgen: Zum einen kann der Erblasser in seinem Testament eine Verwaltung anordnen (§ 480d ObčZ),[168] zum anderen kann das Gericht im Rahmen des Nachlassverfahrens in begründeten Fällen eine entsprechende Anordnung treffen (§ 175e, f OSŘ)[169]. Letzteres war bereits vor der Gesetzesnovelle in der OSŘ vorgesehen.[170] Neu ist aber die Möglichkeit, dass eine natürliche Person testamentarisch

162 Vgl. Becksches Notarhandbuch/*Reimann/Bengel,* Kapitel C, Rn. 227

163 Vgl. Becksches Notarhandbuch/*Reimann/Bengel,* Kapitel C, Rn. 1

164 Vgl. *Barák,* Právní rozhledy 2005, S. 77; *Jindřich,* Právní zpravodaj 2004, S. 1

165 Vgl. *Jehlička /Švestka/Mikeš,* Občanský zákoník, S. 860 und S. 863

166 Vgl. *Jehlička /Švestka/Mikeš,* Občanský zákoník, S. 864

167 Vgl. *Süß/Haas/Rombach,* Erbrecht in Tschechien, Rn. 40

168 Vgl. *Jehlička /Švestka/Mikeš,* Občanský zákoník, S. 863; *Barák,* Právní rozhledy 2005, S. 79

169 Vgl. *Bureš/Drápal/Krčmář/Drápal*: Občanský soudní řád, S. 810 ff.; *Barák,* Právní rozhledy 2005, S. 78

einen Erbschaftsverwalter bestimmen und so die Vollziehung der Verwaltung des Nachlasses durch die Erben als Rechtsnachfolger des Erblassers zumindest für die Dauer des Nachlassverfahrens verhindern kann.[171] Auf diese Weise sind die Erben für einen gewissen Zeitraum vom aktiven Eintritt in die Rechtsstellung ihres Vorgängers, als Träger der hinterlassenen Rechte und Pflichten, ausgeschlossen.[172] Bei der Anordnung eines Nachlassverwalters durch den Erblasser ist es genauso wie bei einem Testament hinsichtlich der Verfügungen für den Todesfall: Zu Lebzeiten des Erblassers erwachsen aus dieser Funktion weder Rechte noch Pflichten.[173]

aa. Auswahl einer geeigneten Person

Für die Bestellung einer Person zum Erbschaftsverwalter stellt das Gesetz außer der Geschäftsfähigkeit keine weiteren Voraussetzungen auf (§ 480b Obč).[174] Es geht davon aus, dass der Erblasser oder das Gericht bei der Auswahl einer Person, die zum Nachlassverwalter ernannt werden soll, schon im eigenen Interesse nur auf eine Person mit entsprechender Sachkunde[175] und einwandfreiem Charakter zurückgreifen wird. Überdies sollten das Alter sowie der Gesundheitszustand berücksichtigt werden.[176] Anstelle einer natürlichen Person kann auch eine juristische Person zum Erbschaftsverwalter bestellt werden (§ 480b Abs. 1 S. 1 ObčZ).[177] Ebenso kann ein Miterbe zum Nachlassverwalter bestimmt werden.[178]

bb. Das Zustimmungserfordernis

Im Hinblick auf die Anforderungen an einen Nachlassverwalter und die Wichtigkeit seiner Tätigkeit hängt die Ernennung von einer ausdrücklichen Zustimmung zu diesem Amt ab (§ 480b Abs. 1 S. 2 ObčZ).

In formeller Hinsicht ist es notwendig, dass die Bestellung einer Person zum Nachlassverwalter mittels notarieller Urkunde erfolgt (§ 480d Abs. 2 S. 1 ObčZ), welche anschließend im Zentralarchiv der tschechischen Notarkammer verwahrt werden muss (§ 35a Abs. 1 NotŘ). Das verschärfte formelle Erforder-

---

170 Vgl. *Jehlička/Švestka/Mikeš,* Občanský zákoník, S. 863

171 Vgl. *Barák,* Právní rozhledy 2005, S. 79; *Jehlička/Švestka/Mikeš,* Občanský zákoník, S. 860

172 Vgl. *Jehlička/Švestka/Mikeš,* Občanský zákoník, S. 863

173 Vgl. *Jehlička/Švestka/Mikeš,* Občanský zákoník, S. 860

174 Vgl. *Barák,* Právní rozhledy 2005, S. 80

175 So soll gemäß § 175f Abs. 2 S. 2 OSŘ zum Nachlassverwalter nur eine Person mit betriebswirtschaftlichen Kenntnissen bestellt werden, wenn zum Nachlass die Verwaltung eines Betriebs gehört

176 Vgl. *Jehlička/Švestka/Mikeš,* Občanský zákoník, S. 861 f.

177 Vgl. *Barák,* Právní rozhledy 2005, S. 80

178 Vgl. *Süß/Haas/Rombach,* Erbrecht in Tschechien, Rn. 42

nis einer zwingenden notariellen Beurkundung lässt sich mit der Bedeutung einer solchen Rechtstätigkeit begründen.[179] Dem Gesetz lässt sich bezüglich des Inhalts einer solchen notariellen Urkunde entnehmen, dass sie Angaben über die Person des Erbschaftsverwalters, dessen Zustimmung zum Amt sowie die konkrete Bezeichnung des zu verwaltenden Vermögens enthalten muss (§ 480d Abs. 2 S. 2 ObčZ). In der Urkunde enthaltene Bedingungen entfalten keine Rechtswirkung (§ 480d Abs. 3 ObčZ). Ein Widerruf der Bestellung einer Person zum Nachlassverwalter sowie der Widerruf der Zustimmung des „Verwalters" zur Ernennung ist jederzeit möglich (§ 480d Abs. 4 und Abs. 6 ObčZ). Jedoch muss auch dieser Widerruf in notarieller Form erfolgen (§ 480d Abs. 4 ObčZ).

Die Erben können die Bestellung einer Person zum Nachlassverwalter mittels einer Feststellungsklage nach § 80 lit. c) OSŘ angreifen. Dabei ist der Nachlassverwalter angehalten, bis zur rechtskräftigen Entscheidung seinen Pflichten, die sich aus dem Amt ergeben, nachzukommen.[180]

cc. Nachweis der Verwalterstellung

Den Nachweis seiner Verwalterstellung führt der Erbschaftsverwalter im Rechtsverkehr mit Vorlage einer Ausfertigung seiner Bestallungsurkunde.[181] Gemäß § 91 Abs. 2 NotŘ ist diese von dem die Urkunde verwahrenden Notar nach dem Tod des Erblassers auszustellen. Zudem erteilt jeder Notar auf Antrag einer Person, die ihr rechtliches Interesse darlegt, einen Auszug aus dem Testamentsregister über die Reihenfolge und Eintragung dieser Urkunden (§ 35 Abs. 3 S. 1 NotŘ). Ist keine Nachlassverwaltung registriert, stellt der Notar eine entsprechende Negativbescheinigung aus (§ 35 Abs. 3 S. 2 NotŘ). Ein rechtliches Interesse haben grundsätzlich der Nachlassverwalter und ein möglicher Erbe. Im Übrigen kommt es auf den jeweiligen Einzelfall an.[182]

b) Rechte und Pflichten des Nachlassverwalters

Hat der Nachlassverwalter vom Tod des Erblassers erfahren, so ist er verpflichtet, sein Amt unverzüglich anzutreten (§ 480e Abs. 1 S. 1 ObčZ).[183] Unterlässt er dies, macht er sich möglicherweise schadensersatzpflichtig.[184] Des Weiteren ist

179 Vgl. *Barák*, Právní rozhledy 2005, S. 79; *Jehlička/Švestka/Mikeš*, Občanský zákoník, S. 864

180 Vgl. *Jehlička/Švestka/Mikeš*, Občanský zákoník, S. 866

181 Vgl. *Süß/Haas/Rombach*, Erbrecht in Tschechien, Rn. 45

182 Vgl. *Süß/Haas/Rombach*, Erbrecht in Tschechien, Rn. 70

183 Vgl. *Barák*, Právní rozhledy 2005, S. 81

184 Vgl. *Jehlička/Švestka/Mikeš*, Občanský zákoník, S. 865

der Nachlassverwalter angehalten, seine Rechte hinsichtlich des anvertrauten Vermögens so auszuüben, wie dies auch der Erblasser tun würde.[185]

Die Auswahl der Maßnahmen zur Sicherung des Nachlasses obliegt grundsätzlich allein dem Nachlassverwalter. Erst wenn diese das Maß einer üblichen Bewirtschaftung[186] überschreiten, kommt es auf die Zustimmung der Erben und die Einwilligung des Gerichts an (§ 480a Abs. 2 S. 2 ObčZ).[187] Spricht das Gesetz von der Notwendigkeit einer Zustimmung der Erben, dann sind damit nur solche Personen gemeint, bei denen bereits zu diesem Zeitpunkt zweifelsfrei feststeht, dass sie die Erbschaft oder einen Erbteil erlangen. Gibt es keine solche Garantie, dann sollte es auf die Zustimmung desjenigen ankommen, der die Erbschaft ausschlagen könnte oder der die Erbschaft erlangen würde, wenn er nicht gehindert wäre.[188] Über Maßnahmen des Verwalters, die den Rahmen der üblichen Bewirtschaftung überschritten haben, entscheiden die Erben mit absoluter Mehrheit (§ 480a Abs. 2 S. 2 ObčZ). Dabei erfolgt die Abstimmung nach Köpfen und nicht nach Größe des Erbteils.[189] Bei Stimmengleichheit entscheidet der Richter, der auch das Nachlassverfahren leitet (§ 480a Abs. 2 S. 3 ObčZ).[190] Bei der Ausführung seiner Tätigkeit handelt der Nachlassverwalter weder im Namen des Erblassers noch im Namen der Erben; vielmehr tritt er im Rechtsverkehr im eigenen Namen auf. Er allein ist aktiv und passiv legitimiert im Fall von Eigentumsstreitigkeiten, die zum Gegenstand der Verwaltung gehören.[191]

Der Erbschaftsverwalter ist verpflichtet mindestens zweimal jährlich einen Bericht über seine Tätigkeit zu verfassen, soweit das Gericht ihm nicht auf Grund der Natur des verwalteten Eigentums aufgetragen hat, die genannten Berichte in kürzeren Intervallen einzureichen (§ 480b Abs. 2 ObčZ). Nach Beendigung des Nachlassverfahrens legt der Erbschaftsverwalter den Erben einen Abschlussbericht über seine Tätigkeit vor (§ 480b Abs. 3 ObčZ).[192] Dieser wird den Erben durch das Gericht vermittelt.

185 Vgl. *Jehlička/Švestka/Mikeš,* Občanský zákoník, S. 860 und S. 863

186 Der Begriff „übliche Bewirtschaftung“ muss ausgelegt werden unter Berücksichtigung des Wesens als auch der Struktur des Eigentums des Erblassers; vgl. *Barák,* Právní rozhledy 2005, S. 79

187 Vgl. *Barák,* Právní rozhledy 2005, S. 79

188 Vgl. *Jehlička/Švestka/Mikeš,* Občanský zákoník, S. 860

189 Vgl. *Jehlička/Švestka/Mikeš,* Občanský zákoník, S. 860; aA aber *Drápal,* der ohne Begründung auf die Größe der Erbanteile abstellt, vgl. *Bureš/Drápal/Krčmář/Drápal*: Občanský soudní řád, S. 812 und S. 864

190 Vgl. *Barák,* Právní rozhledy 2005, S. 79

191 Vgl. *Jehlička/Švestka/Mikeš,* Občanský zákoník, S. 864

192 Vgl. *Barák,* Právní rozhledy 2005, S. 79

c) Vergütung

Dem Erbschaftsverwalter gebührt für seine Tätigkeit eine Vergütung,[193] wie auch Ersatz der getätigten Aufwendungen (§ 480c Abs. 1 S. 1 1. HS. ObčZ).[194] Die genannten Forderungen berechnet der Erbschaftsverwalter im Schlussbericht über seine Tätigkeit, der dem Gericht vorgelegt wird (§ 480c Abs. 1 2. HS. i.V.m. § 480b Abs. 3 ObčZ). Die Verpflichtung, dem Erbschaftsverwalter eine Vergütung zu bezahlen und die getätigten Aufwendungen zu vergüten, obliegt dem Erben, an den die Erbschaft fällt (§ 480c Abs. 2 S. 1 1. HS. ObčZ). Bei einer Erbenmehrheit ist die Vergütung sowie der Aufwendungsersatz entsprechend dem Wert der Erbanteile zu bezahlen (§ 480c Abs. 2 S. 1 2. HS. ObčZ). Ausnahmsweise entfällt aber diese Verpflichtung, wenn der Nachlass überschuldet ist.[195] In einem solchen Fall muss der Staat die Vergütung wie auch den Ersatz der Aufwendungen bezahlen (§ 480c Abs. 2 S. 2 ObčZ). In begründeten Fällen kann das Gericht dem Verwalter einen Vorschuss der Vergütung sowie der Auslagen zugestehen und die Befriedigung dieser Forderung den Erben auferlegen (§ 480c Abs. 3 S. 1 ObčZ).

d) Vergleich zum deutschen Recht

Der Nachlassverwalter im tschechischen Recht (§§ 480a ff. ObčZ) ist grundsätzlich mit dem Nachlasspfleger des deutschen Rechts (§ 1960 BGB) vergleichbar. Beide werden aus Gründen der Fürsorge für den Nachlass bestellt und ihre Aufgabe besteht jeweils darin, wirtschaftliche Schäden vom hinterlassenen Erblasservermögen abzuwenden. Dahingegen sind sie nicht befugt, Nachlassgläubiger zu befriedigen oder den letzten Willen des Erblassers auszuführen. Im deutschen Recht obliegt dem Nachlasspfleger aber zusätzlich die Aufgabe, den unbekannten Erben zu ermitteln.[196]

Bei einem genauen Vergleich der beiden Rechtsinstitute zeigen sich noch weitere Unterschiede: So bei der Betrauung einer Person mit der entsprechenden Aufgabe: Während das BGB nur eine gerichtliche Anordnung des Nachlasspflegers vorsieht (§ 1960 BGB), besteht im tschechischen Recht neben einer gerichtlichen Beiordnung (§§ 175e, f OSŘ) überdies die Möglichkeit der testamentarischen Bestellung einer Person zum Nachlassverwalter (§ 480d ObčZ). Auch treten beide Personen im Rechtsverkehr unterschiedlich auf: Der Nachlassverwalter des tschechischen Rechts handelt „unter eigenem Namen“. Dahingegen

193 Vgl. zu den Einzelheiten: Vyhláška Ministerstva spravedlnosti o odměnách a náhradách notářů a správců dědictví („Notariatsgebührenverordnung“), Nr. 196/2001 Sb.

194 Vgl. *Barák*, Právní rozhledy 2005, S. 80; *Jehlička/Švestka/Mikeš*, Občanský zákoník, S. 862

195 Vgl. *Barák*, Právní rozhledy 2005, S. 80

196 Vgl. *Palandt/Edenhofer*, § 1960, Rn. 13

tätigt der Nachlasspfleger des deutschen Rechts Rechtsgeschäfte als gesetzlicher Vertreter des unbekannten Erben. Des Weiteren unterscheiden sich die beiden Rechtsinstitute in ihrer Rechtsstellung gegenüber den Erben: Während dem Nachlassverwalter gegenüber den Erben für die Dauer des Nachlassverfahrens eine verdrängende Vertretungsmacht zukommt, bleiben die Erben dem Nachlasspfleger rechtlich gleichgestellt. Die Verfügungsbefugnis der Erben wird durch die Bestellung eines Nachlasspflegers nicht berührt. Somit ähnelt der Nachlassverwalter des tschechischen Rechts diesbezüglich vielmehr dem Testamentsvollstrecker im deutschen Recht. Auch dieser tritt im Rechtsverkehr als Partei in eigenem Namen (als Testamentsvollstrecker) auf und besitzt gegenüber den Erben hinsichtlich des Nachlasses verdrängende Herrschaftsbefugnisse.[197]

Nicht zu vergleichen ist der Aufgabenbereich des Nachlassverwalters im tschechischen Recht mit dem Nachlassverwalter des deutschen Rechts (§ 1975 BGB). Dessen Aufgabe besteht in der Befriedigung der Gläubiger. Dahingegen wird die Sicherung des Nachlasses von seinem Tätigkeitsbereich nicht umfasst. Eine der deutschen Erbschaftsverwaltung entsprechende Rechtsfigur ist dem tschechischen Recht unbekannt. Allerdings ist dort die Haftung der Erben bereits im Gesetz auf die Höhe der Erbschaft begrenzt (§ 470 ObčZ), sodass es auch keines Rechtsinstituts bedarf, welches – wie die deutsche Nachlassverwaltung - zu einer Trennung der Vermögensmassen in Eigen- und Nachlassvermögen führt.

Insgesamt betrachtet lässt sich daher feststellen, dass der Erbschaftsverwalter im Sinne des ObčZ *(správce dědictví)* zwar keiner Rechtsfigur des BGB exakt entspricht, aber dennoch viele Gemeinsamkeiten, insbesondere hinsichtlich des Aufgabenbereichs, mit dem Nachlasspfleger im Sinne der §§ 1960 ff. BGB teilt.

3. Der Testamentsvollstrecker *(vykonavatel závěti)*

Anders als das deutsche Recht, in dem die Testamentsvollstreckung ein „unentbehrliches erbrechtliches Instrumentarium“[198] zur Durchsetzung des letzten Erblasserwillens darstellt, kommt das tschechische Erbrecht ohne eine Testamentsvollstreckung aus.[199] Dies resultiert zum einen aus der Tatsache, dass das ObčZ keine Möglichkeit der Aussetzung von Vermächtnissen, der Erteilung von Auflagen oder der Anordnung einer Vor- und Nacherbfolge kennt; auch andere Verfügungen hinsichtlich der Art der Nachlassverwaltung sind im tschechischen Recht nicht zulässig.[200] Dies macht eine Testamentsvollstreckung i.S.d. Verwal-

197 Vgl. MüKo/*Zimmermann*, Vor § 2197, Rn. 5

198 Vgl. *Bengel/Reimann/Bengel*, Handbuch der Testamentsvollstreckung, 1. Kapitel, Rn. 1

199 Vgl. *Bengel/Reimann/Haas*, Handbuch der Testamentsvollstreckung, 9. Kapitel, Rn. 343; *Trilsch-Eckardt*, ZEV 1996, S. 7; *Süß/Haas/Rombach*, Erbrecht in Tschechien, Rn. 41

200 Vgl. Würzburger Notarhandbuch/*Hertel*, Teil 7, Kapitel 4, Rn. 1034

tungs- bzw. Dauervollstreckung entbehrlich. Zum anderen kennt das tschechische Recht aber auch keine Testamentsvollstreckung in Form der Abwicklungsvollstreckung. Der Grund dafür ist wohl in der Tatsache zu sehen, dass bei einer Erbenmehrheit diese von Gesetzes wegen verpflichtet sind vor dem Nachlassgericht eine Erbauseinandersetzungsvereinbarung zu schließen (§ 482 ObčZ). Eine Abwicklungsvollstreckung ist daher nicht notwendig.

Anders noch die Rechtslage vor 1950. Das *Obecný zákoník občanský* („Allgemeines Bürgerliches Gesetzbuch"), das auf dem Gebiet der Tschechischen Republik vom 01.01.1812 bis zum 31.12.1950 galt, sah in § 816 noch die Möglichkeit einer testamentarischen Anordnung einer Testamentsvollstreckung durch den Erblasser vor.[201] Aber bereits im sog. „mittleren" Zivilgesetzbuch[202] war das Rechtsinstitut der Testamentsvollstreckung nicht mehr vorhanden und auch dem seit 1964 geltenden „neuen" Zivilgesetzbuch[203] (ObčZ) ist dieses Rechtsinstitut unbekannt.

Nicht zu verwechseln ist der Testamentsvollstrecker *(vykonavatel závěti)* im Sinne des § 816 OZO mit dem Nachlassverwalter *(správce dědictví)* im Sinne der §§ 480a ff. ObčZ. Aufgabe eines Testamentsvollstreckers ist es, darauf zu achten, dass der Testamentserbe die im Testament getroffenen Anordnungen befolgt. Im Bedarfsfall muss der Testamentsvollstrecker gerichtlich dafür sorgen, dass die Auflagen vom Erben erfüllt werden.[204] Eine solche Befugnis kommt dem Nachlassverwalter aber gerade nicht zu.[205] Dessen Aufgabe besteht vielmehr in der Verwaltung der Erbschaft. Er hat für den Zeitraum, während dessen noch unklar ist, wer endgültig die Erbschaft erlangt, dafür Sorge zu tragen, dass das vom Erblasser hinterlassene Vermögen keinen Schaden erleidet und stattdessen in einem ungeschmälerten Zustand verbleibt.[206]

4. Die Erben *(dědici)*

Im Hinblick auf die Erben und deren Abwicklungsbefugnisse ist die Zeit während und nach rechtskräftigem Abschluss des Nachlassverfahrens zu unterscheiden.

---

201 Vgl. *Bílek/Šešina*, Dědické právo, S. 15, S. 66, S. 256 und S. 271

202 Nr. 141/1950 Sb; gültig von 1950 bis 1964

203 Nr. 40/1964 Sb.

204 Vgl. *Bílek/Šešina*, Dědické právo, S. 15; *Jehlička/Švestka/Mikeš*, Občanský zákoník, S. 864

205 Vgl. *Rombach*, Erbrecht in Tschechien, Rn. 40

206 Vgl. *Jehlička/Švestka/Mikeš*, Občanský zákoník, S. 860 und S. 863

a) Die Abwicklungsbefugnisse der Erben während des Nachlassverfahrens

Mit dem Erbfall geht die Erbschaft auf den Erben über (§ 460 ObčZ). Der Erbe tritt in Folge der Universalsukzession mit dem Tod des Erblassers als dessen Rechtsnachfolger in alle Rechte und Pflichten ein, es sei denn, dass der Erbe die Erbschaft ausschlägt. Dennoch können die Erben während der Durchführung des Nachlassverfahrens nur mit Zustimmung des Gerichts verfügen.[207] Ebenso bedürfen solche Maßnahmen der Zustimmung des Gerichts, die die gewöhnliche Verwaltung überschreiten (§ 175r OSŘ). Die Abwicklungsbefugnisse während dieser Zeit obliegen stattdessen dem Notar als Gerichtskommissär (§ 38 OSŘ i.V.m. § 75 JednŘ)[208]

Wurde ein Nachlassverwalter bestellt, so nimmt dieser gegenüber den Erben eine Vorrangstellung ein.[209] Für die Dauer der Erbschaftsverwaltung sind die Erben von der Disposition über das Vermögen, das in die Erbmasse gefallen ist, ausgeschlossen (§ 480e Abs. 4 ObčZ). Die Erben dürfen daher - nicht einmal mit Zustimmung des Gerichts - über Sachen oder anderes zur Erbschaft gehörendes Eigentum verfügen und auch keine anderen Vorkehrungen treffen, die das Maß eines gewöhnlichen Geschäftsbetriebs überschreiten.[210] Stattdessen sind sie darauf beschränkt, Handlungen des Erbschaftsverwalters, die das übliche Maß der Geschäftsführung überschreiten, zuzustimmen bzw. abzulehnen. Und sogar wenn die Erben ihre Zustimmung erteilen, ist dennoch zusätzlich eine Einwilligung des Gerichts erforderlich. Dieses berücksichtigt bei seiner Beschlussfassung zwar den Standpunkt der Erben, seine Entscheidung ist jedoch nicht daran gebunden.[211]

Ist nur ein Erbe vorhanden und hat dieser die Erbschaft nicht ausgeschlagen, wird das Hauptverfahren ohne Durchführung einer Verhandlung und ohne Auseinandersetzung des Nachlasses beendet (§ 175j OSŘ).[212] Der Alleinerbe wird dann von den oben genannten Beschränkungen frei.

207 Vgl. *Süß/Haas/Rombach*, Erbrecht in Tschechien, Rn. 82; *Bureš/Drápal/Krčmář/Drápal*: Občanský soudní řád, S. 864

208 Vgl. oben 3. Teil, II. 1, S. 104 ff.

209 Vgl. *Jehlička/Švestka/Mikeš,* Občanský zákoník, S. 860

210 Vgl. *Bureš/Drápal/Krčmář/Drápal*: Občanský soudní řád, S. 864

211 Vgl. *Jehlička/Švestka/Mikeš,* Občanský zákoník, S. 861

212 Vgl. *Ferid/Firsching/Bohata*, Tschechien, Rn. 126

b) Die Erbengemeinschaft *(dědické společenství)*

(1) Abschluss einer Erbauseinandersetzungsvereinbarung

Wird der Erblasser von mehreren Personen beerbt, dann bilden diese eine Erbenmehrheit (§ 482 ObčZ). Dieser obliegt es, im Rahmen des Nachlassverfahrens eine Erbauseinandersetzungsvereinbarung zu schließen.[213] Zweck einer solchen Vereinbarung ist es, zukünftigen Rechtsstreitigkeiten dadurch vorzubeugen, dass man die einzelnen Rechte und Pflichten der Erben konkretisiert.[214] Gegenüber Dritten, insbesondere den Gläubigern des Erblassers, entfaltet sie dahingegen keine unmittelbare Rechtswirkung.[215]

Die Erbauseinandersetzungsvereinbarung muss von dem zuständigen Nachlassgericht bestätigt werden (§ 482 Abs. 1 ObčZ i.V.m. § 175q Abs. 1 lit. c OSŘ). Verstößt die Vereinbarung weder gegen das Gesetz noch die guten Sitten, dann ist sie vom Gericht zu genehmigen (§ 482 Abs. 2 ObčZ). Hinsichtlich des Regelungsinhalts der Erbauseinandersetzungsvereinbarung sind die Erben grundsätzlich weitgehend ungebunden. Der Erbengemeinschaft steht es daher frei, von den gesetzlichen Erbquoten abzuweichen oder anrechnungspflichtige Geschenke unberücksichtigt zu lassen. Des Weiteren können sie bestimmen, dass ein Erbe alles erhält und die verbleibenden Erben dafür durch Ausgleichszahlungen aus dem Eigenvermögen des Übernehmers abzufinden sind.[216] Ebenso können die Miterben vereinbaren, dass ein Erbe nichts aus dem Nachlass erhält.[217] Erforderlich ist es aber, dass sich die Erben über alle Rechte und Pflichten einigen; Teillösungen sind ausgeschlossen.[218] Nichtig wäre auch eine Vorabauseinandersetzung unter Lebenden.[219] Bis zur Rechtskraft des gerichtlichen Beschlusses über die Genehmigung der Auseinandersetzungsvereinbarung werden die Erben als Gesamtschuldner bzw. Gesamtgläubiger der zum Nachlass gehörenden Forderungen und Rechte angesehen.

---

213 Im Unterschied zur Rechtslage vor dem 01.01.1992 gibt es aber keine gesetzliche Pflicht mehr, eine Erbauseinandersetzungsvereinbarung zu schließen. Infolgedessen hat sich auch der Ansporn der Erben, dass man die Rechtsverhältnisse hinsichtlich des gemeinschaftlich erworbenen Vermögens aus dem Nachlass noch während des Nachlassverfahrens durch eine Vereinbarung regelt, abgeschwächt. Vgl. *Švestka/Mikeš*, Občanský zákoník, S. 868

214 Vgl. *Ferid/Firsching/Bohata*, Tschechien, Rn. 99; *Süß/Haas/Rombach*, Erbrecht in Tschechien, Rn. 81;

215 Vgl. *Jehlička/Švestka/Mikeš*, Občanský zákoník, S. 868

216 Vgl. *Süß/Haas/Rombach*, Erbrecht in Tschechien, Rn. 83

217 Vgl. *Süß/Haas/Rombach*, Erbrecht in Tschechien, Rn. 83

218 Vgl. *Ferid/Firsching/Bohata*, Tschechien, Rn. 102

219 Vgl. *Ferid/Firsching/Bohata*, Tschechien, Rn. 103

2) Keine Einigung zum Abschluss einer Erbauseinandersetzungsvereinbarung

Gelingt es den Erben nicht, sich auf eine Auseinandersetzungsvereinbarung zu einigen, beschränkt sich das Nachlassgericht darauf, denjenigen den Anfall der Erbschaft zu bestätigen, deren Erbrecht nachgewiesen worden ist (§ 483 ObčZ i.V.m. § 175q Abs. 1 lit. d OSŘ). Dies geschieht entsprechend den Erbquoten, die prozentual oder als Bruchteil angegeben werden (§ 484 S. 1 ObčZ).[220] Falls der Erblasser im Testament aber die Sachen und Rechte bestimmt hat, welche den einzelnen Erben zufallen sollen (§ 477 Abs. 1 ObčZ), dann stellt sich die Frage, wie man auch in einem solchen Fall der Forderung des Gesetzes nachkommen und den Erwerb der Erbschaft entsprechend der Anteile bestätigen soll.[221] Zwar wäre es möglich, den Anteil an der Erbschaft durch den Bruchteil auszudrücken, der sich aus dem Wert der Sache bzw. des Rechts im Verhältnis zur gesamten Erbschaft ergibt; dies könnte jedoch den Eindruck erwecken, dass ein solcher Erbe in demselben Verhältnis auch an dem Eigentum einen Anteil hätte, welches bei der ursprünglichen Nachlassabwicklung übersehen wurde und erst später hervortrat. Diese testamentarischen Erben sollen nach dem Willen des Erblassers aber gerade nicht prozentual beteiligt sein und wohl auch nicht an dem Vermögen partizipieren, das unter Umständen erst nach Abschluss des Nachlassverfahrens auftaucht.[222] Genau dieses Recht würde den anteilsmäßig beteiligten Erben aber zustehen. Daher ist in einem solchen Fall davon auszugehen, dass das Gericht – entgegen dem Wortlaut des § 484 ObčZ – auch das Erbrecht von bestimmten Sachen oder Personen bestätigen muss.[223]

Kommt es zu keiner wirksamen Auseinandersetzungsvereinbarung, erfolgt die Erbauseinandersetzung nach den allgemeinen Regeln über die Auseinandersetzung der Bruchteilsgemeinschaft (§§ 141 f. ObčZ).[224] Bei der Liquidierung von unbeweglichem Vermögen ist jedoch zu bedenken, dass so die Steuerbegünstigung wegfällt, die im Rahmen des Nachlassverfahrens gewährt würde, und man stattdessen der Steuerpflicht unterliegt, der man bei der Übertragung von Immobilien unterzogen wird.[225]

---

220 Vgl. *Jehlička/Švestka/Mikeš,* Občanský zákoník, S. 868

221 Vgl. *Jehlička/Švestka/Mikeš,* Občanský zákoník, S. 868 f.; *Ferid/Firsching/Bohata,* Tschechien, Rn. 105

222 Vgl. *Ferid/Firsching/Bohata,* Tschechien, Rn. 105

223 Vgl. *Jehlička/Švestka/Mikeš,* Občanský zákoník, S. 868 f.; *Ferid/Firsching/Bohata,* Tschechien, Rn. 105;

224 Vgl. *Süß/Haas/Rombach,* Erbrecht in Tschechien Rn. 82; zu dem allgemeinen Regeln über die Auseinandersetzung der Bruchteilsgemeinschaft ausführlich *Jehlička/Švestka/Dvořák,* Občanský zákoník, S. 576 ff.

225 Zákon České národní rady o dani dědické, dani darovací a dani z převodu nemovitostí („Gesetz zur Besteuerung von Erbschaften, Schenkungen und Liegenschaften"), Nr. 357/1992 Sb.; vgl. *Švestka/Mikeš,* Občanský zákoník, S. 868

c) Die Abwicklungsbefugnisse der Erben nach Abschluss des Nachlassverfahrens

Nach dem rechtskräftigen Abschluss des Nachlassverfahrens ist es wichtig, den Personen, die Sachen oder anderes Eigentum aus dem Nachlass erlangt haben, die Verwirklichung der Erbschaft zu ermöglichen. Um den Erben die freie Verfügungsmacht über den Nachlass zu verleihen, sind die entsprechenden Maßnahmen zu treffen (vgl. § 175s OSŘ).[226] Insbesondere hebt das Gericht daher alle noch bestehenden Sicherungsvorkehrungen auf. Ferner werden alle Auszahlungsverbote von Konten, Versicherungspolicen und anderen Vermögenswerten, die infolge gerichtlicher Anordnung oder auf Grund von gesetzlichen Bestimmungen bestanden haben, beseitigt. Schließlich sind die Institute, bei denen die freigewordenen Mittel liegen, anzuweisen, an wen auszuzahlen ist.

Falls der Nachlass nicht überschuldet ist und es daher zu keiner Liquidation der Erbmasse kam (§ 175t OSŘ), ist es nun Aufgabe der Erben, die Nachlassverbindlichkeiten des Erblassers zu begleichen. Eine eventuell bestehende Nachlassverwaltung endet ebenso mit Abschluss des Nachlassverfahrens (§ 480a Abs. 1 ObčZ) und die Erben werden infolgedessen auch von diesen Beschränkungen frei.

5. Zusammenfassende Darstellung der abwicklungsberechtigten Personen im deutschen und tschechischen Recht

a) Das deutsche Recht

Im deutschen Recht obliegt die Nachlassabwicklung im Wesentlichen den Erben. Dabei ist zwischen der Zeit vor und nach der Annahme der Erbschaft zu unterscheiden. Vor der Annahme sind die Erben zwar berechtigt, aber nicht verpflichtet, nachlassbezogene Handlungen vorzunehmen (§ 1959 BGB). Bis zur Annahme der Erbschaft muss gegebenenfalls das Nachlassgericht für die Sicherung des Nachlasses sorgen. Soweit dafür ein Bedürfnis besteht, hat es einen Nachlasspfleger zu bestellen (§ 1960 BGB), der dann dafür Sorge trägt, dass das Nachlassvermögen keine Schäden oder Einbußen erleidet.
Außerdem besteht für den Erblasser die Möglichkeit, einen Testamentsvollstrecker zu ernennen (§§ 2197 ff. BGB). Die konkreten Aufgaben ergeben sich dabei aus der letztwilligen Verfügung des Erblassers (§ 2203 BGB). Im Kompetenzbereich des Testamentsvollstreckers sind die Erben von der Nachlassverwaltung ausgeschlossen (§ 2211 BGB).
Schließlich ist es auch noch denkbar, eine Nachlassverwaltung bzw. ein Nachlassinsolvenzverfahren anzuordnen. Deren Zweck ist es, eine Trennung von

226 Vgl. *Bureš/Drápal/Krčmář/Drápal*: Občanský soudní řád, S. 866 f.

Eigen- und Nachlassvermögen herbeizuführen; zugleich soll eine anteilsmäßig gerechte Befriedigung der Gläubigerinteressen erfolgen.

b) Das tschechische Recht

Anders dahingegen die Nachlassabwicklung im tschechischen Recht: Dort obliegt diese Aufgabe hauptsächlich den Notaren, die im Rahmen des Nachlassverfahrens als Gerichtskommissäre tätig sind. Die Erben sind während dieser Zeit auf sicherungserhaltende Maßnahmen beschränkt. Wurde auf Grund richterlicher Anordnung oder testamentarischer Verfügung ein Nachlassverwalter bestellt, übernimmt dieser die Funktion den Nachlass zu sichern. Die Erben sind dann, soweit der Kompetenzbereich des Erbschaftsverwalters reicht, von der Betreuung des Nachlasses ausgeschlossen und darauf beschränkt, Maßnahmen, die das gewöhnliche Maß des Geschäftsbetriebs überschreiten, die Genehmigung zu erteilen. Erst mit rechtskräftigem Abschluss des Nachlassverfahrens enden die Tätigkeit des Notars sowie die des Nachlassverwalters. Die verbliebenen Abwicklungsaufgaben, wie Begleichung der Erblasserschulden, fallen dann den Erben zu.

Die Möglichkeit einer Testamentsvollstreckung ist im gegenwärtigen Zivilgesetzbuch der Tschechischen Republik nicht vorgesehen. Auch kennt das ObčZ keine Rechtsinstitute, die - der deutschen Nachlasspflegschaft bzw. dem deutschen Nachlassinsolvenzverfahren vergleichbar - eine Trennung von Eigen- und Nachlassvermögen herbeiführen würden. Allerdings ist dies auch gar nicht erforderlich, da der Erbe im tschechischen Recht ohnehin nur bis zur Höhe des Wertes der erworbenen Erbschaft für Nachlassschulden haftet (§ 470 ObčZ).

4. Teil: Die Abwicklung eines deutsch-tschechischen Erbfalls in Deutschland

I. Legitimation der Nachlassabwickler des tschechischen Rechts

1. Legitimation des *„notář"* in Deutschland

Wie oben bereits festgestellt, obliegt in der Tschechischen Republik den Notaren, als von den Nachlassgerichten beauftragten Gerichtskommissären, die Abwicklung des Nachlasses (vgl. §§ 74 ff. JednŘ[1]). Hinterließ der tschechische Erblasser nun Vermögenswerte in der Bundesrepublik Deutschland, so stellt sich die Frage, ob ein *notář* auch in Deutschland aktiv werden darf um z.B. eine Nachlassabhandlung durchzuführen oder „unaufschiebbare Maßnahmen", wie die Sicherung des Nachlasses, anzuordnen, und auf welche Weise er sich dabei im Rechtsverkehr zu legitimieren hat.
Zu bedenken ist, dass jedem Staat innerhalb seines Herrschaftsbereichs eine grundsätzlich unbeschränkte Gerichtsbarkeit zukommt.[2] Diese Kompetenz zur Ausübung von Gerichtsbarkeit beinhaltet auch einen Ausschluss ausländischer Hoheitsträger von Gerichtstätigkeiten auf inländischem Territorium.[3] Nach völkerrechtlichen Grundsätzen kann jeder Staat kraft seiner Gebietshoheit eine von einem fremden Staat ausgehende hoheitliche Betätigung auf seinem Gebiet untersagen.[4] Die Befugnisse eines Notars enden deswegen an der Grenze des Staates, dessen öffentliche Aufgaben er ausübt und der ihm seine Rechte verliehen hat.[5] Dies folgt letztlich aus dem Grundsatz der Souveränität.[6] Gemäß § 11a S. 3 BNotO darf ein im Ausland bestellter Notar im Geltungsbereich dieses Gesetzes lediglich auf Ersuchen eines inländischen Notars kollegiale Hilfe leisten. Ein *notář* der Tschechischen Republik ist daher nicht befugt *in* Deutschland eine Nachlassabwicklung durchzuführen oder „unaufschiebbare Maßnahmen" anzuordnen. Dies bedeutet jedoch nicht, dass der Notar nicht in der Tschechischen Republik ein Nachlassverfahren *über* ein in Deutschland belegenes Vermögen durchführen darf.[7] Dabei ist jedoch § 44 S. 2 MPSaP[8] zu beachten. Demzufolge wird ein tschechisches Gericht einen im Ausland befindlichen Nachlass nur dann mitverhandeln, wenn der fremde Staat eine entsprechende Entscheidung anerkennt. Das tschechische Gericht würde daher eine in Deutschland belegene

---

1 Nr. 37/1992 Sb.
2 Vgl. *Schütze*, DNotZ 1992, S. 66
3 Vgl. *Dahm/Delbrück/Wolfrum*, Völkerrecht, Bd. 1/ I, S. 326 ff, S. 453
4 Vgl. *Schippel/Schippel*, § 11 a BNotO, Rn. 1
5 Vgl. *Höfer/Huhn*, Allgemeines Urkundsrecht, S. 74
6 Vgl. *Schütze*, DNotZ 1992, S. 66
7 Vgl. zu Beurkundungen des Notars mit Schwerpunkt im Ausland *Schütze*, DNotZ 1992, S. 67
8 Nr. 97/1963 Sb.

Immobilie des Erblassers nicht in die Nachlassabwicklung mit einbeziehen, weil deutsche Grundbuchämter für Eintragungen in das Grundbuch regelmäßig einen deutschen Erbschein verlangen. In der Praxis ist es deshalb üblich, dass in einem tschechischen Nachlassverfahren nur das in Tschechien belegene Vermögen mitverhandelt wird.

2. Legitimation der Erben (*dědici*) in Deutschland

Während des Nachlassverfahrens sind die Erben grundsätzlich von der Nachlassabwicklung ausgeschlossen (vgl. § 175r OSŘ). Infolge dessen sind für die Dauer des Nachlassverfahrens praktisch keine relevanten Situationen denkbar, in denen sich die Erben in Deutschland legitimieren müssten. Sobald das nachlassgerichtliche Verfahren hingegen abgeschlossen ist und die Erben eine sog. Erbbestätigung (*usnesení o dědictví*) erlangt haben (§ 175q OSŘ), stellt sich jedoch die Frage, ob sich die Erben mit dieser Bestätigung im Rechtsverkehr legitimieren können und ob es den Erben möglich ist, mit Hilfe der Erbbestätigung in Deutschland Nachlassabwicklungsmaßnahmen durchzuführen.

a) Inhalt und Funktion der Erbbestätigung (*usnesení o dědictví*) im Allgemeinen

Mit Abschluss des nachlassgerichtlichen Verfahrens stellt das Gericht eine Erbbestätigung aus. In dieser wird einem Alleinerben sein Erbrecht bescheinigt (§ 175q Abs. 1 lit. a OSŘ) bzw. festgestellt, dass der Nachlass an den Staat fällt (§ 175q Abs. 1 lit. b OSŘ) oder bei mehreren Erben die Erbauseinandersetzungsvereinbarung genehmigt (§ 175q Abs. 1 lit. c OSŘ).[9] Konnten sich die Erben auf keine gütliche Erbauseinandersetzungsvereinbarung verständigen, dann begnügt sich das Gericht damit, den einzelnen Erben ihre Erbanteile zu bestätigen (§ 175q Abs. 1 lit. d OSŘ). Soweit die Erbbestätigung lediglich dem Alleinerben sein Erbrecht bescheinigt bzw. die Erbquoten einzelner Miterben festgestellt werden, kommt der Bestätigung lediglich deklaratorische Wirkung zu.[10] Dahingegen hat der Genehmigungsbeschluss der Erbauseinandersetzungsvereinbarung eine konstitutive ex-tunc Wirkung.[11]
Des Weiteren kann der Beschluss auch eine Auseinandersetzung des unteilbaren Miteigentums der Eheleute beinhalten (§ 175q Abs. 2 OSŘ i.V.m. § 175l OSŘ), eine Wertfestsetzung hinsichtlich des erblasserischen Eigentums sowie die Höhe der Schulden und des Nettovermögens; gegebenenfalls kann die Überschuldung des Nachlasses zum Zeitpunkt des Todes des Erblassers festgestellt werden (§ 175q Abs. 2 OSŘ i.V.m. § 175o OSŘ).[12]

9 Vgl. *Bureš/Drápal/Krčmář/Drápal*: Občanský soudní řád, S. 855 ff.
10 Vgl. *Süß/Haas/Rombach*, Erbrecht in Tschechien, Rn. 110
11 Rückwirkung zum Zeitpunkt des Todes des Erblassers
12 Vgl. *Bureš/Drápal/Krčmář/Drápal*: Občanský soudní řád, S. 857 f.

Mit dem Beschluss des Gerichts ist das Nachlassverfahren beendet. Die Anforderungen an die schriftliche Ausfertigung des Beschlusses ergeben sich aus § 169 Abs. 1 OSŘ. Grundsätzlich ist es nicht erforderlich, dass der Beschluss eine Begründung enthält (§ 169 Abs. 2 OSŘ). Anders ist dies aber hinsichtlich der Frage, wer die Kosten des Nachlassverfahrens bzw. die Kosten für den Notar (als Gerichtskommissär) trägt. Dieser Urteilsspruch bedarf einer Begründung.[13] Die Anforderungen hierfür sind in § 157 Abs. 2 und 4 OSŘ geregelt. Notwendig ist zudem, dass der Beschluss hinreichend genau und bestimmt formuliert wird.[14] Für Fahrnisse bedeutet dies, dass sie so konkret benannt werden müssen, dass sie ohne Probleme identifiziert werden können. Bei einem Alleinerben genügt regelmäßig eine allgemeine Beschreibung der Erbschaft. Eine Aufzählung aller Einzelgegenstände ist in diesem Fall nicht nötig.[15] Liegenschaften sind entsprechend den in § 5 KatZ[16] geregelten Erfordernissen anzugeben. Andernfalls ist eine Umschreibung im Immobilienkataster nicht möglich. Gehörte zum Nachlass ein Unternehmen (i.S.d. § 5 ObchZ[17]), dann ist dieses im Urteilsspruch wie eine Sache zu bezeichnen. Regelmäßig wird man aber auch die einzelnen Rechte, Sachen oder andere Vermögenswerte, die zum Unternehmen gehören, angeben, insbesondere dann, wenn sie von einigem Wert sind.[18]

Gegen die Entscheidung des Gerichts kann innerhalb von 15 Tagen Berufung beim Gericht der ersten Instanz eingelegt werden (§ 204 OSŘ). Nach Rechtskraft dieses Beschlusses beseitigt das Gericht alle getroffenen Sicherungsmaßnahmen, sofern diese noch bestehen (vgl. § 175s OSŘ). Insbesondere hebt das Gericht alle Auszahlungsverbote von Konten, Versicherungspolicen und von anderen Vermögenswerten auf, die durch das Gericht angeordnet worden sind oder auf Grund von gesetzlichen Bestimmungen bestanden haben (§ 95 JednŘ). Gleichzeitig sind die Institute, bei denen die freigewordenen Mittel liegen, anzuweisen, an wen sie diese auszuzahlen haben (§ 96 JednŘ). Dies hat den Vorteil, dass der Erbe beim Nachweis seines Erbes nicht seinen gesamten Nachlass, der im Genehmigungsbeschluss aufgeführt ist, offen legen muss.[19] Auch ist der rechtskräftige Beschluss sowohl dem zuständigen Katasteramt (§ 7 KatZ), zum Zweck der Eintragung (§ 94 Abs. 2 S. 1 JednŘ), als auch der zuständigen Steuerbehörde zuzustellen.[20] Auf Antrag kann der Beschluss mit einem Rechtskraftvermerk versehen werden, womit er im Rechtsverkehr als Erbrechtsnachweis verwendet werden kann.[21]

---

13 Vgl. *Bureš/Drápal/Krčmář/Drápal*: Občanský soudní řád, S. 858
14 Vgl. *Bureš/Drápal/Krčmář/Drápal*: Občanský soudní řád, S. 858
15 Vgl. *Bureš/Drápal/Krčmář/Drápal*: Občanský soudní řád, S. 858
16 Katastrální zákon, Nr. 344/1992 Sb. („Katastergesetz“)
17 Obchodní zákoník, Nr. 513/1991 Sb. („Handelsgesetzbuch“)
18 Vgl. *Bureš/Drápal/Krčmář/Drápal*: Občanský soudní řád, S. 858
19 Vgl. *Süß/Haas/Rombach*, Erbrecht in Tschechien, Rn. 113
20 Vgl. *Bureš/Drápal/Krčmář/Drápal*: Občanský soudní řád, S. 858
21 Vgl. *Süß/Haas/Rombach*, Erbrecht in Tschechien, Rn. 113

b) Die Erbbestätigung tschechischen Rechts im deutschen Grundbuchverfahren

Für einen Ausländer kann es von großer Bedeutung sein, ob ein bereits in einem anderen Staat ausgestelltes Erbrechtszeugnis in Deutschland anerkannt wird. Denn für den Fall, dass er zusätzlich einen deutschen Erbschein beantragen muss, entsteht ihm ein doppelter Zeit-, Kosten- und Arbeitsaufwand. Zudem ist es ihm nicht dann möglich, unmittelbar nach dem Tod des Erblassers über den in Deutschland belegenen Nachlass zu verfügen.
Im Grundbuchrecht stellt sich die Frage nach der Anerkennungsfähigkeit ausländischer Erbnachweise insbesondere im Zusammenhang mit § 35 GBO. Gemäß § 35 Abs. 1 S. 1 GBO kann eine Änderung der im Grundbuch eingetragenen Rechtslage nur durch Vorlage eines Erbscheins erbracht werden. Nur ausnahmsweise genügt an Stelle des Erbscheins eine Verfügung von Todes wegen verbunden mit der Niederschrift über die Eröffnung der Verfügung (§ 35 Abs. 1 S. 2 GBO).
Gehört nun zum Nachlass eines ausländischen Erblassers eine in Deutschland belegene und im Grundbuch eingetragene Immobilie, dann stellt sich die Frage, ob der Nachweis im Sinne des § 35 GBO auch durch ein ausländisches Erbzeugnis, im konkreten Fall durch eine Erbbestätigung tschechischen Rechts (*usnesení o dědictví),* erbracht werden kann.

aa) Anerkennung ausländischer Erbnachweise (§ 16a FGG)

Ein staatsvertragliches Abkommen, welches die gegenseitige Anerkennung von Erbrechtszeugnissen im deutsch-tschechischen Verhältnis regelt, ist nicht vorhanden.
Zu hinterfragen ist aber, ob nicht bereits § 16a FGG, der mit Wirkung zum 01.09.1986 ins Gesetz eingefügt wurde, eine Anerkennung von ausländischen Erbnachweisen auch im Grundbuchverfahren gebietet. Grundsätzlich sind gemäß § 16a FGG ausländische Entscheidungen der freiwilligen Gerichtsbarkeit bei internationaler Zuständigkeit des ausländischen Gerichts (nach deutschem Recht) und Konformität mit dem deutschen *ordre public* zu akzeptieren. Damit werden die prozessualen Wirkungen, die eine fremde hoheitliche Entscheidung in ihrem Herkunftsstaat besitzt, kraft inländischen Erstreckungsbefehls in die Bundesrepublik Deutschland „importiert“.[22]
Diese Frage ist in Literatur und Rechtsprechung äußerst umstritten. Im Folgenden soll daher ein knapper Überblick über den aktuellen Stand der Diskussion hinsichtlich der Anerkennungsproblematik gegeben werden.

---

22 Vgl. *Schulz*, Die Subsumtion ausländischer Rechtstatsachen, S. 42; *Geimer*, Anerkennung ausländischer Entscheidungen in Deutschland, S. 86 ff.

(1) Meinungsstand

(α) § 35 GBO als lex specialis

Vielfach wird vertreten, dass § 35 GBO eine *lex specialis* zu § 16a FGG darstelle,[23] weshalb eine Anerkennung ausgeschlossen sei. Dem ist jedoch entgegenzuhalten, dass § 16a FGG zeitlich später als § 35 GBO ins Gesetz eingefügt wurde. Nach den allgemeinen Regeln der Gesetzeskonkurrenz verdrängt aber das ältere Gesetz nicht das jüngere.[24] Ebenso wenig lässt sich aus den Gesetzesmaterialien zu § 16a FGG ein entsprechender Schluss ziehen.[25]

(β) Einziehung des ausländischen Erbscheins nicht möglich

Nach *Firsching*[26] sei eine Anerkennung ausgeschlossen, weil ausländische Erbscheine nicht eingezogen werden können, wofür er allerdings keine Begründung gibt. Gegen diese Auffassung kann wiederum vorgebracht werden, dass unrichtige ausländische Erbzeugnisse auch in Deutschland durch einen negativen territorialen Geltungsvermerk für kraftlos erklärt werden können.[27] Auf diese Weise kann die Rechtssicherheit gewahrt werden, ohne in eine fremde Hoheitsgewalt einzugreifen.

(γ) Widerspruch zum deutschem IPR

Des Weiteren zeigt *Firsching* das Problem auf, dass durch die Anerkennung ein dem deutschen IPR widersprechender Zustand eintreten könne.[28] Denn im Fall der Billigung ausländischer Erbscheine lässt man dasjenige Erbstatut in Deutschland gelten, das von den ausländischen Kollisionsnormen bestimmt wurde. Es kann also vorkommen, dass der ausländische Erblasser für in Deutschland belegenen Nachlass nach anderem Recht beerbt wird, als er es nach dem maßgeblichen deutschen IPR würde. Dies könnte dazu führen, dass im Inland innerhalb derselben Erbfolge unterschiedliche materielle Rechte angewendet werden, die die Erbfolge unterschiedlich regeln. Dem hält *Gronle* aber entgegen, dass der Gesetzgeber dieses Problem erkannt und deshalb § 16a Nr. 3

23 Vgl. *Krzywon*, BWNotZ 1989, S. 133; KG RPfleger 1997, S. 384 = NJW-RR 1997, S. 1094

24 Vgl. *Bauer/v.Oefele/Schaub*, GBO, Internationale Bezüge, Rn. 558; *Gronle*, Nachweis nach § 35 GBO durch ausländische Erbzeugnisse, S. 119

25 Vgl. BT-Drucks. 10/504, S. 92 ff.

26 Vgl. *Staudinger/Firsching*, Vorbemerkung zu Artt. 24-26 EGBGB, 12. Auflage, Rn. 340

27 Vgl. *Schulz*, Die Subsumtion ausländischer Rechtstatsachen, S. 183 ff.

28 Vgl. *Staudinger/Firsching*, § 2369 BGB, 12. Auflage, Rn. 12, der dieses Problem an Hand eines Fallbeispiels veranschaulicht

FGG geschaffen habe.[29] Gemäß dieser Norm ist eine Anerkennung der ausländischen Entscheidung ausgeschlossen, wenn diese mit einer hier erlassenen oder anzuerkennenden früheren ausländischen Entscheidung nicht kompatibel ist. Gleiches gilt bei Unvereinbarkeit des ihr zugrunde liegenden Verfahrens mit einem früher hier rechtshängig gewordenen Verfahren. Des Weiteren ist anzuführen, dass ein deutsches Nachlassgericht auch nach allgemeinen Grundsätzen nicht an ein ausländisches Erbzeugnis gebunden ist und somit bei einem Verstoß gegen das deutsche IPR, unabhängig von dem ausländischen Erbzeugnis, einen deutschen Erbschein erteilen kann.[30]

(δ) Prüfungspflicht für das Grundbuchamt

Ein weiteres Argument gegen eine Anerkennung ausländischer Erbzeugnisse ist, dass dem Grundbuchamt die Prüfung ausländischer Erbzeugnisse nicht zugemutet werden könne.[31] Bedenkt man allerdings, dass dies vom Grundbuchamt im Rahmen des § 35 Abs. 1 S. 2 GBO auch verlangt wird, dann ist kein plausibler Grund erkennbar, wieso man ausländische öffentliche Urkunden und Erbnachweise nicht gleich behandeln sollte. Hinzu kommt, dass auch in anderen Fällen der Anerkennung ausländischer Entscheidungen auf dem Gebiet der freiwilligen Gerichtsbarkeit die Prüfung der Rechtslage zwar schwierig, aber in der Regel dennoch zumutbar ist.[32]

(ε) Keine Bindung des Nachlassgerichts an das ausländische Zeugnis

Von der Rechtsprechung wird vor allem ins Feld geführt, dass eine Anerkennung deswegen ausgeschlossen sei, weil das deutsche Nachlassgericht im Rahmen eines Antrags auf Erteilung eines deutschen Erbscheins an einen bereits existierenden ausländischen Erbnachweis nicht gebunden sei.[33] Dieses Argument sagt aber über die grundsätzliche Anerkennungsfähigkeit des Erbnachweises noch nichts aus. Denn auch soweit gemäß § 16a FGG ausländische Entscheidungen der freiwilligen Gerichtsbarkeit zunächst anzuerkennen sind, können sie, jedenfalls wenn sie im Inland keine materielle Rechtskraft entfalten, durch deutsche Gerichte abgeändert werden.[34] Die Frage, ob eine ausländische Entscheidung einer erneuten Sachentscheidung durch ein inländisches Gericht entgegensteht, wird hingegen von § 16a FGG gar nicht erfasst. Stattdessen ist dieses Problem nach den allgemeinen Grundsätzen zu lösen. Danach kann nur

29 Vgl. *Gronle*, Nachweis nach § 35 GBO durch ausländische Erbzeugnisse, S. 119 f.

30 Vgl. *Gronle*, Nachweis nach § 35 GBO durch ausländische Erbzeugnisse, S. 119 f. und S. 124

31 Vgl. *Krzywon*, BWNotZ 1989, S. 133

32 Vgl. *Gronle*, Nachweis nach § 35 GBO durch ausländische Erbzeugnisse, S. 119 f.

33 Vgl. KG JFG 16 (1938), Nr. 6, S. 29 f.; KG NJW 1954, S. 1331 f.; BayObLGE 1965, S. 377 ff.; BayObLG FamRZ 1991, S. 1237

34 Vgl. *Kaufhold*, ZEV 1997, S. 401; BGH NJW-RR 1986, S. 1130

eine ausländische Entscheidung, die im Inland materielle Rechtskraft entfaltet, ein Verfahrenshindernis für die Eröffnung eines inländischen Verfahrens darstellen.[35] Dem Erbschein kommt aber nach deutschem Verständnis keine Rechtskraftwirkung zu, weil er nach seiner Erteilung jederzeit eingezogen oder für kraftlos erklärt werden kann.[36] Da der deutsche Erbschein jedoch keine materielle Rechtskraft entfaltet, kann dies auch ein ausländisches Erbzeugnis in Deutschland nicht. Denn die Wirkungserstreckung ausländischer Entscheidungen ist beschränkt: Das ausländische Zeugnis kann in Deutschland keine weitergehenden Wirkungen entfalten als ein vergleichbares inländisches Zeugnis.[37] Daher kann ein deutsches Nachlassgericht schon nach allgemeinen Regeln nicht an ein ausländisches Zeugnis gebunden sein. Dass das deutsche Nachlassgericht nicht an einen ausländischen Erbschein gebunden ist, folgt somit bereits aus allgemeinen Regeln und nicht daraus, dass das ausländische Zeugnis generell nicht anerkennungsfähig sei. Umgekehrt hingegen sagt die fehlende Bindungswirkung nichts über die allgemeine Anerkennungsfähigkeit des ausländischen Zeugnisses aus.[38]

(ζ) Anerkennung ausländischer Erbscheine als materiellrechtliche Frage

Schließlich ist noch zu hinterfragen, ob ein ausländischer Erbschein, dem im Ausland prozessuale Entscheidungswirkungen (z.B. Rechtskraft) zukommen, einen in Deutschland anerkennungsfähigen Inhalt aufweist. Ein ausländisches Erbzeugnis kann in Deutschland keine Rechtskraft entfalten, denn die Wirkungen des ausländischen Zeugnisses können und dürfen nicht über diejenigen des inländischen hinausgehen.[39] Da ein deutscher Erbschein aber nie auch nur die geringste prozessuale Entscheidungswirkung entfaltet, kann ein ausländisches Erbzeugnis ein solche ebenfalls nicht herbeiführen.

Zwar könnte man sich mit *Kropholler*[40] auf den Standpunkt stellen, dass es hinsichtlich der prozessualen Entscheidungswirkungen nur darauf ankommt, dass die betroffene Rechtsordnung generell die Entscheidungswirkungen des ausländischen Erbnachweises kennt. Dann wäre eine Anerkennung möglich, denn das deutsche FGG kennt die Rechtskraft. Meines Erachtens ist aber ein solcher Glo-

35 Vgl. *Richardi*, Die Anerkennung und Vollstreckung ausländischer Akte der freiwilligen Gerichtsbarkeit, S. 136 f.

36 Vgl. *Richardi*, Die Anerkennung und Vollstreckung ausländischer Akte der freiwilligen Gerichtsbarkeit, S. 59

37 Vgl. *Gronle*, Nachweis nach § 35 GBO durch ausländische Erbzeugnisse, S. 101 und S. 124

38 Vgl. *Gronle*, Nachweis nach § 35 GBO durch ausländische Erbzeugnisse, S. 101 und S. 124

39 Vgl. *Geimer*, FS für Ferid 1988, 89 und 117; *Gronle*, Nachweis nach § 35 GBO durch ausländische Erbzeugnisse, S. 101 und S. 126 f.

40 Vgl. *Kropholler*, IPR, § 60 IV

balvergleich abzulehnen. Soll nämlich durch eine Systemkonformität eine Störung der inländischen Rechtsordnung vermieden werden, dann müssen die entsprechenden Rechtsinstitute und nicht nur die Rechtsordnungen übereinstimmen.[41] Daher muss ein Feinvergleich maßgeblich sein.[42] Es ist also danach zu fragen, ob die deutsche Rechtsordnung die prozessualen Wirkungen des ausländischen Erbnachweises kennt.
Der deutsche Erbschein kennt aber keine prozessualen Entscheidungswirkungen. Folglich können diese Wirkungen eines ausländischen Erbzeugnisses nicht auf das Inland erstreckt werden. Auf Grund dieser Grenze der Wirkungserstreckung fehlt es an einem anerkennungsfähigen Inhalt.[43]

(2) Ergebnis

Mangels anerkennungsfähiger Wirkungen scheidet eine Anerkennung eines tschechischen Erbzeugnisses entsprechend § 16a FGG aus.

bb) Substitution durch ausländische Erbzeugnisse

Nachdem eine Anerkennung der Erbbestätigung tschechischen Rechts (*usnesení o dědictví*) entsprechend § 16a FGG abgelehnt wurde, ist nun zu prüfen, ob eine materielle Anerkennung der ausländischen Erbbestätigung in Form einer Substitution unter § 35 Abs. 1 S. 1 GBO möglich ist. Denn es entspricht der herrschenden Meinung, dass eine Substitution auch dann stattfinden kann, wenn eine Anerkennung gemäß § 16a FGG ausscheidet, da es sich um zwei völlig selbständige Rechtsfiguren handelt.[44]
Terminologisch meint Substitution die Ersetzung eines Rechtsinstituts der *lex causae* durch ein funktionell gleichwertiges Rechtsinstitut einer anderen d.h. ausländischen Rechtsordnung.[45] Damit eine Substitution stattfinden kann, ist es erforderlich, dass eine Ersetzung des deutschen Rechtsinstituts, vorliegend des Erbscheins, durch ein ausländisches Zeugnis überhaupt möglich ist und dass dieses dem deutschen funktionell vergleichbar ist.[46]

---

41 Vgl. *van Venrooy*, Internationalprivatrechtliche Substitution, S. 568
42 Vgl. *Bungert*, IPRax 1992, S. 229 f.
43 Vgl. *Gronle*, Nachweis nach § 35 GBO durch ausländische Erbzeugnisse, S. 127
44 Vgl. *van Venrooy*, Internationalprivatrechtliche Substitution, S. 565; *Schulz*, Die Subsumtion ausländischer Rechtstatsachen, S. 42; *Gronle*, Nachweis nach § 35 GBO durch ausländische Erbzeugnisse, S. 137 ff.
45 Vgl. *Schulz*, Die Subsumtion ausländischer Rechtstatsachen, S. 51 f.
46 Vgl. *Schulz*, Die Subsumtion ausländischer Rechtstatsachen, S. 51 f.; *Kropholler*, IPR, § 33 II

(1) Grundsätzliche Möglichkeit der Substitution

Bevor auf die weiteren Voraussetzungen einer Substitution einzugehen ist, muss vorab geprüft werden, ob überhaupt die grundsätzliche Möglichkeit einer Substitution gegeben ist. Die wohl überwiegende Meinung geht davon aus, dass unter einem „Erbschein" i.S.d. § 35 GBO nur ein deutscher Erbschein entsprechend den §§ 2353 ff. BGB gemeint ist und lehnt eine Substitution durch ein ausländisches Erbzeugnis daher ab.[47] Diese Ansicht soll im Folgenden kritisch untersucht werden.

(α) Wortlaut

Ausgangspunkt der Betrachtung ist zunächst der Wortlaut der Vorschrift. § 35 Abs. 1 S. 1 GBO spricht allgemein von einem „Erbschein". Eine Beschränkung auf einen „deutschen Erbschein" oder einen „Erbschein gemäß den §§ 2353 ff. BGB" findet nicht statt. Somit lässt sich aus dem Wortlaut der Norm nicht der Wille des Gesetzgebers ableiten, dass ein ausländisches Erbzeugnis kein „Erbschein" i.S.d. § 35 Abs. 1 S. 1 GBO sein kann.

(β) Historie

Weiterhin ist zur Auslegung die Entstehungsgeschichte der Norm heranzuziehen. Aus den Materialien zu § 35 GBO ergibt sich, dass der Gesetzgeber grundsätzlich von einem deutschen Erbschein ausgegangen ist, da sich in diesen keine Anhaltspunkte für eine Einbeziehung auch ausländischer Erbzeugnisse finden.[48] Jedoch schließt dies eine Substitution nicht aus. Denn die Substitution überlässt die Ausfüllung gerade nicht einer anderen Rechtsordnung, sondern ermittelt nur, ob sich das deutsche Recht auch mit einem Ersatz zufrieden gibt, der aus einem fremden materiellen Recht stammt.[49]

(γ) Zweck

Ferner ist die Vorschrift an Hand ihres Zwecks auszulegen. Die *ratio* des § 35 Abs. 1 S. 1 GBO ist es, dem Grundbuchamt eine oft zeitraubende und mitunter schwierige Prüfung der erbrechtlichen Verhältnisse zu ersparen und ihm eine klare Grundlage für seine Entscheidung zu geben.[50] Diese könnte durch die Vorlage eines ausländischen Erbscheins möglicherweise vereitelt werden. Hier ist aber wiederum anzumerken, dass dem Grundbuchamt im Rahmen des § 35 Abs.

47 Vgl. *Krzywon*, BWNotZ 1989, S. 133; *Ferid*, Internationales Privatrecht, Rn. 9 ff.

48 Vgl. *Hahn/Mugdan*, Gesammelte Materialien, S. 162 f.; Entwurf einer Grundbuchordnung, S. 76 ff.; Grundbuchordnung für das deutsche Reich, S. 46 f.

49 Vgl. *Gronle*, Nachweis nach § 35 GBO durch ausländische Erbzeugnisse, S. 143

50 Vgl. *Bauer/von Oefele/Schaub*, GBO, § 35, Rn. 1

1 S. 2 GBO gleichwohl die Prüfung ausländischer Urkunden zugemutet wird. Zudem ist zu bedenken, dass es nicht Aufgabe des Grundbuchamtes ist, die inhaltliche Richtigkeit des ausländischen Erbscheins zu überprüfen. Vielmehr muss es nur kontrollieren, ob der Erbschein von der sachlich zuständigen Stelle ausgestellt wurde und ob das Erbrecht im Erbzeugnis formell richtig und unzweideutig bezeugt ist.[51] Überdies muss das Grundbuchamt zwar die Prüfung der funktionellen Gleichwertigkeit bei ausländischen Erbnachweisen vornehmen. Da aber mittlerweile ausreichend Literatur über das ausländische Erbrecht vorhanden ist,[52] kann diese Aufgabe vom Grundbuchamt durchaus bewältigt werden. Im Bedarfsfall können auch zahlreiche wissenschaftliche Institute[53] um Rat gefragt werden, so dass diese Prüfung dem Grundbuchamt durchaus zumutbar ist.

Als letztes Argument für eine Substitution spricht, dass diese nur ganz ausnahmsweise völlig abzulehnen ist.[54] Dies wäre dann der Fall, wenn die betreffende Norm mit der Verwendung des deutschen Rechtsinstituts Zwecke verfolgt, die durch ein ähnliches ausländisches Rechtsinstitut nicht erreicht werden kann.[55] Meines Erachtens bestehen hierfür jedoch keine Anhaltspunkte. Die Absichten, die § 35 Abs. 1 S. 1 GBO mit dem Erfordernis eines Erbscheins verfolgt, sind durchaus auch mit einem ausländischen Erbnachweis zu erfüllen.[56]

(δ) Ergebnis

Somit gelange ich bei einer Gesamtbetrachtung der vorgebrachten Argumente zu dem Schluss, dass § 35 Abs. 1 S. 1 GBO zwar vorrangig einen deutschen Erbschein meint, wenn zum Nachweis der Erbfolge ein Erbschein gefordert wird. Jedoch finden sich meines Erachtens keine Anhaltspunkte dafür, dass der Nachweis der Erbfolge nicht auch durch ein ausländisches Erbzeugnis erbracht werden könnte. Eine Substitution eines Erbscheins i.S.d. § 35 Abs. 1 S. 1 GBO durch eine Erbbestätigung des tschechischen Rechts (*usnesení o dědictví*) ist daher möglich.

---

51 Vgl. *Bauer/von Oefele/Schaub*, GBO, § 35, Rn. 68 und Rn. 80 ff.

52 Vgl. nur *Ferid/Firsching*, Tschechien und *Süß/Haas*, Erbrecht in Tschechien

53 Max-Planck-Institut für internationales und ausländisches Privatrecht (Hamburg); Institut für internationales und ausländisches Privatrecht (Köln); Institut für Ostrecht (Regensburg) u.v.m.

54 Vgl. *Gronle*, Nachweis nach § 35 GBO durch ausländische Erbzeugnisse, S. 144

55 Vgl. *Rauscher*, IPR, 2. Teil, 4. Abschnitt, C, 2 a

56 Vgl. ebenso *Gronle*, Nachweis nach § 35 GBO durch ausländische Erbzeugnisse, S. 144 f.

(2) Funktionelle Äquivalenz

(α) Allgemeine Voraussetzungen

Damit ein ausländisches Erbzeugnis einen inländischen Erbschein im Rahmen des § 35 GBO substituieren kann, muss es diesem funktionell gleichwertig sein. Dafür sind nach *Gronle* folgende Voraussetzungen zu erfüllen:[57]

- das ausländische Zeugnis muss in Bezug auf den Mindestinhalt, den ein deutscher Erbschein besitzen muss, diesem vergleichbar sein
- das ausländische Zeugnis muss im Hinblick auf Qualifikation und Verfahrensweise dem deutschen Nachlassgericht entsprechen
- das ausländische Gericht oder die ausländische Behörde muss vor der Ausstellung des Erbscheins von Amts wegen eigene Ermittlungen über die Erbfolge anstellen und damit eine hinreichende Gewähr für die Richtigkeit des Erbzeugnisses bieten
- dem ausländischen Zeugnis muss im Ausstellungsstaat eine dem § 2365 BGB vergleichbare Legitimationswirkung zukommen
- vom ausländischen Erbschein ist ein Gutglaubensschutz i.S.d. § 2366 f. BGB zu fordern

Selbstverständlich ist eine funktionelle Gleichwertigkeit auch dann gegeben, wenn das ausländische Zeugnis einen umfassenderen Schutz bietet als der deutsche Erbschein.

(β) Prüfung der funktionellen Gleichwertigkeit der Erbbestätigung tschechischen Rechts (*usnesení o dědictví*) mit dem deutschen Erbschein

Im Folgenden soll nun geprüft werden, ob die Erbbestätigung tschechischen Rechts (*usnesení o dědictví*) dem deutschen Erbschein funktionell gleichwertig ist und diesen daher substituieren kann.

(αα) Äquivalenz des Inhalts

Inhaltlich entspricht die *usnesení o dědictví* weitestgehend dem deutschen Erbschein (vgl. § 175q OSŘ); insbesondere wird dem Erben sein Erbrecht bezeugt.[58] Verfügungsbeschränkungen enthält die Erbbestätigung dahingegen nicht. Dies ist aber auch entbehrlich, da das tschechische Recht weder eine Testamentsvollstreckung noch das Institut der Vor- und Nacherbschaft kennt.

57 Vgl. *Gronle*, Nachweis nach § 35 GBO durch ausländische Erbzeugnisse, S. 145 ff.
58 Vgl. oben 4. Teil, I. 2. a, S. 126 ff.

(ββ) Ausstellung durch Gericht oder Notar

Zuständig für die Ausstellung ist das *soud příslušný k projednání dědictví,* welches dem deutschen Nachlassgericht entspricht.[59]

(γγ) Ermittlungen von Amts wegen

Die zur Bestimmung der Erben erforderlichen Ermittlungen stellt das *soud příslušný k projednání dědictví* im sog. Nachlassverfahren von Amts wegen fest. Dieses ist in ein Vor- und in ein Hauptverfahren unterteilt. Dabei werden alle Informationen gesammelt, die erforderlich sind um den Kreis der Erben zu bestimmen und das Vermögen des Erblassers festzulegen. Das Verfahren schließt mit der Ausfertigung der Erbbestätigung, die dem Alleinerben sein Erbrecht bezeugt bzw. die Auseinandersetzungsvereinbarung einer Erbenmehrheit genehmigt.

(δδ) Legitimationswirkung

Das Nachlassverfahren des tschechischen Rechts endet durch die Erteilung der *usnesení o dědictví.* Gegen diesen Beschluss des Gerichts kann innerhalb von 15 Tagen Berufung eingelegt werden (§ 204 OSŘ), andernfalls erwächst die *usnesení o dědictví* in Rechtskraft. Die Legitimationswirkung der Erbbestätigung des tschechischen Rechts reicht folglich sogar noch weiter als die des deutschen Erbscheins, der lediglich ein provisorisches Legitimationspapier darstellt und zu keinem Zeitpunkt Rechtskraft erlangt.

(εε) Gutglaubensschutz

Auch der *usnesení o dědictví* kommt ein gesetzlicher Gutglaubensschutz zu. Gemäß § 486 ObčZ wird derjenige, der etwas in gutem Glauben von einem unrechtmäßigen Erben erlangt, dem die Erbschaft bestätigt worden ist, so geschützt, als ob er es von dem rechtmäßigen Erben erworben hätte. Der Schutz gutgläubiger Dritter wird durch die *usnesení o dědictví* im selben Maße garantiert wie durch einen Erbschein i.S.d. §§ 2353 ff. BGB. Der Gutglaubensschutz durch die Erbbestätigung tschechischen Rechts ist daher als funktionell gleichwertig zum deutschen Erbschein anzusehen.

(ζζ) Ergebnis

Die *usnesení o dědictví* der Tschechischen Republik ist meines Erachtens funktionell gleichwertig zum deutschen Erbschein. Folglich ist sie geeignet, das Tatbestandsmerkmal „Erbschein“ i.S.d. § 35 Abs. 1 S. 1 GBO zu substituieren. Die

59 Vgl. oben 3. Teil, II. 1. b, S. 105 ff.

Erbbestätigung des tschechischen Rechts ist daher vom Grundbuchamt anzuerkennen. Ein zusätzlicher deutscher Erbschein ist nicht erforderlich.

c) Verfügung von Todes wegen in öffentlichen Urkunden, § 35 Abs. 1 S. 2 GBO

Da es aber trotz einer im Vordringen befindlichen[60] und hier vertretenen Auffassung, die bei funktionaler Gleichwertigkeit des ausländischen Legitimationszeugnisses mit dem deutschen Erbschein eine Anerkennung i.S.d. § 35 Abs. 1 S. 1 GBO für möglich hält, weiterhin gängige Praxis der Grundbuchämter ist, für eine Grundbuchberichtigung im Sinne des § 35 Abs. 1 S. 1 GBO einen deutschen Erbschein zu fordern, kann einem tschechischen Erblasser mit in Deutschland belegenen Immobilien nur empfohlen werden hinsichtlich dieses Vermögens eine Verfügung von Todes wegen zu verfassen, die in einer öffentlichen Urkunde enthalten ist. Als öffentliche Urkunden kommen insbesondere notariell beurkundete bzw. öffentliche Testamente in Betracht. Die Voraussetzungen für die Errichtung eines Testaments mittels notarieller Niederschrift sind im tschechischen Recht in § 476d ObčZ i.V.m. §§ 62 ff. NotŘ geregelt.[61]
Für einen Nachweis nach § 35 Abs. 1 S. 2 GBO genügen auch *ausländische* öffentliche Urkunden.[62] Das LG Aachen begründet die Zulassung ausländischer Urkunden damit, dass § 35 Abs. 1 GBO nicht die Vorlage einer inländischen, sondern nur die einer öffentlichen Urkunde verlangt. Öffentliche Urkunden können aber auch ausländische sein.
Voraussetzung für den Nachweis durch eine ausländische öffentliche Urkunde ist die kollisionsrechtliche Formwirksamkeit der öffentlichen Urkunde sowie auf Verlangen des Grundbuchamtes der Nachweis der Erteilung der Apostille[63] zur Anerkennung als öffentliche Urkunde im Sinne des deutschen Rechts.[64] Beherrscht das Grundbuchamt die fremde Sprache nicht hinreichend – was bei Tschechisch regelmäßig der Fall sein dürfte – dann muss es dem Antragsteller die Beschaffung einer Übersetzung aufgeben.[65] Die Richtigkeit der Übersetzung hat das Grundbuchamt nach pflichtgemäßem Ermessen zu beurteilen.[66] Bei ver-

60 Vgl. *Bauer/von Oefele/Schaub*, GBO, Int. Bezüge, Rn. 587; *Gronle*, Nachweis nach § 35 GBO durch ausländische Erbzeugnisse, S. 143 ff.

61 Vgl. oben 1. Teil, V. 3. c, S. 31

62 Vgl. LG Aachen, RPfleger 1965, S. 233; OLG Düsseldorf, MittRhNotK 1983, S. 111 f.; *Kaufhold*, ZEV 1997, S. 399 f.; *Riering*, MittBayNot 1999, S. 519 und S. 528; *Meikel/Bestelmeyer*, GBO, § 35, Rn. 102 ff. und Rn. 122; *Bauer/von Oefele/Schaub*, GBO, § 35, Rn. 588 ff.

63 Vgl. Länderübersicht sowie Formblatt einer Apostille bei *Meikel/Bestelmeyer*, GBO, § 29, Rn. 249 ff.

64 Vgl. *Gronle*, Nachweis nach § 35 GBO durch ausländische Erbzeugnisse, S. 86

65 Vgl. *Bauer/von Oefele/Knothe*, GBO, Int. Bezüge, Rn. 623

66 Vgl. KG, JFG 14, S. 5 und S. 7

bleibenden Zweifeln ist eine Bescheinigung der Richtigkeit und Vollständigkeit von einem hierzu ermächtigten Dolmetscher zu verlangen.[67]

c) Handelsregisteranmeldungen mit einer Erbbestätigung tschechischen Rechts (*usnesení o dědictví*) bzw. einem tschechischen öffentlichen Testament

aa) Zweck und Anforderungen des § 12 Abs. 1 S. 3 HGB

Ähnliche Probleme wie im Grundbuchverfahren ergeben sich auch bei Handelsregisteranmeldungen mit Auslandsbezug. Gemäß § 12 Abs. 1 S. 3 HGB haben die Rechtsnachfolger eines Beteiligten die Rechtsnachfolge soweit tunlich durch öffentliche Urkunden nachzuweisen. Zweck dieser Vorschrift ist es sicherzustellen, dass Anmeldungen zum Handelsregister von der richtigen Person vorgenommen werden.[68] Eine der deutschen Beurkundung gleichwertige Auslandsbeurkundung ist daher formwahrend, soweit die Identität des Unterzeichnenden unproblematisch festgestellt werden kann.[69] Dabei sind an die Gleichwertigkeit der ausländischen Beglaubigung relativ geringe Anforderungen zu stellen.[70] Beruht die Erbfolge auf einer Verfügung von Todes wegen, die in einer öffentlichen Urkunde enthalten ist, genügt es zum Nachweis der Rechtsnachfolge, wenn an Stelle des Erbscheins die Verfügung und die Niederschrift über die Eröffnung der Verfügung vorgelegt werden.[71]

bb) „Öffentliche Urkunde" i.S.d. § 12 Abs. 1 S. 3 HGB

Eine Urkunde ist dann öffentlich, wenn sie von einer öffentlichen Behörde, und dies können auch ausländische Behörden[72] oder ausländische Gerichte[73] sein, innerhalb der Grenzen ihrer Amtsbefugnisse oder von einer mit öffentlichem Glauben versehenen Person innerhalb des ihr zugewiesenen Geschäftskreises in der vorgeschriebenen Form aufgenommen wird (§ 415 ZPO). Das Vorliegen dieser Erfordernisse ist nach dem Recht des Staates zu beurteilen, dem die die

---

67 Vgl. *Bauer/von Oefele/Knothe*, GBO, Int. Bezüge, Rn. 623
68 Vgl. *Ebenroth/Boujong/Joost/Strohn*, § 12 HGB, Rn. 154
69 Vgl. *Baumbach/Hopt*, § 12 HGB, Rn. 5; MüKoHGB/*Krafka*, § 12 Rn. 9 f.
70 Vgl. OLG Schleswig, SchlHA 1962, S. 173 zu § 29 GBO; *Ebenroth/Boujong/Joost/Strohn*, Anhang Handelsregisteranmeldungen mit Auslandsbezug, Rn. 51
71 Vgl. *Ebenroth/Boujong/Joost/Strohn*, § 12 HGB, Rn. 161
72 Vgl. BVerwG NJW 1987, S. 1159; Zweibr FamRZ 2004, S. 729
73 Vgl. BGH MDR 2007, S. 791

Urkunde aufnehmende Stelle angehört.[74] Die Echtheit einer ausländischen öffentlichen Urkunde ist nach § 438 Abs. 1 ZPO vom Gericht nach pflichtgemäßem Ermessen zu beurteilen.[75] Zum Beweis der Echtheit genügt es, wenn die Urkunde mit einer Apostille, also einer Echtheitsbescheinigung durch die zuständige Behörde des Errichtungsstaates, versehen ist.[76] Wird eine solche Urkunde vorgelegt, dann ist ohne weitere Prüfung von der Echtheit der Urkunde auszugehen und es dürfen keine weiteren Echtheitsnachweise gefordert werden.[77] Umgekehrt darf aber eine ausländische öffentliche Urkunde ohne Apostille nicht ohne weiteres als Eintragungsgrundlage zurückgewiesen werden, denn der Beweis der Echtheit der Urkunde kann auch auf anderem Wege erbracht werden. In solchen Fällen muss nach pflichtgemäßem Ermessen die Echtheit der Urkunde geprüft und auf allgemeine Erfahrungsgrundsätze zurückgegriffen werden.[78] Hierbei kann man den im internationalen Rechtsverkehr allgemeinen Erfahrungsgrundsatz heranziehen, dass echte ausländische öffentliche Urkunden für gewöhnlich nicht in fehlerhafter Form und nicht von einer unzuständigen Stelle aufgenommen werden.[79]

cc) Die *usnesení o dědictví* sowie das notarielle Testament (§ 476d ObčZ) im Rahmen des § 12 Abs. 1 S. 3 HGB

Im Hinblick auf die *usnesení o dědictví* bedeutet dies, dass sie, da sich bei ihr eindeutig die Identität des Unterzeichnenden ermitteln lässt (vgl. § 175q OSŘ), eine geeignete Grundlage für eine Eintragung ins Handelsregister i.S.d. § 12 Abs. 1 S. 3 HGB darstellt. Beruht die Erbfolge auf einer Verfügung von Todes wegen mittels notarieller Niederschrift i.S.d. § 476d ObčZ i.V.m. §§ 62 ff. NotŘ, dann genügt es zum Nachweis der Rechtsnachfolge, wenn die Verfügung und die Niederschrift über die Eröffnung der Verfügung vorgelegt werden. Gegebenenfalls ist diese mit einer Apostille zu versehen und eine Übersetzung beizufügen.

---

74 Vgl. BayObLG Beschl. v. 15.01.1926 – Reg. III Nr. 133/25, JFG 4, S. 274; *Ebenroth/Boujong/Joost/Strohn*, Anhang Handelsregisteranmeldungen mit Auslandsbezug, Rn 46

75 Vgl. *Ebenroth/Boujong/Joost/Strohn*, Anhang Handelsregisteranmeldungen mit Auslandsbezug, Rn 48

76 Vgl. *Baumbach/Lauterbach/Albers/Hartmann*, § 438, Rn. 8 ff.

77 Vgl. *Ebenroth/Boujong/Joost/Strohn*, Anhang Handelsregisteranmeldungen mit Auslandsbezug, Rn 48

78 Vgl. BayObLG MittBayNot 1989, S. 273, 275; BayObLG RPfleger 1993, S. 192

79 Vgl. LG Wiesbaden, RPfleger 1988, S. 17; *Ebenroth/Boujong/Joost/Strohn*, Anhang Handelsregisteranmeldungen mit Auslandsbezug, Rn 49 m.w.N.

e) Die Bedeutung tschechischer Erbnachweise im Rechtsverkehr mit Banken

aa) Ausländische Urkunden als Erbnachweis im Sinne der AGB

Nach dem Tod eines Kontoinhabers treten dessen Erben infolge des Prinzips der Universalsukzession unmittelbar in die rechtliche Stellung des Erblassers ein. Dies ist völlig unstreitig. Es stellt sich aber die Frage, wie die Erben die Verfügungsbefugnis über das Konto erlangen können.[80] Dies wirft vor allem dann Schwierigkeiten auf, wenn der Kontoinhaber Ausländer war. Gemäß den Allgemeinen Geschäftsbedingungen der Banken[81] können diese nach dem Tod eines Kunden zur Klärung der Verfügungsberechtigung die Vorlage eines Erbscheins, eines Testamentsvollstreckerzeugnisses bzw. weitere hierfür notwendige Unterlagen erbitten (Nr. 5 S. 1 der AGB-Banken, „Verfügungsberechtigung nach dem Tod des Kunden"). Sind diese Urkunden in fremder Sprache abgefasst, dann kann die Bank deren Übersetzung in die deutsche Sprache verlangen.[82] Damit wird auch klargestellt, dass der Kunde für die Kosten einer erforderlichen Übersetzung aufzukommen hat.[83] Dies ist mit § 307 Abs. 1 BGB durchaus vereinbar.

Die Bank kann auf die Vorlage eines Erbscheins oder eines Testamentsvollstreckerzeugnisses verzichten, wenn ihr eine Ausfertigung oder eine beglaubigte Abschrift der letztwilligen Verfügung nebst zugehöriger Eröffnungsniederschrift vorgelegt wird (Nr. 5 S. 2 der AGB-Banken). Die Bank darf dann denjenigen, der darin als Erbe oder Testamentsvollstrecker bezeichnet ist, als Berechtigten ansehen, ihn verfügen lassen und insbesondere mit befreiender Wirkung an ihn leisten.

Bei ausländischen Urkunden haftet die Bank für deren Eignung, Wirksamkeit und Vollständigkeit sowie für deren richtige Übersetzung und Auslegung nur bei Fahrlässigkeit oder wenn die Urkunde insgesamt gefälscht ist. Dies soll aber nicht darüber hinwegtäuschen, dass die Bank beim Versterben eines ihrer Kunden besondere Sorgfalts- und Treuepflichten in Bezug auf dessen Rechtsnachfolger treffen.[84] Sie ist insbesondere verpflichtet, von sich aus Ermittlungen zu den rechtmäßigen Erben ihres verstorbenen Kunden anzustellen.[85]

---

80 Vgl. dazu ausführlich *Schimansky/Bunte/Lwowski*, Bankrechts-Handbuch, § 10, Rn. 1 ff.

81 Abgedruckt z.B. bei *Bunte*, AGB-Banken und Sonderbedingungen

82 Vgl. *Bunte*, AGB-Banken und Sonderbedingungen, Rn. 141

83 Vgl. *Schimansky/Bunte/Lwowski*, Bankrechts-Handbuch, § 10, Rn. 5

84 Vgl. *Becker*, ZEV 2007, S. 209

85 Vgl. *Wiegand*, recht 1990, S. 134 und S.136

bb) Die tschechischen Erbrechtszeugnisse als Erbnachweis

Die Erben eines tschechischen Erblassers können sich folglich gegenüber der Bank entweder mit Hilfe der Erbbestätigung (*usnesení o dědictví)* oder mittels einer Ausfertigung bzw. einer beglaubigten Abschrift der letztwilligen Verfügung samt dazugehöriger Eröffnungsniederschrift legitimieren. In beiden Fällen werden die Banken regelmäßig, mangels Kenntnis der tschechischen Sprache, eine Übersetzung ins Deutsche verlangen. Die Kosten dafür haben die Erben zu tragen.

f) Ausstellung eines deutschen Erbscheins

Die Erben werden unabhängig davon, ob sie in Tschechien bereits einen Legitimationstitel erworben haben, im deutschen Rechtsverkehr regelmäßig ihre Erbeneigenschaft mit einem deutschen Erbschein nachweisen müssen.[86] Dies entspricht der gängigen Praxis. Der Erbschein kann dabei, je nachdem welches Erbstatut zum Zuge kommt, entweder nach deutschem oder nach tschechischem Recht ausgestellt werden.

aa) Gemeinsamkeiten beim Eigenrechts- und Fremdrechtserbschein

Bei einem internationalen Erbfall wird entweder ein Eigenrechtserbschein nach deutschem Recht (§ 2353 BGB) oder ein Fremdrechtserbschein nach ausländischem Recht (§ 2369 BGB) beantragt. Die oftmals bei grenzüberschreitenden Nachlassabwicklungen problematische Konstellation, dass der Erbfall von zwei verschiedenen Rechtsordnungen beherrscht wird, ist bei deutsch-tschechischen Erbfällen nicht gegeben, da beide Rechtssysteme dem Prinzip der Nachlasseinheit folgen.[87]

Sowohl der Eigenrechtserbschein als auch der Fremdrechtserbschein weisen das Erbrecht, die Größe des Erbteils und das Bestehen bzw. Nichtbestehen einer Beschränkung des Erben aus.[88] Die Erben sind möglichst genau zu bezeichnen. Hinsichtlich der Größe des Erbteils erfolgt eine Angabe in Quoten. Bei Miterbenschaft kann ein Teilerbschein über das Recht des einzelnen Erben beantragt werden[89] oder auch ein gemeinschaftlicher Erbschein, der das Erbrecht eines jeden Miterben ausweist (§ 2357 BGB). Als Beschränkung kommen entsprechend § 2363 f. BGB die Anordnung einer Testamentsvollstreckung bzw. einer Vor- und Nacherbschaft in Betracht.

86 Vgl. hierzu auch *Sipp-Mercier*, Die Abwicklung deutsch-französischer Erbfälle, S. 62 ff.
87 Vgl. oben 2. Teil, I. 1. d, S. 68 ff. und 2. Teil, II. 1. c, S. 82
88 Vgl. *Palandt/Edenhofer*, § 2353, Rn. 2 ff.; MüKo/*J.Mayer*, § 2353, Rn. 22 ff.
89 Vgl. MüKo/*J. Mayer*, § 2353, Rn. 9 f.

Eigen- und Fremdrechtserbschein werden nur auf Antrag erteilt. Antragsberechtigt sind jeder Erbe oder Miterbe (§ 2357 Abs. 1 S. 2 BGB), der Abwesenheitspfleger, der Testamentsvollstrecker, der Nachlassverwalter, Nachlassinsolvenzverwalter sowie Gläubiger, die für die Zwangsvollstreckung einen Erbschein benötigen (§§ 792, 896 ZPO).[90]
Die Richtigkeit des Erbscheins wird widerlegbar vermutet (§ 2365 BGB, § 292 ZPO). § 2366 BGB gewährt dem Erbschein öffentlichen Glauben und ermöglicht dadurch einen gutgläubigen Erwerb vom Nichtberechtigten.

bb) Besonderheiten des Fremdrechtserbscheins[91]

Im Fremdrechtserbschein sind zunächst seine territoriale und seine gegenständliche Beschränkung herauszustellen. Sodann ist immer zu benennen, nach welchem Recht sich die Erbfolge richtet.[92] Fehlt diese Angabe, dann ist der Erbschein unvollständig und als unrichtig einzuziehen (§ 2361 BGB).[93] Unbeachtlich ist, ob das ausländische Recht einen Erbschein kennt bzw. ob ein ausländischer Erbschein erteilt ist oder werden kann.[94] Dem Erben eines tschechischen Erblassers kann folglich ein Fremdrechtserbschein erteilt werden, auch wenn dem tschechischen Erbrecht ein solcher fremd ist.[95] Ebenso ist es ohne Belang, ob die fremde Rechtsordnung den deutschen Fremdrechtserbschein anerkennt.[96]

Große Schwierigkeiten wirft bei seiner Ausstellung die Angabe des Erben und seiner Beschränkungen auf, weil hierbei ausländische Institutionen des Erbrechts den entsprechenden deutschen Rechtsinstitutionen anzupassen sind.[97] Zunächst ist dafür vom deutschen Nachlassgericht, das einen Erbschein nach ausländischem Recht erteilen soll, zu prüfen, ob der als Erbe Auszuweisende auch Erbe im deutschen Sinne ist. Weiterhin ist zu untersuchen, ob etwaige Beschränkungen der Verfügungsmacht des Erben nach tschechischem Recht auch Beschränkungen im deutschen Sinne darstellen und daher als solche im Erbschein einzutragen sind.[98]

---

90 Vgl. *Palandt/Edenhofer*, § 2353, Rn. 10
91 Muster bei *Kroiß*, Internationales Erbrecht, Rn. 303 f.
92 Vgl. MüKo/*J. Mayer*, § 2369 BGB, Rn. 21 und Rn. 23; *Palandt/Edenhofer*, § 2369, Rn. 7
93 Vgl. BayObLGZ 1961, S. 21 f.; KG RPfleger 1977, S. 307
94 Vgl. BayObLG, NJW-RR 1991, S. 1098; Beckscher Onlinekommentar BGB/*Siegmann/Höger*, § 2369, Rn. 3; Staudinger/*Schilken*, § 2369, Rn. 16
95 Vgl. *Bengel/Reimann/Haas*, Handbuch der Testamentsvollstreckung, 9. Kapitel, Rn. 343
96 Vgl. *Edenfeld*, ZEV 2000, S. 484
97 Vgl. LG Düsseldorf, JZ 1961, S. 745 f.; *Sipp-Mercier*, Die Abwicklung deutsch-französischer Erbfälle, S. 66
98 Vgl. *Edenfeld*, ZEV 2000, S. 484

(1) Erbeinsetzungen

(α) Anpassungsfähigkeit der „*dědici*"

Die Erben im tschechischen Recht *(dědici)* entsprechen in ihrer rechtlichen Stellung, gleichgültig ob sie gesetzlich oder testamentarisch zur Erbschaft berufen wurden, vollständig den deutschen Erben. Auch die Erben des *Občanský zakoník* werden unmittelbar dinglich am Nachlassvermögen beteiligt. Den *dědici* kann daher ohne Bedenken ein Erbschein ausgestellt werden.[99]

(β) Noterbrecht

Anders als im deutschen Recht ist im tschechischen Recht der Pflichtteil der Abkömmlinge als dinglich wirkendes Noterbrecht ausgestaltet (§ 479 ObčZ).[100]
Fraglich ist, ob dieses Noterbrecht im Erbschein zu vermerken ist.
Keine Probleme entstehen, wenn der Noterbe auf die Geltendmachung seiner Rechte verzichtet oder die Frist für eine Herabsetzungsklage verstreichen lässt.[101] Dann steht ihm kein Erbrecht zu.[102] Umstritten ist aber, wie verfahren werden soll, wenn die Frist zur Erhebung der Herabsetzungsklage, also zur Geltendmachung der Noterbrechte, noch nicht abgelaufen ist und bereits zu diesem Zeitpunkt ein Erbschein beantragt wird. In einem solchen Fall stellt sich die Frage nach der Erbenstellung der Noterbberechtigten sowie deren Behandlung im Erbscheinverfahren.[103] In der Literatur werden folgende Möglichkeiten diskutiert:[104]

- Nichtaufnahme der Noterben in den Erbschein[105]
- Aufnahme der Noterben bereits vor Klageerhebung in den Erbschein[106]
- Ablehnung der Erteilung eines Erbscheins[107]
- Aufforderung der Noterben zur Erklärung über ihr Noterbrecht[108]
- Vermerk der Möglichkeit der Geltendmachung der Noterbrechte im Erbschein[109]

---

99 Vgl. *Pinckernelle/Spreen*, DNotZ 1967, S. 205

100 Vgl. oben 1. Teil, VII. 5. b, S. 50

101 Das Recht des berechtigten Erben gegen den Scheinerben auf Herausgabe des Nachlasses gemäß § 101 ObčZ verjährt innerhalb von drei Jahren nach Rechtskraft der Entscheidung im Nachlassverfahren

102 Vgl. BayObLGZ 1995, S. 375; *Staudinger/Dörner*, Art. 25 EGBGB, Rn. 845

103 Vgl. dazu ausführlich *Johnen*, MittRhNotK 1986, S. 57 und S. 68

104 Überblick nach *Riering*, MittBayNot 1999, S. 523 f.; *Staudinger/Dörner*, Art. 25 EGBGB, Rn. 885 f.

105 Vgl. *Sonnenberger*, Notarieller Rechtsverkehr mit Frankreich, S. 106

106 Vgl. MüKo/*Birk*, Art. 25 EGBGB, Rn. 345

107 Vgl. *Edenfeld*, ZEV 2000, S. 485; *Staudinger/Firsching*, 12. Auflage, § 2369, Rn. 43

108 Vgl. *Griem*, Probleme des Fremdrechtserbscheins gemäß § 2369 BGB, S. 226 ff.

- Behandlung des Noterben als Vorerbe[110]

Vollständig überzeugen kann nach meiner Auffassung keine der soeben angeführten Möglichkeiten. Stattdessen möchte ich mich dem Lösungsvorschlag des BayObLG anschließen. Dieses hat in einem Beschluss vom 26.10.1995 festgestellt, dass bis zur Anerkennung des Noterbrechts durch die Beklagte bzw. bis zu dessen rechtskräftiger Feststellung im Herabsetzungsverfahren die Erbfolge nicht abschließend geklärt sei. Dem testamentarischen Erben könne aber zumindest ein Mindesterbschein über den Freiteil erteilt werden, solange über den restlichen Erbteil eine noch nicht behebbare Ungewissheit bestehe.[111]
Ein solcher Erbschein mag im Einzelfall zwar wenig zweckmäßig sein, rechtliche Bedenken stehen seiner Erteilung aber zumindest nicht im Wege.[112]

(γ) Gesetzliches Nießbrauchrecht bzw. Vindikationslegate

Ein gesetzliches Nießbrauchrecht des überlebenden Ehegatten bzw. dinglich wirkende Vermächtnisse sind dem tschechischen Recht, im Gegensatz zu vielen anderen Rechtsordnungen[113], unbekannt.[114] Folglich ist die damit verbundene Frage, ob und wie derartige Rechte im Erbschein zu vermerken sind, an dieser Stelle nicht zu erörtern.

(2) Beschränkungen des Erbrechts

Im Fremdrechtserbschein sind ebenso wie im Eigenrechtserbschein die Beschränkungen des Erben anzugeben. Eine solche Beschränkung des Erbrechts kann sich aus einer Testamentsvollstreckung, der Anordnung einer Vor- und Nacherbschaft sowie aus der Bestellung eines Nachlassverwalters nach tschechischem Recht (*správce dědictví*) ergeben.

(α) Testamentsvollstreckung bzw. Anordnung einer Nacherbschaft

Eine Beschränkung des Erbrechts aufgrund einer Nacherbschaft bzw. einer Testamentsvollstreckung ist bei tschechischem Recht als Erbstatut nicht möglich, da das *Občanský zakoník* keine entsprechenden Rechtsinstitutionen kennt.[115]

---

109 Vgl. *Ekkernkamp*, BWNotZ 1988, S. 158 ff.
110 Vgl. *Johnen*, MittRhNotK 1986, S. 69 f.
111 Vgl. BayObLGZ 1995, S. 375 und S. 378
112 Vgl. BayObLGZ 1995, S. 378; *Johnen*, MittRhNotK 1986, S. 69
113 Vgl. *Pinckernelle/Spreen*, DNotZ 1967, S. 205; *Kegel/Schurig*, IPR, § 21 IV 4
114 Vgl. auch 1. Teil, VIII. 1, S. 54
115 Vgl. oben 1. Teil, IX. 1, S. 55 und 3. Teil, II. 3, S. 117

(β) Nachlassverwalter nach tschechischem Recht (*správce dědictví)*

Gemäß den §§ 480a ff. ObčZ ist es möglich, einen Nachlassverwalter zu bestellen, der nach dem Tod des Erblassers Maßnahmen zur Sicherung des Nachlasses ergreift und zudem für den Zeitraum seiner Bestellung die Verfügungsbefugnisse der Erben beschränkt (§ 480a Abs. 4 ObčZ).[116] Es stellt sich daher die Frage, ob die Bestellung eines Nachlassverwalters nach tschechischem Recht (*správce dědictví)* in den Erbschein als Beschränkung der Erbbefugnis mitaufzunehmen ist.

Entsprechend dem Zweck des Fremdrechtserbscheins sind solche Verfügungsbeschränkungen des Erben in den Erbschein aufzunehmen, die auch in einem Eigenrechtserbschein dargelegt werden müssten, also eine Testamentsvollstreckung sowie die Anordnung einer Nacherbschaft.[117] Da sich aber die Erteilung des Fremdrechtserbscheins nach deutschem Verfahrensrecht richtet, kann eine nach ausländischem Recht angeordnete Testamentsvollstreckung nur dann im Erbschein vermerkt werden, wenn sie in ihren Rechtswirkungen der Testamentsvollstreckung i.S.d. deutschen Rechts entspricht.[118] Wie oben bereits ausgeführt[119] ist die Stellung eines *správce dědictví* mit der eines Testamentsvollstreckers i.S.d. §§ 2197 ff. BGB jedoch nicht vergleichbar. Gleichwohl führt der Erbschaftsverwalter des tschechischen Rechts für die Dauer seiner Anordnung eine Verfügungsbeschränkung der Erben herbei (vgl. § 480a Abs. 4 ObčZ) und er wird auch, wie unten noch dargelegt werden wird,[120] in Deutschland anerkannt. Aus diesem Grund sollte er nach meiner Auffassung in Analogie einem Testamentsvollstrecker gleichgestellt und ein entsprechender Vermerk über die Verfügungsbeschränkung zur „Warnung des Rechtsverkehrs" in den Erbschein aufgenommen werden.[121]

(γ) Angabe ausländischer Rechtsbegriffe im Fremdrechtserbschein

Große praktische Schwierigkeiten bereitet die Aufnahme von Rechtsbegriffen in den Fremdrechtserbschein, die dem deutschen Recht unbekannt sind.[122] Es stellt sich die Frage, ob im Erbschein die Rechtsbegriffe des maßgebenden Erbstatuts verwendet werden sollen, um so das ausländische Recht und seine Verfügungs-

116 Vgl. oben 3. Teil, II. 2, S. 112 ff.
117 Vgl. MüKo/*J.Mayer*, § 2369, Rn. 37
118 Vgl. *Johnen*, MittRhNotK 1986, S. 70
119 Vgl. oben 3. Teil, II. 2. d, S. 116
120 Vgl. unten 4. Teil, I. 3. a. bb, S. 148 f.
121 Vgl. MüKo/*J.Mayer*, § 2369, Rn. 41; *Kegel/Schurig*, IPR, § 21 IV 4; *Berenbrok*, Internationale Nachlassabwicklung, S. 183; *Bengel/Reimann/Haas*, Handbuch der Testamentsvollstreckung, 9. Kapitel, Rn. 444; *Gruber*, RPfleger 2000, S. 255;
122 Vgl. *Staudinger/Dörner*, Art. 25 EGBGB, Rn. 882 f.; MüKo/*J.Mayer*, § 2369, Rn. 24

beschränkungen im Erbschein möglichst authentisch wiedergeben zu können[123] oder ob ausländische Rechtsinstitute den deutschen anzugleichen und nur solche Umstände im Erbschein zu nennen sind, die nach den Wertungen des deutschen Rechts dort eintragungsbedürftig sind.[124] Bei der Abwicklung deutsch-tschechischer Erbfälle stellt sich dieses Problem bei der Angabe des *správce dědictví* im Erbschein.

Meines Erachtens spiegelt dieses Problem zwei widerstreitende Interessen wieder. Zum einen wird eine möglichst exakte Darstellung der ausländischen Rechtsbegriffe angestrebt, zum anderen soll gleichwohl eine einfache Handhabung des Fremdrechtserbscheins durch die Verwendung bekannter Rechtsbegriffe gewährleistet bleiben.[125] Nach meiner Auffassung sollte dieses Problem pragmatisch gelöst werden: Zunächst sollte man versuchen, die ausländischen Rechtsbegriffe auf der Grundlage einer funktionalen Betrachtungsweise in das deutsche Rechtssystem zu übertragen. Ergänzend kann man aber noch eine verdeutlichende Beschreibung der ausländischen Rechtsbegriffe vornehmen, wobei durchaus auch ausländische Rechtsbegriffe verwendet werden können. Auf diese Weise wird der Praxis der Umgang mit Rechtsinstituten des ausländischen Rechts erleichtert.[126]

cc) Die Erbscheinserteilung bei Sudetendeutschen, die vor oder während der Vertreibung gestorben sind[127]

Bejaht wird ausnahmsweise auch die internationale Zuständigkeit deutscher Nachlassgerichte bei Erbscheinen Sudetendeutscher, die noch nach dem österreichischen ABGB beerbt wurden, und deren Hinterbliebene dann in Deutschland einen unbeschränkt allgemeinen Erbschein – mit dem ABGB als Erbstatut – erhalten können.[128]
Begründet wird dies damit, dass es eine Anomalie darstelle, dass die Sudetendeutschen trotz ihrer deutschen Staatsangehörigkeit nicht dem deutschen Erbstatut unterfielen, sondern vielmehr infolge ihres Wohnsitzes im Sudetengebiet nach dem dort als tschechoslowakischem Recht geltenden ABGB[129] beerbt wur-

---

123 So z.B. *Gottheiner*, RabelsZ 1956, S. 71; *Kegel/Schurig*, IPR, § 21 IV 4; *Palandt/Edenhofer*, § 2369, Rn. 7

124 Vgl. OLG Köln, NJW 1983, S. 525 f.; LG Düsseldorf, JZ 1961, S. 745; *Johnen*, MittRhNotK 1986, S. 65

125 Vgl. auch *Staudinger/Dörner*, Art. 25 EGBGB, Rn. 883

126 Vgl. auch *Staudinger/Dörner*, Art. 25 EGBGB, Rn. 883

127 Vgl. auch oben 2. Teil, I. 1. c, S. 66 ff.

128 Vgl. MüKo/*J.Mayer*, § 2369, Rn. 10; BayOblGZ 1960, S. 478 ff.; 1961, S. 176 ff. und 1967, S. 197 ff.

129 Das im Sudetengebiet geltende ABGB war bis Mai 1945 innerdeutsches Partikularrecht. Mit dem Wiedererstehen des tschechoslowakischen Staates wurde zugleich das im Sudetengebiet geltende ABGB von einem deutschen Partikularrecht dort wieder zum

den.[130] Diese Anomalie, dass trotz grundsätzlicher Anknüpfung des Erbstatuts an die Staatsangehörigkeit die Sudetendeutschen als deutsche Staatsangehörige zunächst ein außerdeutsches Recht (ABGB) als Heimatrecht behielten, erklärt sich dadurch, dass die Sudetendeutschen auch nach dem Wiedererstehen des tschechoslowakischen Staates zunächst in ihrer Heimat blieben und damit ihre Verbindung mit dieser Heimat, in der nicht das BGB, sondern das ABGB galt, bestehen blieb.[131] Diese besonderen Umstände des Falles machten es notwendig, eine internationale Zuständigkeit deutscher Nachlassgerichte zur Nachlassabhandlung zu bejahen.[132] Demgegenüber müssen die Bedenken gegenüber einer internationalen Zuständigkeit deutscher Nachlassgerichte zurücktreten, die sich auf Grund der Schwierigkeiten bei der Anwendung ausländischen materiellen Erbrechts im deutschen Nachlassverfahren ergeben.[133]

Natürlich betrifft diese spezielle Fallkonstellation lediglich eine kleine Personengruppe. Zudem haben sich die meisten relevanten Fälle im Laufe der Jahre bereits erledigt, so dass die Bedeutung dieser Problematik für die Praxis nur mehr gering ist.

3. Legitimation des Erbschaftsverwalters *(správce dědictví)* in Deutschland

Schließlich ist noch der Frage nachzugehen, ob und wie sich auch ein Nachlassverwalter tschechischen Rechts in Deutschland legitimieren kann. Ob dessen Befugnisse auch in Deutschland bestehen bzw. von den deutschen Gerichten anzuerkennen sind, ist umstritten.

a) Anerkennung des tschechischen Titels

aa) Anwendungsbereich des § 16a FGG

Nach herrschender Meinung ist zur Beantwortung dieser Frage § 16a FGG heranzuziehen.[134] Wie sich aus den Gesetzesmaterialien entnehmen lässt, ist der Anwendungsbereich der Norm weit gefasst.[135] Demnach fällt auch die Einsetzung eines ausländischen Nachlassabwicklers – mag dieser auch dem deutschen Recht unbekannt sein - durch ein ausländisches Gericht bzw. Behörde unter die-

tschechoslowakischen Recht. Dieses Recht blieb bis zur Vertreibung der Sudetendeutschen ihr Erbstatut. Seit der Vertreibung in das Altreich ist ihr Erbstatut das BGB. BayOblGZ 1960, S. 476 und 481 f.

130 Vgl. BayObLG, NJW 1961, S. 1970;

131 Vgl. BayObLGZ 1960, S. 482

132 Vgl. KG, NJW 1954, S. 1331

133 Vgl. BayObLG, NJW 1961, S. 1970

134 Vgl. *Gruber*, RPfleger 2000, S. 251

135 Vgl. BR-Drucks. 222/83 = BT-Drucks. 10/504, 93

se Regelung.[136] Dies hat zur Folge, dass der bestellten Person auch im Inland die Rechte zustehen, die ihm das Erbstatut verleiht.[137] Bei der Frage der Anerkennung eines ausländischen Nachlassabwicklers ist daher von den Voraussetzungen und den Rechtsfolgen des § 16a FGG auszugehen.

bb) Voraussetzungen des § 16a FGG im Einzelnen

(α) Extraterritorialer Geltungswille der ausländischen Entscheidung

Erforderlich ist zunächst ein extraterritorialer Geltungswille der ausländischen Entscheidung.[138] *Ratio* der Bestellung eines *správce dědictví* ist es, Schaden vom Nachlassvermögen abzuwenden.[139] Betrachtet man die einschlägigen Normen (§§ 480a ObčZ) sowie den Sinn und Zweck der Norm, dann lässt sich nach meiner Auffassung keine territoriale Beschränkung des Erbschaftsverwalters entnehmen. Soll der Schutz des Erblasservermögens umfassend garantiert werden, dann muss es dem Nachlassverwalter möglich sein, auch im Ausland handeln zu können. Daraus ergibt sich nach meiner Auffassung ein extraterritorialer Geltungswille.

(β) Weitere Voraussetzungen sowie Rechtsfolgen des § 16a FGG

Soweit die in dem Katalog des § 16a FGG genannten Ausschlusskriterien nicht erfüllt sind, sind ausländische Entscheidungen im Inland zu respektieren.[140] Bei einer Bestellung eines Erbschaftsverwalters durch ein tschechisches Nachlassgericht dürfte regelmäßig kein Tatbestandsmerkmal des § 16a FGG erfüllt sein. Daher ist die Bestellung auch im Inland anzuerkennen.

Im Anschluss daran stellt sich die Frage, welche sachliche Reichweite diese Anerkennung im konkreten Fall hat. Auszugehen ist dabei von dem Grundsatz, dass eine ausländische Entscheidung mit dem Inhalt anzuerkennen ist, den sie selbst haben will.[141] In der Bestellung eines Nachlassabwicklers ist daher zugleich die Einräumung der Befugnisse zu sehen, die dem Nachlassabwickler nach dem Recht zustehen sollen, das der Bestellung zugrunde liegt. Die Anerkennung erstreckt sich demgemäß auf die dem Nachlassabwickler zustehenden Befugnisse.[142] Für den *správce dědictví* bedeutet dies, dass er auch in Deutschland die Rechte hat, welche ihm die §§ 480a ff. ObčZ verleihen.[143] Die Legiti-

136 Vgl. *Keidel/Kuntze/Winkler/Zimmermann*, § 16a FGG, Rn. 2m
137 Vgl. *Jansen/Wick*, § 16a FGG, Rn. 35
138 Vgl. *Gruber*, RPfleger 2000, S. 251
139 Vgl. oben 3. Teil, II. 2, S. 112 ff.
140 Vgl. *Jansen/Wick*, § 16a FGG, Rn. 3 und Rn. 40
141 Vgl. *Gruber*, RPfleger 2000, S. 253
142 Vgl. *Gruber*, RPfleger 2000, S. 253
143 Vgl. hierzu oben 3. Teil, II. 2. b, S. 114

mation im Rechtsverkehr erfolgt mittels der vom tschechischen Nachlassgericht ausgestellten Bestallungsurkunde bzw. an Hand des Erbschaftsverwalterzeugnisses, welches ihm von einem deutschen Nachlassgericht ausgestellt werden kann (siehe sogleich).[144]

b) Ausstellung eines Testamentsvollstreckerzeugnisses

Ebenso wie für die Erteilung eines Erbscheins ist das deutsche Nachlassgericht international zuständig für die Ausstellung eines Testamentsvollstreckerzeugnisses nach dem maßgebenden ausländischen Erbstatut, wenn Nachlassgegenstände im Inland vorhanden sind (§ 2368 Abs. 3 i.V.m. § 2369 BGB).[145] Ein solches Zeugnis erstreckt sich nur auf den im Inland befindlichen Nachlass.[146] Des Weiteren ist erforderlich, dass die Testamentsvollstreckung nach ausländischem Recht mit dem deutschen Recht funktionell vergleichbar ist.[147] Dabei ist es ausreichend, wenn die Stellung der ausländischen Fürsorgeperson bei großzügiger Auslegung derjenigen eines Testamentsvollstreckers i.S.d. §§ 2197 ff. BGB entspricht.[148]

Bis 1950 gab es im tschechischen Recht den *vykonavatel závěti.*[149] Dieser stimmte in seiner Funktion mit dem Testamentsvollstrecker deutschen Rechts überein. Dieses Rechtsinstitut wurde jedoch abgeschafft. Der *správce dědictví* erfüllt dahingegen nach meiner Auffassung andere Aufgaben als ein Testamentsvollstrecker i.S.d. BGB. Wie oben bereits ausgeführt[150] entspricht dieser keiner deutschen Rechtsfigur vollständig. Am meisten ähnelt der Erbschaftsverwalter tschechischen Rechts einem Nachlasspfleger i.S.d. §§ 1960 ff. BGB. Folglich ist der *správce dědictví* selbst bei großzügiger Auslegung funktionell nicht mit einem Testamentsvollstrecker deutschen Rechts vergleichbar. Die Erteilung eines Fremdrechts-Testamentsvollstreckerzeugnisses (§ 2368 Abs. 3 i.V.m. § 2369 BGB) ist daher an sich abzulehnen. Jedoch besteht meines Erachtens auch in einer solchen Fallkonstellation das Bedürfnis, dem *správce dědictví* ein Zeugnis über seine im Inland bestehenden Befugnisse auszustellen.[151] Er sollte die Möglichkeit haben sich im Rechtsverkehr durch ein aussagekräftiges Papier legitimieren zu können.[152] Somit ist ihm ist auf Antrag ein Erbschaftsverwalterzeugnis auszustellen (§§ 2368 Abs. 3 i.V.m. 2369 BGB analog).[153]

144 Vgl. *Pinckernelle/Spreen*, DNotZ 1967, S. 214
145 Vgl. *Staudinger/Dörner*, Art. 25 EGBGB, Rn. 897
146 Vgl. MüKo/*J.Mayer*, § 2369, Rn. 26
147 Vgl. *Bengel/Reimann/Haas*, Handbuch der Testamentsvollstreckung, 9.Kapitel, Rn. 453
148 Vgl. *Pinckernelle/Spreen*, DNotZ 1967, S. 214
149 Vgl. oben 3. Teil, II. 3, S. 117
150 Vgl. oben 3. Teil, II. 2. d, S. 116
151 Vgl. auch *Gruber*, RPfleger 2000, S. 255;
152 Vgl. *Berenbrok*, Internationale Nachlassabwicklung, S. 183, Fn. 36

c) Ernennung eines Erbschaftsverwalters des tschechischen Rechts durch ein deutsches Nachlassgericht

Im Folgenden möchte ich der Frage nachgehen, ob ein deutsches Nachlassgericht einen tschechischen Erbschaftsverwalter (*správce dědictví)* einsetzen kann. Der *správce dědictví* wird hauptsächlich aus Gründen der Nachlasssicherung ernannt.[154] Ist der Nachlass gefährdet, so hat das deutsche Nachlassgericht gemäß § 1960 BGB die Pflicht, den im Inland belegenen Nachlass zu schützen. Zu den Erhaltungsmaßnahmen gehört auch die Bestellung eines Nachlasspflegers.[155]

Die Pflicht des deutschen Gerichts zur Nachlasssicherung besteht auch dann, wenn tschechisches Recht als Erbstatut zum Zuge kommt.[156] Begründet wird dies mit völkerrechtlich fundiertem Gewohnheitsrecht.[157] Nach überwiegender Meinung entscheidet in solchen Fällen das deutsche Recht und nicht das Erbstatut, ob ein Fürsorgebedürfnis besteht und welche Maßregeln zur Nachlasserhaltung anzuordnen sind.[158] Das heißt, dass ein deutsches Nachlassgericht zur Sicherung des Nachlasses trotz tschechischen Erbstatuts grundsätzlich nur einen Nachlasspfleger nach deutschem Recht, nicht aber nach tschechischem Recht einsetzen kann.[159]

II. Annahme und Ausschlagung der Erbschaft

1. Problemstellung

Im deutschen Kollisionsrecht unterliegen der Erbschaftserwerb und seine Modalitäten dem Erbstatut (Art. 25 EGBGB).[160] Bei der Abwicklung eines Erbfalls nach tschechischem Erbstatut in Deutschland stellt sich daher die Frage, ob der Erbe hier nach tschechischem Recht optieren kann. Im Folgenden soll deshalb zunächst ein kurzer Überblick über die gesetzliche Regelung der Optierung nach tschechischem Recht (§§ 463 ff. ObčZ) gegeben werden. Sodann soll untersucht

---

153 Vgl. *Berenbrok*, Internationale Nachlassabwicklung, S. 183 und S. 225; *Gruber*, RPfleger 2000, S. 255; *Pinckernelle/Spreen*, DNotZ 1967, S. 208; a.A. mit dem Argument, dass das deutsche Recht kein Legitimationspapier für Nachlassverwalter kenne *Schwenn*, NJW 1952, S. 1116 und *Raape*, IPR, S. 453

154 Vgl. oben 3. Teil, II. 2, S. 112

155 *Palandt/Edenhofer*, § 1960, Rn. 3 und 9 ff.

156 Vgl. BayObLGZ 1963, S. 54; 1982, S. 288; 1982, S. 344; *Staudinger/Dörner*, Art. 25 EGBGB, Rn. 841 f.

157 Vgl. *Raape*, Internationales Privatrecht, S. 477

158 Vgl. BGHZ 49, S. 1 ff.; *Palandt/Edenhofer*, § 1960, Rn. 2

159 Vgl. *Sipp-Mercier*, Die Abwicklung deutsch-französischer Erbfälle, S. 76

160 Vgl. *Staudinger/Dörner*, Art. 25 EGBGB, Rn. 76 ff.

werden, ob eine Annahme- bzw. Ausschlagungserklärung nach tschechischem Recht auch vor einem deutschen Nachlassgericht erklärt werden kann.

2. Die Annahme bzw. Ausschlagung der Erbschaft nach tschechischem Recht

Da das Erbe infolge des Prinzips der Universalsukzession automatisch mit dem Tode des Erblassers auf den Erben übergeht (§ 460 ObčZ), kommt der Möglichkeit, die Erbschaft auszuschlagen (§§ 463 ff. ObčZ) eine große praktische Bedeutung zu. Gemäß § 463 Abs. 1 ObčZ kann der Erbe, egal ob gesetzlich oder testamentarisch berufen[161], die Erbschaft durch eine mündliche bzw. durch eine dem Nachlassgericht zugesandte schriftliche Erklärung ausschlagen.[162] Eine Vertretung ist zulässig.[163] Die Vollmacht muss das Recht zur Ausschlagung jedoch ausdrücklich umfassen (§ 462 Abs. 2 ObčZ). Diese Erklärung kann nur innerhalb eines Monats von dem Tage an abgegeben werden, an dem der Erbe vom Gericht über das Ausschlagungsrecht und deren Folgen belehrt wurde (§ 464 Abs. 1 ObčZ). Liegen wichtige Gründe vor, dann kann das Gericht diese Frist aber verlängern (§ 464 Abs. 1 S. 2 ObčZ). Dies kommt insbesondere dann in Betracht, wenn der Erbe schwer krank ist bzw. sich im Ausland befindet.[164] Bei der Frist handelt es sich um eine materielle Ausschlussfrist.[165] Eine Wiedereinsetzung in den vorherigen Stand ist daher nicht möglich.[166]

Sobald der Erbe durch eine Äußerung bzw. konkludentes Handeln zu erkennen gegeben hat, dass er die Erbschaft nicht ablehnen wird, ist eine Ausschlagung ausgeschlossen (§ 465 ObčZ).[167] Handlungen, die der Erbe lediglich in seiner Pflicht zur Schadensabwehr vorgenommen hat, können allerdings nicht als konkludentes Handeln im Sinne der Erbschaftsannahme gedeutet werden.[168] Dem Erben ist es zudem nicht erlaubt, die Ausschlagung der Erbschaft an Bedingungen oder Vorbehalten zu knüpfen (§ 466 S. 1 ObčZ). Ebenso ist eine Teilausschlagung unwirksam. Hat der Erbe die Erbschaft erst einmal abgelehnt, dann ist diese Erklärung unwiderruflich (§ 467 ObčZ).

Die Ausschlagung kann erst nach dem Tode des Erblassers erfolgen.[169] Eine entsprechende Äußerung schon zu Lebzeiten entfaltet keine Rechtswirkungen.[170] Das Recht zur Ausschlagung ist vererblich.[171] Bei Minderjährigen ist eine vor-

---

161 Vgl. *Ferid/Firsching/Bohata*, Tschechien, Rn. 92
162 Vgl. *Jehlička/Švestka/Mikeš*, Občanský zákoník, S. 834
163 Vgl. *Süß/Haas/Rombach*, Erbrecht in Tschechien, Rn. 88
164 Vgl. *Süß/Haas/Rombach*, Erbrecht in Tschechien, Rn. 89
165 Vgl. *Jehlička/Švestka/Mikeš*, Občanský zákoník, S. 839
166 Vgl. *Süß/Haas/Rombach*, Erbrecht in Tschechien, Rn. 89
167 Vgl. *Jehlička/Švestka/Mikeš*, Občanský zákoník, S. 839
168 Vgl. *Ferid/Firsching/Bohata*, Tschechien, Rn. 94
169 Vgl. *Jehlička/Švestka/Mikeš*, Občanský zákoník, S. 838

mundschaftsgerichtliche Genehmigung erforderlich (§ 28 ObčZ).[172] Ist über das Vermögen des Erben ein Insolvenzverfahren eröffnet, dann kann er die Erbschaft nur mit Zustimmung des Insolvenzverwalters ausschlagen.[173]
Anders als im BGB (gemäß § 2180) spielt im ObčZ die Annahme und Ausschlagung von Vermächtnissen keine Rolle. Eine solche Option ist aber auch entbehrlich, da das tschechische Recht die Aussetzung von Vermächtnissen nicht gestattet.[174]

3. Annahme bzw. Ausschlagung der Erbschaft bei tschechischem Erbstatut vor einem deutschen Nachlassgericht

Zu untersuchen ist nun, ob eine internationale Zuständigkeit deutscher Nachlassgerichte dafür besteht, Annahme- bzw. Ausschlagungserklärungen nach tschechischem Recht entgegenzunehmen.[175]
Folgt man dem sog. Gleichlaufgrundsatz, der eine internationale Zuständigkeit nur bejaht, wenn der Erbfall deutschem materiellem Recht unterliegt, dann ist diese an sich abzulehnen.[176] Jedoch lässt die Rechtsprechung eine Durchbrechung dieses Prinzips in drei Ausnahmefällen zu: Danach wird eine Zuständigkeit u.a. für solche Verrichtungen bejaht, die für die Erteilung eines Erbscheins nötig sind oder damit zumindest in engem Sachzusammenhang stehen.[177] Dies gilt für die Entgegennahme sowohl einer Annahme[178]-, als auch einer Ausschlagungserklärung[179]. Zu demselben Ergebnis gelangen auch diejenigen, die den Gleichlaufgrundsatz ablehnen und stattdessen eine analoge Anwendung der §§ 73 f. FGG bejahen.[180] Diese Maßnahmen des Nachlassgerichts richten sich dabei nach deutschem Recht als *lex fori*.[181] Das Vorliegen der internationalen Zuständigkeit zieht also gleichsam die Anwendbarkeit deutschen Rechts nach sich (sog. „umgekehrter Gleichlauf").[182] Dahingegen sind die Voraussetzungen

170 Vgl. *Ferid/Firsching/Bohata*, Tschechien, Rn. 95
171 Vgl. *Süß/Haas/Rombach*, Erbrecht in Tschechien, Rn. 88
172 Vgl. *Jehlička/Švestka/Mikeš*, Občanský zákoník, S. 839
173 Vgl. *Jehlička/Švestka/Mikeš*, Občanský zákoník, S. 834
174 Vgl. oben 1. Teil, VIII. 1, S. 54
175 Vgl. dazu ausführlich *Hermann*, ZEV 2002, S. 259 ff.
176 Vgl. oben 2. Teil, I. 2. b, S. 73 ff.
177 Vgl. *Staudinger/Dörner*, Art. 25 EGBGB, Rn. 840; *S. Lorenz*, ZEV 1994, S. 147
178 Vgl. BayObLGZ 1965, S. 429; *Heldrich*, NJW 1967, S. 417 ff.; MüKo/*Birk*, Art. 25 EGBGB, Rn. 320
179 Vgl. LG Hagen, FamRZ 1997, S. 645 ff.; *S. Lorenz*, ZEV 1994, S. 147 ff.; *Soergel/Schurig*, Art. 25 EGBGB, Rn. 49; MüKo/*Birk*, Art. 25 EGBGB, Rn. 320
180 Vgl. *Sipp-Mercier*, Die Abwicklung deutsch-französischer Erbfälle, S. 80 und S. 82; *Staudinger/Dörner*, Art. 25 EGBGB, Rn. 848 ff.
181 Vgl. BayObLG ZEV 1994, S. 177; *Staudinger/Dörner*, Art. 25 EGBGB, Rn. 840
182 Vgl. MüKo/*Birk*, Art. 25 EGBGB, Rn. 318

einer Annahme- bzw. Ausschlagungserklärung dem tschechischen Recht als Erbstatut zu entnehmen.[183]

Anzumerken ist an dieser Stelle, dass die Ausschlagung hinsichtlich des gesamten Nachlasses wirksam ist, soweit er kollisionsrechtlich demselben einheitlichen Erbstatut unterliegt und nicht nur begrenzte Wirkungen hinsichtlich des in Deutschland belegenen Nachlasses zeitigt. Dies erfordert der Grundsatz der Nachlasseinheit.[184]

III. Haftungsbeschränkung

1. Das anwendbare Recht

Bei der Abwicklung deutsch-tschechischer Erbvermögen, gegen die sich Forderungen Dritter richten, ist zunächst zu fragen, welches Recht auf die Haftung für Nachlassverbindlichkeiten anwendbar ist. Aus deutscher Sicht unterliegt die Haftung des Erben für Nachlassverbindlichkeiten, die vom Erblasser herrühren oder sich im Zusammenhang mit dem Erbfall ergeben haben, dem Erbstatut (Art. 25 EGBGB).[185] Dieses bestimmt beispielsweise., ob der Erbe oder ein Zwischenberechtigter die Schuldenabwicklung durchführt, ob der Erbe beschränkt oder unbeschränkt für die Obligationen einstehen muss, auf welche Art und Weise die Haftung beschränkt werden kann und ab welchem Zeitpunkt diese einsetzt.[186]

Das bei internationalen Erbfällen oftmals diskutierte Problem, wie in Fällen der Spaltung des Erbvermögens die Nachlassverbindlichkeiten auf die Erben bzw. auf die den Erben jeweils zugeordnete Teilmasse zu verteilen sind und ob bei unterschiedlicher Inanspruchnahme einzelner Erben durch Nachlassgläubiger ein Rückgriff gegen andere Erben statthaft ist, besteht bei der Abwicklung deutsch-tschechischer Erbmassen grundsätzlich nicht, da diese dem Prinzip der Nachlasseinheit unterliegen und bei realistischer Betrachtungsweise kaum Fälle einer Nachlassspaltung denkbar sind.[187]

183 Vgl. *Berenbrok*, Internationale Nachlassabwicklung, S. 22

184 Vgl. *S. Lorenz*, ZEV 1994, S. 147 f.

185 Vgl. BGHZ 9, S. 154 ff.; BayObLGZ 1965, S. 428 ff.; *Palandt/Heldrich*, Art. 25 EGBGB, Rn. 10; *Soergel/Schurig*, Art. 25 EGBGB, Rn. 32

186 Vgl. *Staudinger/Dörner*, Art. 25 EGBGB, Rn. 225

187 Vgl. oben 2. Teil, I. 1. d, S. 68 ff. und 2. Teil, II. 1. c, S. 82

2. Internationale Nachlassverwaltung

Durch die Anordnung einer Nachlassverwaltung können nach deutschem Recht die Erben eine Beschränkung ihrer Haftung bewirken (§ 1975 BGB). Fraglich ist aber, ob auch bei Geltung eines ausländischen Erbstatuts eine solche Haftungsbeschränkung herbeigeführt werden kann. Ausgehend vom Gleichlaufgrundsatz vertritt die Praxis den Standpunkt, dass bei ausländischem Erbstatut eine internationale Zuständigkeit zur Durchführung einer Nachlassverwaltung grundsätzlich nicht gegeben ist;[188] zumindest dann nicht, wenn das ausländische Recht weder eine Nachlassverwaltung im Sinne der §§ 1975 ff. BGB noch ein vergleichbares Rechtsinstitut kennt bzw. wenn zwischen der Nachlassverwaltung des deutschen Rechts und einem ähnlichen ausländischen Rechtsinstitut gravierende funktionale und strukturelle Unterschiede bestehen.[189] Nur ausnahmsweise - im Fall einer ansonsten drohenden Rechtsverweigerung – könne eine Nachlassverwaltung angeordnet werden.[190]

Zu einem gegenteiligen Ergebnis gelangen die Vertreter der Lehre, welche die internationale Zuständigkeit gemäß §§ 73 f. FGG analog bestimmen.[191] Gemäß § 73 Abs. 2, 3 FGG analog ist eine internationale Zuständigkeit deutscher Nachlassgerichte zur Anordnung einer Nachlassverwaltung prinzipiell zu bejahen. Die deutschen Nachlassgerichte führen daher eine Nachlassverwaltung auch unter der Herrschaft eines ausländischen Erbstatuts durch, wenn dessen Sachnormen mit den verfahrensrechtlichen Vorschriften der §§ 1975 ff. BGB vereinbar sind.[192] Dies gilt insbesondere dann, wenn das fremde Erbstatut ebenfalls haftungsbeschränkende Wirkungen an eine gerichtliche oder behördliche Verwaltung des Nachlasses knüpft.[193] Dabei ist die Nachlassverwaltung nicht auf die im Inland belegenen Nachlassgegenstände beschränkt.[194] Dies sagt aber natürlich noch nichts darüber aus, ob auch das andere Land die Befugnisse eines Nachlassverwalters im Ausland anerkennt.

3. Die Haftung im tschechischen Erbrecht

Gemäß § 470 Abs. 1 ObčZ haftet der Erbe bis zum Wert der erworbenen Erbschaft für angemessene Beerdigungskosten und für Verbindlichkeiten des

188 Vgl. BayObLGZ 1976, S. 155 ff.; *Staudinger/Dörner*, Art. 25 EGBGB, Rn. 904
189 Vgl. KG OLGZ 1977, S. 309 ff.
190 Vgl. BayObLGZ 1977, S. 157
191 Vgl. *Staudinger/Dörner*, Art. 25 EGBGB, Rn. 904
192 Vgl. MüKo/*Birk*, Art. 25 EGBGB, Rn. 368; *Soergel/Schurig*, Art. 25 EGBGB, Rn. 49; *Pinckernelle/Spreen*, DNotZ 1967, S. 219; *Bünning*, Nachlassverwaltung und Nachlasskonkurs im IPR, S. 65 ff. und S. 93 ff.
193 Vgl. *Staudinger/Dörner*, Art. 25 EGBGB, Rn. 904
194 a.A. ohne Begründung MüKo/*Birk*, Art. 25 EGBGB, Rn. 369

Erblassers, die auf ihn durch den Todesfall übergegangen sind. Erben mehrere Personen, haften diese für die Beerdigungskosten und die Verbindlichkeiten im Verhältnis ihres Anteils zum Gesamtnachlass (§ 470 Abs. 2 ObčZ). Die Haftung eines jeden Erben ist also bereits durch das Gesetz auf den Wert des von ihm erworbenen Nachlasses beschränkt.[195] Problematisch hierbei ist aber, dass der Erbe nicht nur mit dem Nachlass, sondern mit seinem gesamten Vermögen haftet. Der Gläubiger hat also die Wahl, ob er seinen Titel in die Erbmasse oder in das Privatvermögen des Erben vollstreckt.[196]

Bei der Beschränkung der Haftung handelt es sich nicht nur um eine Einschränkung im Verhältnis der Erben, sondern auch um eine Beschränkung nach außen.[197] Somit haften die Erben nicht als Gesamtschuldner, sondern anteilig. Die ursprüngliche Forderung des Gläubigers zerfällt damit je nach Zahl der Erben in mehrere Forderungen.[198]

Die Erbenhaftung tritt kraft Gesetzes ein und ist unabhängig davon, ob die entsprechenden Verbindlichkeiten im Nachlassverfahren verhandelt wurden.[199] Treffen die Erben im Rahmen der Auseinandersetzungsvereinbarung eine Abmachung, die zu einer Verschiebung der Haftungsquoten führt, dann ist diese nur genehmigungsfähig, wenn die Gläubiger am Verfahren beteiligt worden sind und der Verschiebung zugestimmt haben.[200] Sollte eine Genehmigung dennoch erteilt werden, ohne dass diese Voraussetzungen erfüllt sind, dann würde die Vereinbarung zwar die Erben im Innenverhältnis, aber nicht die Gläubiger im Außenverhältnis binden.

Ist der Nachlass überschuldet, dann können sich die Erben mit den Gläubigern einigen, dass ihnen der Nachlass zur Befriedigung ihrer Forderungen überlassen wird (§ 471 Abs. 1 ObčZ i.V.m. § 175 p OSŘ). Die Erben haften dann nur mehr mit dem Nachlass; das Eigenvermögen bleibt unberührt.[201] Das Gericht bestätigt diese Vereinbarung, soweit sie nicht gegen das Gesetz oder die guten Sitten verstößt. Finden die Erben und Gläubiger nicht zu einem Konsens, richtet sich die Pflicht der Erben, die Schulden zu begleichen, nach den Bestimmungen über die Liquidation der Erbschaft (§ 471 Abs. 2 ObčZ i.V.m § 175t OSŘ). Die Erben haften dabei nicht gegenüber denjenigen Gläubigern, die ihre Forderungen nicht

---

195 Vgl. *Jehlička/Švestka/Mikeš,* Občanský zákoník, S. 846. Andere Möglichkeiten der Haftungsbeschränkung kennt das geltende tschechische Erbrecht nicht. Vgl. *Süß/Haas/Rombach,* Erbrecht in Tschechien, Rn. 50

196 Vgl. *Ferid/Firsching/Bohata,* Tschechien, Rn. 109

197 Vgl. *Süß/Haas/Rombach,* Erbrecht in Tschechien, Rn. 95

198 Vgl. *Süß/Haas/Rombach,* Erbrecht in Tschechien, Rn. 95 mit Beispiel

199 Vgl. *Süß/Haas/Rombach,* Erbrecht in Tschechien, Rn. 96

200 Vgl. *Ferid/Firsching/Bohata,* Tschechien, Rn. 111

201 Vgl. *Jehlička/Švestka/Mikeš,* Občanský zákoník, S. 846

angemeldet haben, obwohl das Gericht sie auf Antrag der Erben dazu aufgefordert hat, soweit der Nachlass durch die Befriedigung der übrigen Gläubiger erschöpft ist. Erwirbt die Erbschaft der Staat, so haftet dieser nur mit der Nachlassmasse und nicht auch mit dem sonstigen Vermögen (§ 472 Abs. 1 und 2 ObčZ).

4. Internationale Nachlassverwaltung in Deutschland bei tschechischem Erbstatut

Berücksichtigt man die soeben dargestellten Grundsätze des tschechischen Haftungsrechts bei der Beantwortung der Frage, ob deutsche Nachlassgerichte befugt sind, eine internationale Nachlassverwaltung durchzuführen, dann gelangt man zu folgenden Ergebnissen:
Die Anhänger des Gleichlaufgrundsatzes werden eine internationale Zuständigkeit ablehnen. Nur für den Fall einer drohenden Rechtsverweigerung wird von diesen eine internationale Zuständigkeit bejaht. Eine solcher Ausnahmefall ist aber meines Erachtens bei der Abwicklung eines deutsch-tschechischen Erbvermögens nicht gegeben, da bereits das Gesetz eine Haftungsbegrenzung auf den Wert des Nachlasses vorsieht (§ 470 Abs. 1 ObčZ). Somit werden die Erben bei tschechischem Erbstatut bereits durch das *Občanský zakoník* ausreichend geschützt. Eine Rechtlosstellung droht somit nicht.
Zum entgegengesetzten Ergebnis müssen die Gegner des Gleichlaufgrundsatzes gelangen, die eine internationale Zuständigkeit deutscher Nachlassgericht bei tschechischem Erbstatut bejahen, wenn der Erblasser seinen letzten Aufenthalt in Deutschland hatte, dort Nachlassgegenstände besaß oder wenn ein Fürsorgebedürfnis besteht. Dies wird in der Mehrzahl der Fälle gegeben sein. Gründe dafür, dass die §§ 1975 ff. BGB nicht mit dem tschechischen materiellen Erbrecht vereinbar wären, sind nach meiner Auffassung nicht ersichtlich.

Davon zu unterscheiden ist die Frage, ob das deutsche Nachlassgericht international zuständig ist, eine Übergabe der Erbschaft bei Überschuldung des Nachlasses an die Gläubiger zu genehmigen (im Sinne der § 471 ObčZ i.V.m. § 175p OSŘ). Wiederum ist zwischen Anhängern und Gegnern des Gleichlaufgrundsatzes zu differenzieren.
Anders als in obiger Konstellation ist vorliegend nach meiner Auffassung auch durch die Anhänger des Gleichlaufgrundsatzes eine Bejahung der internationalen Zuständigkeit denkbar. Sinn und Zweck der Übergabe des verschuldeten Nachlasses an die Gläubiger bestehen darin, eine Trennung von Eigen- und Nachlassvermögen herbeizuführen. Lehnt man eine internationale Zuständigkeit deutscher Nachlassgerichte ab, droht den Erben, da sie dieser Möglichkeit beraubt werden, eine rechtliche Notlage. Aus Gründen der Fürsorge ist daher die internationale Zuständigkeit zu bejahen.
Zum selben Ergebnis werden die Befürworter einer analogen Anwendung der

§§ 73 f. FGG gelangen. Wiederum wird der Erblasser in den meisten Fällen seinen letzten Aufenthalt in Deutschland gehabt bzw. Nachlassgegenstände hier besessen haben oder zumindest ein Fürsorgebedürfnis gegeben sein. Auch stellt die Genehmigung der Übergabe der Erbschaft an die Gläubiger für das Nachlassgericht keine „wesensfremde Tätigkeit" dar, so dass diesem diese Aufgabe durchaus zugemutet werden kann.

5. Internationale Nachlassinsolvenz

Das Internationale Insolvenzrecht im Verhältnis der EU-Mitgliedstaaten ist in der am 31.05.2002 in Kraft getretenen Verordnung Nr. 1346/2000 über Insolvenzverfahren (EurInsVO) geregelt. Es gilt somit sowohl für Deutschland als auch für Tschechien. Im Rahmen ihres Anwendungsbereichs verdrängt sie die nationalen Vorschriften des deutschen Internationalen Insolvenzrechts (§§ 335 – 358 InsO). Erfasst werden gemäß Art. 1 Abs. 1 EurInsVO auch Nachlassinsolvenzen.[202] Die internationale Zuständigkeit ergibt sich aus Art. 3 Abs. 1 EurInsVO. Danach ist für die Eröffnung des Insolvenzverfahrens das Gericht desjenigen Mitgliedsstaates zuständig, in dessen Gebiet der Schuldner den Mittelpunkt seiner hauptsächlichen Interessen hat. Für Nachlassinsolvenzverfahren dürfte daher in der Regel eine Zuständigkeit am letzten gewöhnlichen Aufenthaltsort gegeben sein bzw. eine Zuständigkeit am Ort der gewerblichen Niederlassung.[203] Befindet sich der Mittelpunkt der hauptsächlichen Interessen in einem Mitgliedsstaat, sind die Gerichte eines anderen Mitgliedsstaates nur dann zur Eröffnung eines Partikularinsolvenzverfahrens befugt, wenn der Erblasser in diesem Staat eine Niederlassung hatte (Art. 3 Abs. 2 S. 1 EurInsVO). Die Eröffnung eines Insolvenzverfahrens wird in allen anderen Mitgliedstaaten anerkannt (Art. 16 Abs. 1 EurInsVO).

Das Insolvenzverfahren und seine Wirkungen unterliegen grundsätzlich dem Recht des Staates, in welchem das Verfahren eröffnet wurde (Art. 4 Abs. 1 EurInsVO). Im Falle eines Nachlassinsolvenzverfahrens ist es unerheblich, ob die Erbfolge selbst dem deutschen oder einem ausländischen Recht unterliegt.[204] Abschließend betrachtet sind somit bei grenzüberschreitenden Nachlassinsolvenzverfahren vier Sachgestaltungen denkbar:[205]

202 Vgl. *Staudinger/Dörner*, Art. 25 EGBGB, Rn. 905; MüKo/*Birk*, Art. 25 EGBGB, Rn. 371

203 Vgl. *Staudinger/Dörner*, Art. 25 EGBGB, Rn. 905; *Rauscher/Mäsch*, Europäisches Zivilprozessrecht, Art. 3 EG-InsVO, Rn. 13

204 Vgl. *Staudinger/Dörner*, Art. 25 EGBGB, Rn. 906; MüKo/*Birk*, Art. 25 EGBGB, Rn. 371

205 Vgl. MüKo/*Birk*, Art. 25 EGBGB, Rn. 371

(1) die gemeinschaftsweite internationale Nachlassinsolvenz (Art. 3 Abs. 1 EurInsVO)
(2) die Sondernachlassinsolvenz in einem Mitgliedsstaat über das dort belegene Nachlassvermögen (Art. 27 Abs. 1 EurInsVO)
(3) die unabhängige Partikularinsolvenz in einem Mitgliedsstaat der EG (Art. 3 Abs. 4 EurInsVO)
(4) die inländische Nachlassinsolvenz über Nachlassvermögen, das im Inland und in Drittstaaten belegen ist, nach autonomem deutschem internationalem Insolvenzrecht (§§ 354, 315 InsO)

IV. Erbauseinandersetzung

Die Erbauseinandersetzung unterliegt ebenfalls dem Erbstatut.[206] War der Erblasser tschechischer Staatsangehöriger, ist daher tschechisches materielles Erbrecht maßgeblich. Nach diesem ist eine *gerichtliche* Erbauseinandersetzung erforderlich, wenn mehrere Erben vorhanden sind (§§ 482 f. ObčZ).[207] Somit stellt sich die Frage, ob diese bei tschechischem Erbstatut auch vor einem deutschen Nachlassgericht herbeigeführt werden kann. Die Antwort hängt wiederum davon ab, ob man dem von der Rechtsprechung favorisierten Gleichlaufgrundsatz folgt oder sich der Literatur anschließt, welche die internationale Zuständigkeit gemäß den §§ 73 f. FGG analog bestimmt.

Folgt man dem Gleichlaufgrundsatz, dann wird man eine internationale Zuständigkeit ablehnen müssen, da nach meiner Auffassung keine Rechtsverweigerung droht (vgl. § 44 MPSaP).[208] War der Erblasser tschechischer Staatsbürger, dann erklären sich tschechische Nachlassgerichte in der Regel für international zuständig. Ein Fürsorgebedürfnis von deutscher Seite besteht daher nicht. Anders dahingegen, wenn man der Literatur folgt und die §§ 73 f. FGG analog heranzieht. Deren Voraussetzungen werden in der Regel vorliegen und auch die Annahme einer „wesensfremden Tätigkeit" ist nicht geboten, denn auch das deutsche Recht kennt eine gerichtliche Erbauseinandersetzung (vgl. §§ 86 ff. FGG).[209] Das Nachlassgericht hat daher in solchen Fällen eine Nachlassauseinandersetzung zwar nach deutschem Verfahrensrecht, aber in Anwendung tschechischen Rechts, vorzunehmen.

206 Vgl. BGH NJW 1959, S. 1317; *Palandt/Edenhofer*, Art. 25 EGBGB, Rn. 10
207 Vgl. oben 3. Teil, II. 4. b, S. 120 ff.
208 Vgl. oben 2. Teil, I. 2. b. bb, S. 74 ff.
209 Ebenso *Kegel/Schurig*, Art. 25 EGBGB, Rn. 49; zu einer Nachlassauseinandersetzung vor einem deutschen Nachlassgericht nach niederländischem Recht *Drobnig*, JZ 1959, S. 316 ff.

5. Teil: Die Abwicklung eines deutsch-tschechischen Erbfalls in der Tschechischen Republik

I. Legitimation der Nachlassabwickler des deutschen Rechts

1. Legitimation der Erben in der Tschechischen Republik

Bei der Abwicklung deutsch-tschechischer Erbfälle stellt sich die Frage, wie sich die Erben eines deutschen Erblassers in der Tschechischen Republik im Rechtsverkehr legitimieren können. Insbesondere ist von Interesse, ob ein deutscher Erbschein als Titel anerkannt werden kann bzw. wie ein Titel tschechischen Rechts erlangt wird.

a) Anerkennung eines Erbscheins i.S.d. §§ 2353 ff. BGB

Der tschechische Gesetzgeber hat die Anerkennung ausländischer Urkunden in § 52 MPSaP geregelt. Danach haben von ausländischen Gerichten und Behörden ausgestellte Urkunden, die dort gültig und als öffentliche Urkunden ausgestellt worden sind, auch in der Tschechischen Republik die Beweiskraft von öffentlichen Urkunden, sofern sie die vorgeschriebene Beglaubigung aufweisen. Für diese genügt eine Apostille, da sowohl Deutschland als auch Tschechien Vertragsstaaten des Haager Übereinkommens vom 05. Oktober 1961 zur Befreiung ausländischer öffentlicher Urkunden von der Legalisation sind.[1]Ein von einem deutschen Nachlassgericht ausgestellter und mit einer Apostille versehener Erbschein ist daher in der Tschechischen Republik anerkennungsfähig.
Im Anschluss daran stellt sich die Frage, welche Aufgaben der deutsche Erbschein in Tschechien im Rechtsverkehr mit dem Grundbuchamt, dem Handelsregister sowie mit den Banken erfüllen kann.

aa) Das Grundbuchamt *(katastrální úřad)*[2]

Das tschechische Katasterwesen kennt grundsätzlich drei Eintragungsformen ins Immobilienkataster *(katastr nemovitostí)*:[3] Die Einverleibung, die Anmerkung und den Vermerk.
Die Einverleibung (*vklad*, § 5 V lit. a KatZ[4] i.V.m. § 2 ff. ZápPreNe[5]) geschieht infolge einer rechtsgeschäftlichen Bestellung, Änderung oder Aufhebung von

1 Vgl. BGBl 1999, II, S. 142

2 Ausführlich zum Immobilienerwerb in Tschechien *Rombach*, MittBayNot 2000, S. 400 ff.

3 Zu den verschiedenen Eintragungsformen ins Immobilienkataster *Breidenbach/Čermák*, Kapitel D. III, Rn. 37 ff. bzw. *Frank/Wachter/Rombach/Adam*, Immobilienrecht in Europa, Tschechien, Rn. 63 ff.

4 Katastrální zákon, Nr. 344/1992 Sb. („Katastergesetz“)

Immobilienrechten (vgl. § 14 Abs. 1 ZápPreNe). Ihre Rechtsfolge ist die Entstehung, Änderung oder das Erlöschen eines Rechts. Sie hat deshalb konstitutive Wirkung.[6] Als zweite Form ist die Anmerkung (*poznámka*, § 5 V lit. c KatZ i.V.m. § 9 f. ZápPreNe) zu nennen, durch die eine weitere Verfügung über die Immobilie verhindert werden soll. Sie hat keinen Einfluss auf die Entstehung, Änderung oder das Erlöschen eines Rechts (§ 14 Abs. 3 ZápPreNe), womit ihr nur eine deklaratorische Wirkung zukommt.[7] Und schließlich kennt das tschechische Recht den Vermerk (*záznam*, § 5 V lit. b i.V.m. § 7 f. ZápPreNe). Ein solcher wird eingetragen, wenn das zuständige Katasteramt durch Mitteilung eines staatlichen Organs bzw. mittels Urkunden, welche die Rechtsverhältnisse bezeugen, von einer Änderung der Rechtslage Kenntnis erlangt hat (§ 14 Abs. 2 ZápPreNe).

Bei einem Grundstückserwerb durch Erbschaft wird der Vermerk innerhalb von 30 Tagen vorgenommen, nachdem dem Katasteramt der rechtskräftige Beschluss über das Nachlassverfahren zugestellt wurde (§ 94 Abs. 2 S. 1 JednŘ). Dieser Beschluss muss u.a. Angaben über das Katastergebiet, die Flurstücknummer sowie weiterer Merkmale der Liegenschaft beinhalten (vgl. § 5 Abs. 1 KatZ). Infolgedessen kann auch keine Eintragung ins Immobilienkataster auf Grund eines deutschen Erbscheins erfolgen, weil in diesem die entsprechenden Angaben fehlen.[8] Stattdessen ist eine *usnesení o dědictví* (Erbbestätigung), die im Rahmen eines Nachlassverfahrens erlangt wird, erforderlich.
Da die Eintragung nur der Klarstellung bereits eingetretener, im Immobilienkataster jedoch noch nicht eingetragener Tatsachen dient, ist der Vermerk ebenfalls nur als deklaratorisch anzusehen.[9] Der Eigentumserwerb der Immobilie durch die Erben tritt dahingegen bereits rückwirkend zum Zeitpunkt des Todes des Erblassers ein (§ 460 ObčZ).[10]

bb) Das Handelsregister *(obchodní rejstřík)*

Grundsätzlich sieht das Gesetz beim Tod eines Gesellschafters die Auflösung der Personenhandelsgesellschaft vor, es sei denn der Gesellschaftsvertrag lässt eine Vererbung von Gesellschaftsanteilen zu (§ 88 Abs. 1 lit. c ObchZ[11]).[12]

---

5 Zákon o zápisech vlastnických a jiných věcných práv k nemovitostem, Nr. 265/1992 („Gesetz über die Eigentumsübertragung von Immobilien sowie anderen Sachenrechten an Liegenschaften“)
6 Vgl. *Frank/Wachter/Rombach/Adam*, Immobilienrecht in Europa, Tschechien, Rn. 66
7 Vgl. *Frank/Wachter/Rombach/Adam*, Immobilienrecht in Europa, Tschechien, Rn. 67
8 Vgl. MüKo/*J.Mayer*, § 2353, Rn. 22 ff.
9 Vgl. *Breidenbach/Čermák*, Kapitel D.III, Rn. 45
10 Vgl. *Breidenbach/Čermák*, Kapitel D.III, Rn. 91
11 Obchodní zákoník, Nr. 513/1991 („Handelsgesetzbuch“). Für das Verhältnis zwischen dem ObchZ und dem ObčZ gilt der Grundsatz *lex specialis derogat legi generali.* Das

Auch wenn das *Obchodní zákoník* diese Möglichkeit als Ausnahme ansieht, so ist sie doch in der Praxis die Regel. Zum selben Ergebnis gelangt man bei Kapitalgesellschaften. Dort ist jedoch die Ausgangssituation umgekehrt: Grundsätzlich werden die Gesellschaftsanteile vererbt, falls nicht der Gesellschaftsvertrag die Vererbbarkeit ausschließt.[13]

Es stellt sich somit die Frage, auf welche Art und Weise die Rechtsnachfolger des Erblassers die eintragungspflichtigen Angaben (vgl. zu diesen die §§ 34 f. ObchZ) erbringen und eine Eintragung ins Handelsregister bewirken können. Das Handelsregister der Tschechischen Republik ist ein öffentliches Verzeichnis, welches vom zuständigen Registergericht *(rejstříkový soud)* in elektronischer Form geführt wird (§ 27 Abs. 1 und 2 ObchZ). Ein Antrag auf Eintragung, Änderung oder Löschung der Eintragung im Handelsregister kann nur unter Verwendung eines Vordrucks gestellt werden (§ 31 Abs. 1 i.V.m. § 32 Abs. 1 S. 1 ObchZ). Die verbindlichen Antragsvordrucke werden durch das Justizministerium bestimmt (§ 32 Abs. 4 S. 1 ObchZ).[14] Des Weiteren muss die Unterschrift des Antrags amtlich beglaubigt sein (§ 32 Abs. 1 S. 2 ObchZ). Ergänzend sind dem Antrag Urkunden über die eintragungspflichtigen Tatsachen beizufügen (§ 32 Abs. 2 ObchZ), wobei das Verzeichnis der beizufügenden Urkunden durch Verordnung vom Justizministerium der Tschechischen Republik festgelegt wird (§ 32 Abs. 4 ObchZ).[15]

Im Hinblick auf deutsch-tschechische Erbfälle lässt sich daraus folgern, dass ein deutscher Erbschein keine geeignete Grundlage für eine Eintragung ins tschechische Handelsregister darstellt. Stattdessen müssen die verbindlichen Antragsvordrucke verwendet werden. Auch wird der Erbschein, soweit ersichtlich, nicht im Verzeichnis der beizufügenden Urkunden aufgeführt.[16] Ein deutscher Erbschein i.S.d. §§ 2353 ff. BGB spielt daher für Eintragungen in das tschechische Handelsregister keine Rolle.

ObčZ kommt daher nur zur Anwendung, soweit keine Sonderregelung im ObchZ vorliegt (§ 1 Abs. 2 ObchZ).

12 Vgl. *Breidenbach/ Čermák,* Tschechien, D.I, Rn. 105

13 Vgl. *Breidenbach/ Čermák,* Tschechien, D.I, Rn. 225. Den Erben steht in einem solchen Fall ein Abfindungsanspruch gegen die Gesellschaft zu.

14 Vyhláška Nr. 250/2005 Sb., o závazných formulářích na podávání návrhů na zápis do obchodního rejstříku („Bekanntmachung der verbindlichen Formulare zur Antragstellung auf Eintragung ins Handelsregister")

15 Die Vordrucke sowie die Liste der beizufügenden Urkunden können auf der Homepage des tschechischen Justizministeriums abgerufen werden: www.portal.justice.cz/ms/ms.aspx?j=33&o=23&k=2299&d=47038

16 Vyhláška Nr. 250/2005 Sb., o závazných formulářích na podávání návrhů na zápis do obchodního rejstříku, příloha 14

cc) Banken

Für im Ausland belegene Wertpapiere gibt es kein besonderes Erbstatut.[17] Zum Teil muss der Erbe seine Stellung durch ein inländisches Dokument nachweisen, zum Teil genügt die Vorlage von Sterbeurkunde und deutschem Erbschein. In Tschechien müssen sich Ausländer im Rechtsverkehr mit den Banken entsprechend den tschechischen Allgemeinen Geschäftsbedingungen der Banken für Einzelpersonen[18] mittels eines Lichtbildausweises bzw. einer Aufenthaltsgenehmigung legitimieren (A.3.1.1 lit. b S. 1 der AGB). Der Bank steht es aber frei auch andere Identifikationspapiere zuzulassen (A.3.1.1.lit b. S. 2 der AGB). Des Weiteren kann die Bank verlangen, dass die Urkunde mit einer Apostille versehen (A.3.2.5 der AGB) und von einem amtlich bestellten Übersetzer in die tschechische Sprache übersetzt wird (A.3.2.6 der AGB).Im Übrigen bestimmt sich die Anerkennung des Erbscheins wiederum nach § 52 MPSaP. Gemäß dieser Vorschrift sind ausländische öffentliche Urkunden in der Tschechischen Republik grundsätzlich zu akzeptieren.[19]
Folglich kann ein deutscher Erbschein, soweit die soeben genannten Voraussetzungen erfüllt sind, im Rechtsverkehr mit tschechischen Banken als Legitimationspapier verwendet werden.

b) Ausstellung eines Erbscheins bzw. eines Testamentsvollstreckerzeugnisses nach tschechischem Recht

Anders als dem deutschen Recht, das Ausländern die Ausstellung eines „Fremdrechtserbscheins" (i.S.d. § 2369 BGB) bzw. eines „gegenständlich beschränkten Testamentsvollstreckerzeugnisses" (i.S.d. § 2368 Abs. 3 i.V.m. § 2369 BGB) zubilligt, sind entsprechende Rechtsinstitute dem tschechischen Recht unbekannt. Eine Ausstellung eines vorläufigen Legitimationspapiers nach tschechischem Recht zum Nachweis der Erbenstellung ist für die Rechtsnachfolger eines deutschen Erblassers daher nicht möglich.

c) Ausstellung einer tschechischen Erbbestätigung (*usnesení o dědictví*)

aa) Ausgangslage

Jedoch besteht für Ausländer die Möglichkeit, ein Nachlassverfahren durchzuführen um eine *usnesení o dědictví* zu erlangen. Diese Erbbestätigung kann dann im Rechtsverkehr als Erbnachweis verwendet werden.

---

17 Vgl. *Gottwald/Stangl*, ZEV 1997, S. 217

18 Im Internet abzurufen z.B. unter: http://www.citibank.cz/czech/consumerbanking/english/docs/doc570.htm

19 Vgl. oben 5. Teil, I. 1, S. 159

Die internationale Zuständigkeit zur Verhandlung einer Erbsache bei Ausländern regelt § 45 MPSaP.[20] Danach ist eine internationale Zuständigkeit vor allem in zwei Konstellationen denkbar:

- Zum einen wenn es sich beim Nachlass um eine in Tschechien belegene Immobilie handelt (§ 45 Abs. 1 lit. c) MPSaP)
- zum anderen wenn der Erblasser in Tschechien seinen Wohnsitz hatte und ein Erbe, der sich dort aufhält, Ansprüche geltend macht (§ 45 Abs. 1 lit. b) MPSaP)

bb) Die Rechtsstellung eines Ausländers im tschechischen Zivilverfahrensrecht[21]

Für die Rechtsstellung der Ausländer im Zivilprozessrecht ist das MPSaP maßgebend. Seine Artt. 37-68 sind dem Prozessrecht gewidmet. Bedeutsam ist ferner die tschechische Zivilprozessordnung (*OSŘ*) sowie das Haager Übereinkommen über den Zivilprozess vom 01. März 1954[22] samt seiner Zusatzvereinbarungen mit Tschechien[23].Gemäß Art. 49 MPSaP richtet sich die Prozessfähigkeit der Ausländer nach dem Recht desjenigen Staates, dem sie angehören. Bei Deutschen also nach den §§ 51 ff. ZPO. Es genügt jedoch bereits, wenn sie die Prozessfähigkeit nach tschechischem Recht besitzen (§§ 18 ff. OSŘ). Das gleiche gilt für ausländische juristische Personen.[24]

Zudem sind deutsche Staatsbürger als Kläger in der Tschechischen Republik infolge Art. 17 des Haager Übereinkommens über den Zivilprozess von der Verpflichtung zur Sicherheitsleistung befreit. Zum selben Ergebnis gelangt man, wenn man dem autonomen tschechischen Recht folgt (vgl. Art. 51 MPSaP).[25] Danach besteht zwar grundsätzlich eine Verpflichtung zur Stellung einer Ausländersicherheit, die aber bei tatsächlicher Verbürgung der Gegenseitigkeit entfällt. Zudem wird sie nur auf Antrag des Beklagten angeordnet. Leistet der ausländische Kläger die Sicherheit nicht innerhalb der vom Gericht gesetzten Frist, so wird das Verfahren nicht fortgeführt. Im deutsch-tschechischen Verhältnis ist die Gegenseitigkeit verbürgt, da die Tschechische Republik, ebenso wie die Bundesrepublik Deutschland, die tatsächliche Gegenseitigkeitsverbürgung genügen lässt und in einem solchen Fall nicht verlangt werden kann, dass der ausländische Staat mit der Befreiung vorangeht.[26]

---

20 Vgl. oben 2. Teil, II. 2. b, S. 89

21 Vgl. ausführlich *Schultz*, Die Rechtsstellung des Ausländers in der Tschechoslowakei, S. 41 ff.

22 Abgedruckt auf deutsch bei *Geimer/Schütze*, Nr. 101, S. 1 ff.; Nr. 72/1966 Sb. (tschechisch)

23 Abgedruckt bei *Geimer/Schütze*, Nr. 184, S. 1 ff. und Nr. 190, S. 1 ff.

24 Vgl. *Schultz*, Die Rechtsstellung des Ausländers in der Tschechoslowakei, S. 41

25 Vgl. *Geimer/Schütze/Wünsch*, Nr. 1145, S. 4 f.

26 Vgl. *Geimer/Schütze/Wünsch*, Nr. 1145, S. 5; *Schütze*, NJW 1995, S. 356 ff.

cc) Nachweis ausländischen Rechts[27]

Kommt infolge der tschechischen Kollisionsnormen ausländisches Recht zur Anwendung, so ist dieses von Amts wegen zu beachten und zu ermitteln.[28] Zur Feststellung des ausländischen Rechts kann das Gericht alle notwendigen Maßnahmen ergreifen (§ 53 Abs. 1 1. HS MPSaP). Es kann zudem um eine Äußerung des Justizministeriums ersuchen (§ 53 Abs. 1 2. HS MPSaP).

Seit dem 25.09.1998 ist die Tschechische Republik zudem Vertragsstaat[29] des Europäischen Rechtsauskunftübereinkommens vom 07. Juni 1968[30]. Gemäß dessen Art. 1 sind die Vertragsstaaten verpflichtet, Auskünfte über ihr Zivil- und Handelsrecht, ihr Verfahrensrecht auf diesen Gebieten und über ihre Gerichtsverfassung zu erteilen. Zur Ausführung dieses Übereinkommens errichtet jede Vertragspartei eine sog. Empfangsstelle, welche das Auskunftsersuchen entgegenzunehmen und alles Weitere zu veranlassen hat (Art. 2). In Deutschland übt diese Aufgabe das Bundesministerium der Justiz[31] aus, in Tschechien das *Ministerstvo spravedlnosti České republiky*[32] (Justizministerium).[33] Die Anfrage und seine Anlagen müssen in der Sprache des ersuchten Staates abgefasst oder von einer Übersetzung in diese Sprache begleitet sein (Art. 14 S. 1). Die Antwort wird ebenso in der Sprache des ersuchten Staates gegeben (Art. 14 S. 2). Zulässig ist auch die Einholung von Sachverständigengutachten (§ 127 OSŘ).[34] Zudem können die Prozessparteien zur Mithilfe bei der Ermittlung des ausländischen Rechts aufgefordert werden.[35] Bei einfacheren Fällen kann bereits die Vorlage der einschlägigen Gesetzestexte, gerichtlichen Entscheidungen oder der relevanten Fachliteratur nützliche Dienste erweisen.
Das ausländische Recht ist in gleicher Weise anzuwenden wie es die Praxis in dem betreffenden Staat tut. Eine subsidiäre Anwendung tschechischen Rechts zur Lückenfüllung ist unzulässig.[36]

---

27 Vgl. ausführlich *Špoková*, Ad Notam 2003, S. 56
28 Vgl. *Geimer/Schütze/Wünsch*, Nr. 1145, S. 5
29 BGBl 98 II, S. 2945
30 Abgedruckt auf Deutsch bei *Geimer/Schütze/Pirrung*, Nr. 381, S. 1 ff.
31 Jerusalemer Str. 27, 10117 Berlin, Deutschland
32 Vyšehradská 16, 12810 Praha 2, Česká republika
33 Eine Übersicht über die Adressen der Empfangsstellen aller Vertragsstaaten bei *Geimer/Schütze/Pirrung*, Nr. 384, S. 1 ff.
34 Zákon o znalcích a tlumočnících, Nr. 36/1967 Sb. ("Sachverständigen- und Dolmetschergesetz")
35 Vgl. *Geimer/Schütze/Wünsch*, Nr. 1145, S. 5
36 Vgl. *Geimer/Schütze/Wünsch*, Nr. 1145, S. 5

2. Legitimation des Testamentsvollstreckers in der Tschechischen Republik

a) Anerkennung des deutschen Titels

aa) Erbstatut

Die Testamentsvollstreckung unterliegt nach herrschender Ansicht dem Erbstatut.[37] Vorrangige bilaterale Abkommen zwischen Deutschland und Tschechien sind nicht vorhanden, so dass sich Umfang und Reichweite der Testamentsvollstreckung bei einem deutschen Erblasser nach deutschem Recht richten (Art. 25 Abs. 1 EGBGB bzw. § 17 MPSaP). Dieses leitet daraus einen extraterritorialen Geltungsanspruch ab, so dass die Testamentsvollstreckung aus deutscher Sicht auch im Ausland nach deutschem Recht möglich ist, soweit der Geltungsanspruch des deutschen Rechts reicht und nicht durch Art. 3 Abs. 3 EGBGB eingeschränkt ist.[38] Ob eine Testamentsvollstreckung nach deutschem Recht im Ausland auch faktisch durchführbar ist, richtet sich aber nach dem Recht des „Ziellandes“. Dadurch kann die Handlungsvollmacht des deutschen Testamentsvollstreckers im Ergebnis stark eingeengt werden. Im Verhältnis zu Tschechien sind jedoch keine entsprechenden Beschränkungen ersichtlich. Die Rechtsmacht eines deutschen Testamentsvollstreckers wird somit durch das tschechische Recht nicht begrenzt.

bb) Das Testamentsvollstreckerzeugnis nach deutschem Recht im tschechischen Rechtsverkehr

Zum Zwecke der Legitimation kann sich der Testamentsvollstrecker vom Nachlassgericht auf Antrag ein Testamentsvollstreckerzeugnis ausstellen lassen (§ 2368 BGB). Dieses Zeugnis dient dem Testamentsvollstrecker im Rechtsverkehr, insbesondere gegenüber Banken, als Nachweis seiner Rechte.[39] und es wird von Tschechien, falls mit einer Apostille versehen, zwar auch anerkannt (§ 52 MPSaP). Um im Rechtsverkehr allerdings als Legitimationspapier von Nutzen sein zu können, wird in der Regel zudem eine Übersetzung des Zeugnisses in die tschechische Sprache notwendig sein.

cc) Internationale Nachlassvollmacht

Ein weiteres probates Mittel, um bei grenzüberschreitenden Erbfällen die Rechtsmacht des Testamentsvollstreckers zu stärken, ist die Erteilung einer internationalen Nachlassvollmacht durch die Erben für die Dauer der Testa-

37 Vgl. Münchener Anwaltshandbuch/*von Oertzen/Pawlytta*, § 33, Rn. 161

38 Vgl. *von Oertzen*, ZEV 1995, S. 170

39 Vgl. Staudinger/*Reimann*, Vorbem. zu §§ 2197 ff., Rn. 106

mentsvollstreckung.[40] Ein entsprechender Mustertext ist von der Kommission für europäische Angelegenheiten (CAE) der internationalen Union des lateinischen Notariats (UINL) erhältlich.[41] Vorteil einer solchen internationalen Nachlassvollmacht ist, dass sie von den meisten Staaten Europas anerkannt wird und zudem in die wichtigsten europäischen Sprachen übersetzt ist, so dass deren Verwendung im Ausland regelmäßig keine Probleme hervorruft. Auch bei deutsch-tschechischen Erbfällen ist eine internationale Nachlassvollmacht von Nutzen, da sie mittlerweile nicht nur auf Deutsch, sondern auch auf Tschechisch erhältlich ist.[42]

b) Anordnung der Testamentsvollstreckung nach deutschem Recht durch ein tschechisches Nachlassgericht

In der Praxis stellt es eine seltene Ausnahme dar, dass ein tschechisches Nachlassgericht sich mit einer Testamentsvollstreckung nach deutschem Recht befassen muss. Grund dafür ist, dass meistens keine internationale Zuständigkeit des Gerichts gegeben sein wird (vgl. § 45 MPSaP). Einschlägig ist in der Regel nur § 45 Abs. 1 lit. b) MPSaP. Danach ist eine internationale Zuständigkeit gegeben, wenn der deutsche Erblasser in Tschechien seinen Wohnsitz hatte und ein Erbe, der sich dort aufhält, seine Ansprüche geltend macht.

Gelangt man infolgedessen zum Ergebnis, dass eine internationale Zuständigkeit des tschechischen Nachlassgerichts gegeben ist, dann stellt sich die Frage, ob dieses die mit einer Testamentsvollstreckung verbundenen Aufgaben überhaupt erfüllen kann. Zu diesen zählen insbesondere die Ernennung eines Testamentsvollstreckers (§ 2200 Abs. 1 BGB), die Entgegennahme der Annahme- bzw. Ablehnungserklärung der ernannten Person (§ 2202 Abs. 2 BGB) sowie die Entgegennahme der Kündigungserklärung des Testamentsvollstreckers (§ 2226 BGB). Des Weiteren kann das Nachlassgericht den Testamentsvollstrecker bei Vorliegen eines wichtigen Grundes entlassen (§ 2227 Abs. 1 BGB) und es muss bei Meinungsverschiedenheiten mehrerer Testamentsvollstrecker entscheiden (§ 2224 Abs. 1 BGB). Bei Anordnungen, deren Befolgung den Nachlass gefährden würde, kann das Nachlassgericht diese außer Kraft setzen (§ 2216 Abs. 2 BGB).

Meines Erachtens sind dies Aufgaben, die auch von einem tschechischen Nachlassgericht durchaus erfüllt werden können, vor allem weil sie keine Rechtskenntnisse erfordern, die sich ein tschechischer Richter nicht zumindest beschaffen könnte. Zum selben Ergebnis gelangt man, wenn man die Tätigkeiten be-

40 Vgl. *von Oertzen*, ZEV 1995, S. 171

41 Abgedruckt bei Becksches Formularbuch/*Rawert*, I.44, Internationale Nachlassvollmacht

42 Vgl. Becksches Formularbuch/*Rawert*, I.44, Anmerkungen, Rn. 1

rücksichtigt, die das Nachlassgericht im Zusammenhang mit der Anordnung einer Nachlassverwaltung *(správce dědictví)* erledigen muss (vgl. § 480a Abs. 1 ObčZ sowie § 175e Abs. 1, 4 OSŘ, § 175f Abs. 2 OSŘ) und ihm somit bekannt sind. Nach meinem Dafürhalten können daher obig genannte Aufgaben i.S.d. §§ 2197 ff. BGB auch von einem tschechischen Nachlassgericht erfüllt werden.

3. Legitimation des Nachlasspflegers (i.S.d. § 1960 BGB Abs. 2) in der Tschechischen Republik

Zuständig für die Anordnung einer Nachlasspflegschaft ist das Nachlassgericht (§ 1962 BGB) sowie jedes Amtsgericht, in dessen Bezirk ein Fürsorgebedürfnis hervortritt (§ 74 FGG). Dabei kann sich die Fürsorge auch auf den im Ausland belegenen Nachlass eines Deutschen erstrecken, soweit keine Nachlassspaltung eingetreten ist.[43] Für deutsch-tschechische Erbfälle bedeutet dies, dass das zuständige deutsche Nachlassgericht infolge des Prinzips der Nachlasseinheit die Nachlasspflegschaft auch auf den in Tschechien belegenen Nachlass erstrecken kann. Die Legitimation des Nachlasspflegers im Rechtsverkehr erfolgt dabei mittels der vom Nachlassgericht ausgestellten Bestallungsurkunde (§ 1791 BGB), welche nach Maßgabe der dem Pfleger übertragenen Aufgaben ausgestellt wird.[44] Diese Urkunde wird ebenso wie der Erbschein und das Testamentsvollstreckerzeugnis gemäß § 52 MPSaP in der Tschechischen Republik anerkannt, sofern sie mit der erforderlichen Apostille versehen ist. Auch in diesem Fall wird regelmäßig eine Übersetzung der Urkunde in die tschechische Sprache nötig sein.

Daneben ist es überdies denkbar, dass das zuständige tschechische Nachlassgericht alle Maßnahmen, die zur Sicherung des Eigentums des deutschen Erblassers notwendig sind, vornimmt (§ 45 Abs. 2 MPSaP). Dies entspricht zugleich der internationalen Übung, wonach inländische Nachlassgerichte zur Sicherung der Nachlässe von Ausländern berechtigt sind.[45]

II. Annahme und Ausschlagung der Erbschaft

1. Annahme und Ausschlagung der Erbschaft nach deutschem Recht (§§ 1942 ff. BGB)

Dem Erben steht das Recht zu, die Erbschaft auszuschlagen (§ 1942 Abs. 1 BGB). Dieses Recht wird durch eine öffentlich beglaubigte Erklärung gegenüber dem Nachlassgericht ausgeübt (§ 1945 BGB). Diese kann grundsätzlich nur binnen sechs Wochen nach Kenntnis des Erben vom Anfall und dem Grund der Be-

43 Vgl. BayObLG 1982, S. 284; *Palandt/Edenhofer*, § 1960, Rn. 8

44 Vgl. *Palandt/Edenhofer*, § 1960, Rn. 10

45 Vgl. BGHZ 49, S. 1; Anwaltskommentar/*Krug*, § 1960, Rn. 23

rufung erfolgen (§ 1944 BGB). Sie bewirkt, dass der Anfall der Erbschaft an den Ausschlagenden als nicht erfolgt gilt (§ 1953 Abs. 1 BGB). Das Gesetz gestattet zudem die Beschränkung der Ausschlagung auf einen von mehreren Berufungsgründen (§ 1948 BGB) sowie auf einen von mehreren Erbteilen, wenn diese auf verschiedenen Berufungsgründen beruhen (§ 1951 BGB). Annahme der Erbschaft meint die formlose, nicht empfangsbedürftige Willenserklärung, endgültig Erbe sein zu wollen.[46] Durch sie verliert der Erbe sein Ausschlagungsrecht (§ 1943 BGB). Während der Schwebezeit ist der vorläufige Erbe nicht verpflichtet, aber berechtigt, erbschaftliche Geschäfte zu besorgen (§ 1959 BGB). Aus Verpflichtungsgeschäften muss er mit seinem Eigenvermögen einstehen, es sei denn, dass die Haftung vereinbarungsgemäß auf den Nachlass beschränkt wurde.[47] Gegenüber dem endgültigen Erben hat er die Stellung eines Geschäftsführers ohne Auftrag (§ 1959 Abs. 1 BGB). Verfügungsgeschäfte dahingegen darf der Erbe nur dann vornehmen, wenn die Verfügung nicht ohne Nachteil für den Nachlass verschoben werden konnte (§ 1959 Abs. 2 BGB). Schließlich ist der Erbe bis zur Annahme der Erbschaft vor Prozessen der Nachlassgläubiger geschützt (§ 1958 BGB).

2. Annahme und Ausschlagung der Erbschaft nach deutschem Recht vor einem tschechischen Nachlassgericht

Wiederum stellt sich die Frage, ob die Erben eines deutschen Erblassers vor einem tschechischen Nachlassgericht die Annahme bzw. Ausschlagung der Erbschaft erklären können. Auch in diesem Fall ist es erforderlich, dass zunächst eine internationale Zuständigkeit des Gerichts gegeben ist, welche sich nach § 45 MPSaP bemisst.

Wird diese bejaht, so ist zu prüfen, ob einem tschechischen Nachlassgericht die Entgegennahme einer Ausschlagungserklärung bzw. die Anfechtung der Annahme oder Ausschlagung zuzumuten ist. Nach meiner Auffassung ist dies zu befürworten. Denn auch das tschechische Recht sieht in den §§ 463 ff. ObčZ die Möglichkeit einer Erbschaftsausschlagung vor. Zudem ist diese dort ebenfalls gegenüber dem Nachlassgericht zu erklären (§ 463 ObčZ). Folglich sind die im Zusammenhang mit den §§ 1942 ff. BGB zu verrichtenden Tätigkeiten dem tschechischen Nachlassgericht durchaus bekannt. Meines Erachtens können daher die Erben eines deutschen Erblassers auch vor einem tschechischen Gericht die Ausschlagung der Erbschaft erklären, falls eine internationale Zuständigkeit gegeben ist.

46 Vgl. *Brox*, Erbrecht, § 22, Rn. 319
47 Vgl. *Brox*, Erbrecht, § 22, Rn. 319

III. Haftungsbeschränkung nach deutschem Recht

Während das tschechische Recht eine vergleichsweise einfache Regelung der Haftungsbeschränkung vorsieht (vgl. §§ 470 ff. ObčZ)[48] hat das BGB ein kompliziertes System von möglichen Haftungsbeschränkungen geschaffen, nämlich die Nachlassverwaltung und die Nachlassinsolvenz (§§ 1975 ff. BGB) sowie die Dürftigkeitseinrede (§§ 1990 ff. BGB). Eine Haftungsbeschränkung gegenüber bestimmten Gläubigern kann auch durch das Aufgebotsverfahren eintreten (§ 1970 ff. BGB, §§ 946 ff., §§ 989 ff. ZPO), durch die Erhebung der Verschweigungseinrede (§ 1974 BGB) oder aufgrund einer Überschuldung durch Vermächtnisse und Auflagen (§ 1992 BGB). Inwieweit diese dem tschechischen Recht unbekannten Institute in Tschechien geltend gemacht werden können, soll nachstehend im Einzelnen untersucht werden.

1. Nachlassverwaltung (§ 1975 Alt. 1 BGB)

Nach deutschem Recht kann der Erbe den Zugriff der Nachlassgläubiger auf sein Eigenvermögen durch die Anordnung einer Nachlassverwaltung verhindern (§ 1975 BGB). Die Einzelheiten der Nachlassverwaltung wurden oben bereits beschrieben.[49]Es stellt sich aber die Frage, ob auch ein Erbe in Tschechien eine Nachlassverwaltung nach deutschem Recht beantragen kann. Dem tschechischen Recht ist eine Nachlassverwaltung, welche eine Haftungsbeschränkung durch Trennung von Eigen- und Nachlassvermögen herbeiführt, unbekannt. Es ist deshalb zu prüfen, welche Aufgaben ein Nachlassgericht im Rahmen einer Nachlassverwaltung zu erledigen hat und ob diese von einem tschechischen Gericht verlangt werden können.

Das Nachlassgericht hat in diesem Zusammenhang die Nachlassverwaltung anzuordnen (§ 1981 BGB) und auch wieder aufzuheben (§ 1988 BGB)[50], den Nachlassverwalter zu ernennen[51], dessen Vergütung festzusetzen (§ 1987 BGB)[52] sowie die Aufsicht über die Verwaltung zu führen.[53] Meines Erachtens sind dies keine Aufgaben, die einem tschechischen Gericht wesensfremd wären und ihm somit nicht abverlangt werden könnten. Gilt deutsches Erbstatut in Tschechien, sollte daher die Anordnung einer haftungsbeschränkenden Nachlassverwaltung möglich sein. Dabei könnte jedoch auf die öffentliche

48 Vgl. oben 4. Teil, III, S. 153 ff.
49 Vgl. oben 3. Teil, I. 3. b, S. 102
50 Vgl. *Palandt/Edenhofer*, § 1988, Rn. 2
51 Vgl. *Palandt/Edenhofer*, § 1981, Rn. 4
52 Vgl. *Palandt/Edenhofer*, § 1987, Rn. 2
53 Vgl. *Palandt/Edenhofer*, § 1985, Rn. 2

Bekanntmachung nach § 1983 BGB verzichtet werden, da diese ohnehin keine Wirksamkeitsvoraussetzung ist.[54]

2. Aufgebotsverfahren (§§ 1970 ff. BGB i.V.m. §§ 946 ff., §§ 989 ff. ZPO)

Nach deutschem Recht kann eine Haftungsbeschränkung der Erben gegenüber bestimmten Gläubigern auch durch das Aufgebotsverfahren herbeigeführt werden. Das Aufgebot soll dem Erben Aufschluss über den Stand des Nachlasses und die Höhe der Nachlassverbindlichkeiten geben und ihm so die Entscheidung, ob eine Nachlassverwaltung bzw. ein Nachlassinsolvenzverfahren beantragt sowie ein Inventar errichtet werden sollen (§ 2001 BGB), ermöglichen und ihn zudem gegen unbekannte Nachlassgläubiger sichern (§ 1973 BGB).[55] Außerdem soll es dem Erben, dem Nachlasspfleger, dem Nachlassverwalter und dem Testamentsvollstrecker die Unterlagen zur Verteilung der Masse an die Gläubiger verschaffen.[56] Das Aufgebotsverfahren ist in der ZPO als besondere Prozessart geregelt (§§ 946 ff., §§ 989 ff. ZPO).

Fraglich ist, ob ein Aufgebotsverfahren in Tschechien durchgeführt werden kann, falls dort deutsches Erbstatut gilt. Nach meiner Auffassung ist dies abzulehnen. Denn auch hier handelt es sich um eine derart verfahrensbezogene Maßnahme, so dass sie nur dann von einem tschechischen Nachlassgericht vorgenommen werden könnte, wenn das tschechische Recht zumindest ein ähnliches Rechtsinstitut kennen würde.[57] Dem ist aber nicht so. Das Aufgebotsverfahren nach deutschem Recht ist daher einem tschechischen Gericht wesensfremd und kann aus diesem Grund auch dort nicht beantragt werden. Wiederum müssen sich die Erben stattdessen an das zuständige deutsche Nachlassgericht wenden.

3. Dürftigkeitseinrede (§§ 1990 ff. BGB), Kürzungsbefugnis (§ 1992 BGB) und Verschweigung (§ 1974 BGB)

Ist der Nachlass für die Erfüllung der Nachlassverbindlichkeiten unzureichend und deckt er nicht einmal die Kosten einer amtlichen Verwaltung i.S.d. § 1975 BGB, so ist der zunächst unbeschränkt haftende Erbe nicht gezwungen, zur Beschränkung seiner Haftung auf den Nachlass die Verfahrenskosten selbst vorzuschießen. Vielmehr kann er diese Wirkung über § 1990 mittels Einrede (sog. Dürftigkeitseinrede) gegenüber den Nachlassgläubigern erreichen, sofern er das Recht zur Beschränkung noch nicht verloren hatte (§ 2013 BGB).[58]

---

54 Vgl. *Sipp-Mercier*, Die Abwicklung deutsch-französischer Erbfälle, S. 112; *Palandt/Edenhofer*, § 1983, Rn. 1

55 Vgl. *Palandt/Edenhofer*, § 1970 BGB, Rn. 1

56 Vgl. *Palandt/Edenhofer*, § 1970 BGB, Rn. 1

57 Vgl. auch *Sipp-Mercier*, Die Abwicklung deutsch-französischer Erbfälle, S. 113

58 Vgl. MüKo/*Siegmann*, § 1990, Rn. 2

Beruht die Überschuldung eines im Übrigen nicht „dürftigen" Nachlasses auf Vermächtnissen und Auflagen, so kann der Erbe gemäß § 1992 BGB die Befriedigung dieser Forderungen verweigern, soweit der Nachlass dazu nicht ausreicht (sog. Kürzungsbefugnis).[59] Schließlich kann der Erbe gegenüber einem Gläubiger, der später als fünf Jahre nach dem Erbfall seine Forderungen geltend macht, die Leistung verweigern, es sei denn, dass die Forderung dem Erben vor dem Ablauf der fünf Jahre bekannt war oder im Aufgebotsverfahren angemeldet worden ist (sog. Verschweigung, § 1974 BGB).[60]

Auch bei den soeben genannten drei Einreden stellt sich die Frage, ob ein Erbe sich in Tschechien auf sie berufen kann, um die Befriedigung der Nachlassgläubiger zu verweigern, wenn in Tschechien deutsches Recht als Erbstatut gilt. Anders als das Nachlassinsolvenzverfahren bzw. das Aufgebotsverfahren bedürfen die Dürftigkeitseinrede, die Kürzungsbefugnis sowie die Verschweigung zu ihrer Geltendmachung keines förmlichen Verfahrens, an dem das Nachlassgericht zu beteiligen wäre. Nach meiner Auffassung können daher diese Einreden auch in Tschechien erhoben werden, wenn deutsches Recht als Erbstatut berufen ist.[61]

4. Nachlassinsolvenzverfahren

Wie bereits bei der Abwicklung eines deutsch-tschechischen Erbfalls in Deutschland ist auch an dieser Stelle auf die Europäische Insolvenzverordnung (EurInsO) hinzuweisen, die den rechtlichen Rahmen für grenzüberschreitende Insolvenzen bildet. Im Übrigen kann auf obige Ausführen verwiesen werden.[62]

59 Vgl. MüKo/*Siegmann*, § 1992, Rn. 1
60 Vgl. *Palandt/Edenhofer*, § 1974 BGB, Rn. 1
61 Vgl. auch *Sipp-Mercier*, Die Abwicklung deutsch-französischer Erbfälle, S. 114
62 Siehe 4. Teil, III. 5, S. 157

6. Teil: Erbschaftsteuerliche Aspekte

I. Grundzüge des Erbschaftsteuerrechts in Deutschland

1. Allgemeines

Die Erbschaftsteuer ist im Erbschaftsteuer- und Schenkungsteuergesetz (ErbStG)[1] geregelt sowie ergänzend in den Erbschaftsteuer-Richtlinien (ErbStR)[2] und Erbschaftsteuer-Hinweisen (ErbStH)[3]. Des Weiteren sind in diesem Zusammenhang auch das Steuerentlastungsgesetz 1999/2000/2002 vom 24.03.1999[4], das Stiftungsförderungsgesetz vom 14.07.2000[5] sowie das JStG 2007 vom 13.12.2006[6] von Bedeutung.
Durch Beschluss vom 07.11.2006[7] hat das BVerfG nun die Erhebung der Erbschaftsteuer mit einheitlichen Steuersätzen für verfassungswidrig erklärt. Die Kernaussage ist in dem ersten Leitsatz des Beschlusses vorzufinden, der wie folgt lautet: „Die durch § 19 Abs. 1 ErbStG angeordnete Erhebung der Erbschaftsteuer mit einheitlichen Steuersätzen auf den Wert des Erwerbs ist mit dem Grundgesetz unvereinbar. Denn sie knüpft an Werte an, deren Ermittlung bei wesentlichen Gruppen von Vermögensgegenständen den Anforderungen des Gleichheitssatzes (Art. 3 Abs. 1 GG) nicht genügt.“ Nach Auffassung des BVerfG müsse die Bewertung einheitlich am gemeinen Wert als dem maßgeblichen Bewertungsziel ausgerichtet und durch die Bewertungsmethoden gewährleistet sein, dass alle Vermögensgegenstände in einem Annäherungswert an den gemeinen Wert erfasst werden.
Am 06. November 2008 wurde seitens der Regierungskoalition ein Kompromiss bei der Neuregelung der Erbschaftsteuer erzielt, welcher am 27. November im Bundestag angenommen und am 05. Dezember vom Bundesrat gebilligt wurde. Die Novelle des Erbschaftsteuerrechts sieht u.a. vor,[8] dass Immobilien künftig mit dem tatsächlichen Wert besteuert werden sollen. Zudem soll Betriebsvermögen unter bestimmten Voraussetzungen von der Erbschaftsteuer verschont bleiben. Auch die Freibeträge für Erben wurden angehoben. Die reformierte Erbschaftsteuer trat zum 01. Januar 2009 in Kraft.

---

1 BGBl I, S. 933 i.d.F. der Bek. v. 27.02.1997 (BGBl I, S. 378)
2 BGBl I, 1998, Sondernummer 2 i.d.F. BStBl. I 2003, Sondernummer 1
3 BStBl I 1998, S. 1529 i.d.F. BStBl I 2003, Sondernummer 1
4 BGBl I 1999, S. 402
5 BGBl 2000, S. 1034
6 BGBl. I 2006, S. 2878, S. 2909
7 1 BvL 10/02 = DStR 2007, S. 235
8 www.focus.de/politik/deutschland/erbschaftsteuer-bundesrat-stimmt-reform-der-erbschaftsteuer-zu_aid_353649.html

2. Gegenstand der Besteuerung (§ 1 ErbStG)

Der Erbschaftsteuer unterliegen gemäß § 1 ErbStG folgende Vorgänge:

- der Erwerb von Todes wegen (i.S.d. § 3 ErbStG)
- die Schenkung unter Lebenden (i.S.d. § 7 ErbStG)
- die Zweckzuwendungen (i.S.d. § 8 ErbStG)
- das Vermögen einer Stiftung oder eines Vereins, jeweils soweit im Interesse einer oder mehrerer Familien

3. Steuerpflicht

a) Entstehung der Steuerschuld (§ 9 ErbStG)

Gemäß § 9 Abs. 1 Nr. 1 ErbStG entsteht die Erbschaftsteuerschuld grundsätzlich mit dem Tod des Erblassers. Jedoch enthalten § 9 Abs. 1 lit. a) – j) eine Reihe von Ausnahmen, bei denen die Bereicherung erst später eintritt. Des Weiteren setzt die Steuerpflicht voraus, dass der potentiell Steuerpflichtige im Zeitpunkt des Erbfalls lebte bzw. als juristische Person existierte.[9] Der Erwerb aufgrund ausländischen Rechts fällt dann unter § 9 Abs. 1 Nr. 1 ErbStG, wenn er in seinen Rechtswirkungen der Erbfolge des BGB entspricht.[10]

b) Steuerschuldner (§ 20 ErbStG)

Gemäß § 20 Abs. 1 S. 1 ErbStG ist Steuerschuldner grundsätzlich der Erwerber einer Zuwendung. Steuerschuldner sind daher z.B. die Erben, Vermächtnisnehmer und Pflichtteilsberechtigten. Im Fall einer fortgesetzten Gütergemeinschaft sind gemäß § 20 Abs. 2 ErbStG die Abkömmlinge entsprechend ihren Anteilen Steuerschuldner, der überlebende Ehegatte oder Lebenspartner vollständig. Bis zur Auseinandersetzung haftet für die Steuer gemäß § 20 Abs. 3 ErbStG der Nachlass. Der Vorerbe hat gemäß § 20 Abs. 4 ErbStG die durch die Vorerbschaft veranlasste Steuer aus den Mitteln der Vorerbschaft zu entrichten. Hat der Steuerschuldner den Erwerb oder Teile desselben vor Entrichtung der Erbschaftsteuer einem anderen unentgeltlich zugewendet, haftet der andere in Höhe des Werts der Zuwendung persönlich für die Steuer (§ 20 Abs. 5 ErbStG).
Der Erbe haftet für eigene Erbschaftsteuerschulden nicht nur mit seinem Nachlass, sondern auch mit seinem persönlichen Vermögen. Für die Steuerschuld der übrigen Bedachten haftet er jedoch nur mit dem Wert des aus der Nachlassmasse Empfangenen.[11]

---

9 Vgl. *Ferid/Firsching/Heusler*, Deutschland, Rn. 2746
10 Vgl. *Ferid/Firsching/Heusler*, Deutschland, Rn. 2750
11 Vgl. *Ferid/Firsching/Heusler*, Deutschland, Rn. 2755

c) Kollisionsrecht (§ 2 ErbStG)

Das Ausmaß der Besteuerung in Fällen mit Auslandsberührung regelt § 2 ErbStG als internationale Kollisionsnorm des deutschen Erbschaftsteuerrechts.[12] Dabei muss zwischen der Steuerpflicht unterschieden werden, die sich auf den gesamten Vermögensfall des Erwerbers erstreckt (sog. unbeschränkte Steuerpflicht) und derjenigen, die sich auf bestimmte Vermögensgegenstände und Nutzungsrechte daran beschränkt (sog. beschränkte Steuerpflicht).[13]

aa) Unbeschränkte Steuerpflicht (§ 2 Abs. 1 Nr. 1 und 2 ErbStG)

Die unbeschränkte Steuerpflicht tritt ein bei jedem Erwerb aus dem Nachlass eines inländischen Erblassers und für alle Schenkungen eines inländischen Erblassers, auch wenn der Erwerber kein Inländer ist; darüber hinaus bei allen Erwerben von Inländern, die von einem nicht als Inländer geltenden Erblasser oder Schenker stammen. Als Inländer gelten – ohne Rücksicht auf die Staatsangehörigkeit – alle natürlichen Personen mit Wohnsitz (§ 8 AO) oder gewöhnlichem Aufenthalt (§ 9 AO) im Inland (§ 2 Abs. 1 Nr. 1 a) ErbStG). Ebenso sind als Inländer deutsche Staatsangehörige anzusehen, die sich nicht länger als 5 Jahre im Ausland aufgehalten haben, ohne im Inland einen dauerhaften Wohnsitz zu haben (§ 2 Abs. 1 Nr. 1 b) ErbStG). Eine unbeschränkte Steuerpflicht von sog. Auslandsbeamten, die ihren dienstlichen Wohnsitz im Ausland haben, kommt nach § 2 Abs. 1 Nr. 1 lit. c) ErbStG in Betracht. Schließlich fasst man unter Inländer auch Körperschaften, Personenvereinigungen und Vermögensmassen, die ihre Geschäftsleitung oder ihren Sitz (§§ 10, 11 AO) im Inland haben (§ 2 Abs. 1 Nr. 1 d ErbStG).

bb) Beschränkte Steuerpflicht (§ 2 Abs. 1 Nr. 3 ErbStG)

Eine beschränkte Steuerpflicht tritt ein, wenn weder der Erblasser zur Zeit seines Todes noch der Schenker zur Zeit der Ausführung der Zuwendung oder der Erwerber bei der Entstehung der Steuer (§ 9 ErbStG) ein Inländer ist. Die Steuerpflicht erstreckt sich dann lediglich auf das Inlandsvermögen i.S.d. § 121 BewG einschließlich bestehender Nutzungsrechte daran.[14]

4. Wertermittlung

Maßgeblich für die Berechnung der Steuer ist gemäß § 10 Abs. 1 S. 1 ErbStG die Bereicherung des Erwerbers, soweit sie nicht steuerfrei ist. Die Bereicherung ist der nach § 12 ErbStG zu ermittelnde Wert des Vermögensanfalls abzüglich

12 Vgl. *Troll/Jülicher*, § 2 ErbStG, Rn. 1
13 Vgl. Becksches Steuerlexikon/*R.Haas*, Erbschaftsteuer, Rn. 1
14 Vgl. Becksches Steuerlexikon/*R.Haas*, Erbschaftsteuer, Rn. 3

der nach den § 10 Abs. 3 bis 9 ErbStG zu berücksichtigenden Nachlassverbindlichkeiten. Hierzu gehören die allgemeinen Nachlassverbindlichkeiten, insbesondere Erblasserschulden (§ 10 Abs. 5 Nr. 1 ErbStG) und Erbfallschulden (§ 10 Abs. 5 Nr. 2 ErbStG). Abzugsfähig sind auch die Kosten der Bestattung, Grabstein, Grabpflege und die im Zusammenhang mit Nachlasserwerb, -abwicklung, -regelung oder –verteilung anfallenden Kosten (§ 10 Abs. 5 Nr. 3 ErbStG). Nicht abzugsfähig sind die Kosten der Nachlassverwaltung (§ 10 Abs. 5 Nr. 3 S. 3 ErbStG). Ebenso kann die vom Erwerber zu entrichtende eigene Erbschaftsteuer sowie die Auflagen, die dem Beschwerten selbst zugute kommen, nicht abgezogen werden (§ 10 Abs. 8 und 9 ErbStG).

5. Steuerbefreiungen (§§ 13, 18 ErbStG)

Die in § 13 Abs. 1 ErbStG und § 18 ErbStG aufgeführten sachlichen Befreiungstatbestände werden unabhängig von den persönlichen Freibeträgen gewährt. Danach bleiben u.a. steuerfrei:

- Hausrat einschließlich Wäsche und Kleidungsstücke beim Erwerb durch Personen der Steuerklasse I, soweit der Wert insgesamt 41.000 Euro nicht übersteigt (§ 13 Abs. 1 Nr. 1 lit. a) ErbStG)
- andere bewegliche körperliche Gegenstände, die nicht nach Nummer 2 befreit sind, beim Erwerb durch Personen der Steuerklasse I, soweit der Wert insgesamt 12.000 Euro nicht übersteigt (§ 13 Abs. 1 Nr. 1 lit. b) ErbStG)
- Hausrat einschließlich Wäsche und Kleidungsstücke und andere bewegliche körperliche Gegenstände, die nicht nach Nummer 2 befreit sind, beim Erwerb durch Personen der Steuerklassen II und III, soweit der Wert insgesamt 12.000 Euro nicht übersteigt (§ 13 Abs. 1 Nr. 1 lit. c) ErbStG)
- ein Erwerb, der Eltern, Adoptiveltern, Stiefeltern oder Großeltern des Erblassers anfällt, sofern der Erwerb zusammen mit dem übrigen Vermögen des Erwerbers 41.000 Euro nicht übersteigt und der Erwerber infolge körperlicher oder geistiger Gebrechen und unter Berücksichtigung seiner bisherigen Lebensstellung als erwerbsunfähig anzusehen ist oder durch die Führung eines gemeinsamen Hausstands mit erwerbsunfähigen oder in der Ausbildung befindlichen Abkömmlingen an der Ausübung einer Erwerbstätigkeit gehindert ist (§ 13 Abs. 1 Nr. 6 ErbStG)
- ein steuerpflichtiger Erwerb bis zu 20.000 Euro, der Personen anfällt, die dem Erblasser unentgeltlich oder gegen unzureichendes Entgelt Pflege oder Unterhalt gewährt haben, soweit das Zugewendete als angemessenes Entgelt anzusehen ist (§ 13 Abs. 1 Nr. 9 ErbStG)
- die üblichen Gelegenheitsgeschenke (§ 13 Abs. 1 Nr. 14 ErbStG)

6. Steuerfreibeträge (§§ 16 f. ErbStG)

Die Steuersätze werden zudem in aller Regel durch die in § 16 und § 17 ErbStG festgelegten persönlichen Freibeträge stark reduziert, indem diese Beträge von dem zu versteuernden Betrag abgezogen werden:

- Ehegatte bzw. Lebenspartner: 500.000 Euro
- Kinder im Sinne der Steuerklasse I Nr. 2 und der Kinder verstorbener Kinder im Sinne der Steuerklasse I Nr. 2: 400.000 Euro
- übrigen Personen der Steuerklasse I: 100.000 Euro
- Personen der Steuerklasse II: 20.000 Euro
- Personen der Steuerklasse III: 20.000 Euro
- bei beschränkter Steuerpflicht i.S.d. § 2 Abs. 1 Nr. 3 ErbStG: 2000 Euro

Zudem gewährt § 17 ErbStG sog. „Versorgungsfreibeträge". Diese gewähren dem Ehegatten bzw. Lebenspartner einen Freibetrag i.H.v. 256 000 Euro; für die Kinder des Erblassers ist der Freibetrag gestaffelt und reicht derzeit von 10 300 Euro bei Kindern von mehr als 20 bis 27 Jahren bis zu 52 000 Euro bei Kindern bis 5 Jahre.

7. Die Steuerklassen

Das ErbStG unterscheidet in § 15 drei Steuerklassen, die nach dem persönlichen Verhältnis des Erwerbers zum Erblasser oder Schenker eingeteilt sind. Die Steuerklasse ist neben dem Steuerwert des Erwerbs maßgeblich für die Höhe der Erbschaft- und Schenkungsteuer.[15] Zudem ist die Einreihung in die Steuerklasse ausschlaggebend für die Höhe der Freibeträge sowie für bestimmte Steuerbefreiungen.

Dabei gehören zur Steuerklasse I:

- der Ehegatte
- die Kinder und Stiefkinder
- die Abkömmlinge der in Nummer 2 genannten Kinder und Stiefkinder
- die Eltern und Voreltern bei Erwerben von Todes wegen

Unter die Steuerklasse II fallen:

- die Eltern und Voreltern, soweit sie nicht zur Steuerklasse I gehören
- die Geschwister
- die Abkömmlinge ersten Grades von Geschwistern
- die Stiefeltern
- die Schwiegerkinder
- die Schwiegereltern
- der geschiedene Ehegatte

15 Vgl. Becksches Steuerlexikon/*R.Haas*, Erbschaftsteuer, Rn. 20

Der Steuerklasse III sind alle übrigen Erwerber sowie die Zweckzuwendungen zugeordnet.

8. Die Steuersätze (§ 19 ErbStG)

Die Steuersätze variieren je nach Steuerklasse und Höhe des Erwerbs zwischen 7 und 50 %. In § 19 Abs. 3 ErbStG sieht das Gesetz eine sog. Härteausgleichsregelung vor. Diese verhindert, dass Belastungssprünge und damit Härten im Grenzbereich der Tarifstufen eintreten.[16] Des Weiteren schreibt § 19a ErbStG eine Tarifbegrenzung beim Erwerb von Betriebsvermögen, von Betrieben der Land- und Forstwirtschaft und von Anteilen an Kapitalgesellschaften vor.

9. Veranlagung und Erhebung der Erbschaftsteuer

Gemäß § 30 Abs. 1 ErbStG ist jeder der Erbschaftsteuer unterliegende Erwerb dem für die Verwaltung der Erbschaftsteuer zuständigen Finanzamt schriftlich anzuzeigen. Erfolgt der steuerpflichtige Erwerb durch ein Rechtsgeschäft unter Lebenden, ist zur Anzeige auch derjenige verpflichtet, aus dessen Vermögen der Erwerb stammt (§ 30 Abs. 2 ErbStG). Mitteilungspflichtig sind gemäß den §§ 33 f. ErbStG auch die Standesämter, Gerichte, Notare und sonstige Behörden, ferner Versicherungen und geschäftsmäßige Verwahrer oder Verwalter fremder Vermögen. Zudem kann das Finanzamt von jedem an einem Erbfall, einer Schenkung oder einer Zweckzuwendung Beteiligten ohne Rücksicht darauf, ob er selbst steuerpflichtig ist, die Abgabe einer Erklärung innerhalb einer von ihm zu bestimmenden Frist verlangen. Diese Frist muss mindestens einen Monat betragen (§ 31 Abs. 1 ErbStG). Die Erklärung hat ein Verzeichnis der zum Nachlass gehörenden Gegenstände und die sonstigen für die Feststellung des Gegen stands und des Werts des Erwerbs erforderlichen Angaben zu enthalten (§ 30 Abs. 2 ErbStG). Falls erforderlich, kann die Abgabe einer Steuererklärung auch vom Testamentsvollstrecker, Nachlassverwalter oder Nachlasspfleger verlangt werden (§ 30 Abs. 5 und Abs. 6 ErbStG). Die Steuerfestsetzung erfolgt durch das Finanzamt.[17] Um eine einheitliche Handhabung der Steuergesetze durch die Finanzbehörden zu gewährleisten, wurden Steuerrichtlinien erlassen.

---

16 Vgl. Becksches Steuerlexikon/*R.Haas*, Erbschaftsteuer, Rn. 22

17 Vgl. *Ferid/Firsching/Heusler*, Deutschland, Rn. 2797

II. Grundzüge des Erbschaftsteuerrechts in Tschechien

1. Allgemeines

Die Erbschaftsteuer wird durch das Gesetz über die Erbschaft-, Schenkung- und Grunderwerbsteuer (DDP) geregelt.[18] Dieser unterliegen Personen, die Vermögen durch Erwerb von Todes wegen erlangen (§ 2 DDP). Dabei spielt es keine Rolle, ob der Erbschaftserwerb gesetzlich, testamentarisch oder aus beiden Gründen erfolgt ist. Des Weiteren ist erforderlich, dass das Nachlassverfahren rechtskräftig abgeschlossen wurde.

2. Steuertatbestände

Gegenstand der Steuer ist der Erwerb von beweglichen und unbeweglichen Sachen (§ 3 Abs. 1 DDP). Als unbewegliche Sachen gelten Grundstücke, Wohnungen und Gewerberäume (§ 3 Abs. 1 lit. a) DDP). Zu den beweglichen Sachen werden Fahrnisse, Wertpapiere, Geldmittel in tschechischer oder fremder Währung, Forderungen, Vermögensrechte oder andere Werte gerechnet (§ 3 Abs. 1 lit. b) DDP).

Bei unbeweglichen Sachen wird die Steuer, wenn sich die Liegenschaft auf dem Gebiet der Tschechischen Republik befindet, unabhängig von der Staatsbürgerschaft und dem Wohnsitz des Erblassers erhoben (§ 3 Abs. 2 S. 1 DDP). Dahingegen werden im Ausland befindliche Immobilien nie versteuert (§ 3 Abs. 2 S. 2 DDP). Im Unterschied dazu spielt bei beweglichen Sachen die Staatsbürgerschaft eine Rolle. War der Erblasser tschechischer Staatsangehöriger und hatte er seinen dauerhaften Aufenthalt[19] im Inland, dann wird die Steuer erhoben, egal ob sich die Sachen im In- oder Ausland befinden (§ 3 Abs. 3 lit. a) DDP). Hatte der tschechische Staatsangehörige seinen dauerhaften Aufenthalt nicht in der Tschechischen Republik, dann ist nur das zu versteuern, was im Inland belegen ist (§ 3 Abs. 3 lit. b) DDP). Bei fremden Staatsangehörigen ist demgegenüber das bewegliche Vermögen nur dann zu versteuern, wenn sich die Fahrnisse auf dem Gebiet der Tschechischen Republik befinden (§ 3 Abs. 3 lit. c) DDP). Die Staatsangehörigkeit oder der Aufenthalt der Erben ist in keinem Fall ausschlaggebend.[20]

18 Zákon o dani dědické, dani darovací a dani z převodu nemovitostí, Nr. 357/1992 Sb.

19 Zákon o hlášení a evidenci pobytu občanů, Nr. 135/1982 Sb ("Einwohnermeldegesetz"). Gemäß § 3 Abs. 2 dieses Gesetzes ist der dauerhafte Aufenthalt dort, wo der feste Wohnsitz ist. Regelmäßig meint dies den Ort, an dem sich die Familie, die Eltern, die Wohnung oder auch die Arbeitsstätte befinden.

20 Vgl. *Frank/Wachter*, Immobilienrecht in Europa, Tschechien, Rn. 252

3. Bemessungsgrundlage

Bemessungsgrundlage der Steuer ist der Wert des jeweils erworbenen Nettonachlasses (§ 4 DDP). Wurde also eine quotenverschiebende Auseinandersetzung der Erben genehmigt, ist diese entscheidend.[21] Abzugsfähig von der Bemessungsgrundlage sind die übernommenen Verbindlichkeiten, angemessene Beerdigungskosten, die Kosten des Nachlassverfahrens sowie die nachweislich an einen anderen Staat entrichteten Steuern und Abgaben für das ausländische Vermögen, das Gegenstand der Steuer in Tschechien ist (§ 4 Abs. 1 DDP). Für die Besteuerung ist der im Nachlassverfahren festgelegte Wert entscheidend (§ 4 Abs. 3 DDP i.V.m. § 175o OSŘ). Die Bewertung der Nachlassgegenstände erfolgt auf der Grundlage der Vorschriften des Bewertungsgesetzes[22] zum Zeitpunkt des Todes des Erblassers.[23]

4. Steuerklassen und Steuertarif

Auch die Erbschaftsteuer tschechischen Rechts unterscheidet drei Steuerklassen, die nach dem Grad des Verwandtschaftsverhältnisses der Erben zum Erblasser eingeteilt sind (§ 11 Abs. 1 DDP). In die erste Steuerklasse gehören alle Verwandten der direkten Linie sowie der überlebende Ehegatte (§ 11 Abs. 2 DDP). In die zweite Steuerklasse werden die Verwandten der Seitenlinie (Geschwister, Neffen, Nichten, Tanten und Onkel), Schwiegersöhne und -töchter, Stiefkinder, Stiefeltern sowie diejenigen Personen, die mit dem Veräußerer, Schenker oder Erblasser im Zeitpunkt der Übertragung oder im Zeitpunkt des Todes des Erblassers seit mindestens einem Jahr im gemeinsamen Haushalt gelebt haben und aus diesem Grund entweder den Haushalt mitversorgt haben oder auf den Unterhalt des Erwerbers, Schenkers oder Erblassers angewiesen waren (§ 11 Abs. 3 DDP). In der dritten Gruppe sind schließlich alle übrigen natürlichen und juristischen Personen erfasst (§ 11 Abs. 4 DDP).

Die Steuersätze sind progressiv gestaffelt, wobei sie für die Erbschaft- und die Schenkungsteuer identisch sind (§ 11 Abs. 1 DDP). Bei der Erbschaftsteuer wird jedoch das Ergebnis stets mit dem Faktor 0,5 multipliziert, so dass die Erbschaftsteuer jeweils die Hälfte der Schenkungsteuer beträgt (§ 12 Abs. 2, § 13 Abs. 2 und § 14 Abs. 2 DDP). Der Steuertarif beträgt:

---

21 Vgl. *Frank/Wachter*, Immobilienrecht in Europa, Tschechien, Rn. 254

22 Zákon o oceňování majetku, Nr. 151/1997 („Bewertungsgesetz“)

23 Vgl. *Frank/Wachter*, Immobilienrecht in Europa, Tschechien, Rn. 254

Steuersatz in der ersten Klasse		
über Kč	**bis Kč**	**Steuersatz**
	- 1 000 000	1,0 %,
1 000 000	2 000 000	10 000 Kč + 1,3 % aus dem Betrag über 1 000 000 Kč
2 000 000	5 000 000	23 000 Kč + 1,5 % aus dem Betrag über 2 000 000 Kč
5 000 000	7 000 000	68 000 Kč + 1,7 % aus dem Betrag über 5 000 000 Kč
7 000 000	10 000 000	102 000 Kč + 2,0 % aus dem Betrag über 7 000 000 Kč
10 000 000	20 000 000	162 000 Kč + 2,5 % aus dem Betrag über 10 000 000 Kč
20 000 000	30 000 000	412 000 Kč + 3,0 % aus dem Betrag über 20 000 000 Kč
30 000 000	40 000 000	712 000 Kč + 3,5 % aus dem Betrag über 30 000 000 Kč
40 000 000	50 000 000	1 062 000 Kč + 4,0 % aus dem Betrag über 40 000 000 Kč
50 000 000	und mehr	1 462 000 Kč + 5,0 % aus dem Betrag über 50 000 000 Kč
Steuersatz in der zweiten Klasse		
über Kč	**bis Kč**	**Steuersatz**
	1 000 000	3,0 %,
1 000 000	2 000 000	30 000 Kč + 3,5 % aus dem Betrag über 1 000 000 Kč
2 000 000	5 000 000	65 000 Kč + 4,0 % aus dem Betrag über 2 000 000 Kč
5 000 000	7 000 000	185 000 Kč + 5,0 % aus dem Betrag über 5 000 000 Kč
7 000 000	10 000 000	285 000 Kč + 6,0 % aus dem Betrag über 7 000 000 Kč
10 000 000	20 000 000	465 000 Kč + 7,0 % aus dem Betrag über 10 000 000 Kč
20 000 000	30 000 000	1 165 000 Kč + 8,0 % aus dem Betrag über 20 000 000 Kč
30 000 000	40 000 000	1 965 000 Kč + 9,0 % aus dem Betrag über 30 000 000 Kč
40 000 000	50 000 000	2 865 000 Kč + 10,5 % aus dem Betrag über 40 000 000 Kč
50 000 000	und mehr	3 915 000 Kč + 12,0 % aus dem Betrag über 50 000 000 Kč
Steuersatz in der dritten Klasse		
über Kč	**bis Kč**	**Steuersatz**
	1 000 000	7,0 %,
1 000 000	2 000 000	70 000 Kč + 9,0 % aus dem Betrag über 1 000 000 Kč
2 000 000	5 000 000	160 000 Kč + 12,0 % aus dem Betrag über 2 000 000 Kč
5 000 000	7 000 000	520 000 Kč + 15,0 % aus dem Betrag über 5 000 000 Kč
7 000 000	10 000 000	820 000 Kč + 18,0 % aus dem Betrag über 7 000 000 Kč
10 000 000	20 000 000	1 360 000 Kč + 21,0 % aus dem Betrag über 10 000 000 Kč
20 000 000	30 000 000	3 460 000 Kč + 25,0 % aus dem Betrag über 20 000 000 Kč
30 000 000	40 000 000	5 960 000 Kč + 30,0 % aus dem Betrag über 30 000 000 Kč
40 000 000	50 000 000	8 960 000 Kč + 35,0 % aus dem Betrag über 40 000 000 Kč
50 000 000	und mehr	12 460 000 Kč + 40,0 % aus dem Betrag über 50 000 000 Kč

5. Persönliche und sachliche Freibeträge

Das Gesetz kennt zwar keine persönlichen Freibeträge, dafür sieht es aber bestimmte Befreiungen und Freigrenzen vor (§§ 19 f. DDP). So sind die Erben der ersten und zweiten Gruppe vollständig von der Erbschaftsteuer[24] befreit (§ 19 Abs. 1 DDP). Des Weiteren sind u.a. Gegenstände des persönlichen Bedarfs von der Steuer ausgenommen, die mindestens ein Jahr vor dem Ableben des Erblassers nicht seiner unternehmerischen Tätigkeit dienten und einen Wert von 20 000 Kč nicht überschreiten (§ 19 Abs. 2 lit. a) DDP). Entsprechendes gilt für Barmittel in gleicher Höhe, die auf privaten Konten bei Banken und Sparkassen eingezahlt sind (§ 19 Abs. 2 lit. b) DDP). Befreiungen sind auch vorgesehen für den Tschechischen Staat, Gemeinden, anerkannte Kirchen und Religionsgemeinschaften sowie für gemeinnützige Organisationen (§ 20 Abs. 1 DDP).

6. Steuerverfahren

Gemäß § 21 Abs. 1 lit. a) DDP sind die Erben verpflichtet, innerhalb von 30 Tagen nach rechtskräftigem Abschluss des Nachlassverfahrens eine Steuererklärung abzugeben. Das Nachlassgericht muss innerhalb derselben Frist die Akten an das zuständige Finanzamt weiterleiten, das die Akten nach Abschluss des Steuerverfahrens an das Nachlassgericht zurückgibt (§ 21 Abs. 7 DDP). Falls die Erben von der Steuer befreit sind, besteht weder eine Erklärungspflicht der Erben noch eine Mitteilungspflicht des Gerichts (§ 21 Abs. 5 DDP).
Nach Eingang der Steuererklärung wird die Erbschaftsteuer festgesetzt. Der zu versteuernde Grundbetrag ist auf die nächsten 100 Kč, die Steuer auf ganze Kč aufzurunden (§ 17 DDP). Sobald das Finanzamt die Steuer bemessen und einen Steuerbescheid erteilt hat, ist die Steuer binnen 30 Tagen nach dessen Zustellung fällig (§ 18 Abs. 1 S. 2 DDP).Die Frist zur Festsetzung der Erbschaftsteuer beträgt drei Jahre. Sie beginnt mit Ablauf des Kalenderjahres, in dem die Pflicht zur Abgabe der Steuererklärung entstanden ist (§ 22 Abs. 1 DDP).

III. Das Problem der Doppelbesteuerung

1. Doppelbesteuerungsabkommen

Wie aus den beiden dargestellten Steuersystemen zu entnehmen ist, laufen die Erben bei internationalen Erbfällen Gefahr, doppelt zur Begleichung der Erbschaftsteuer herangezogen zu werden. Deutschland hat daher mit einer Reihe von Staaten Abkommen geschlossen, um eine Doppelbesteuerung von Nachlassvermögen zu vermeiden und die Steuereinnahmen angemessen zuzuord-

24 Gemäß § 19 Abs. 3 DDP sind diese nun auch von der Schenkungssteuer befreit

nen.[25] Diese Regelungen gelten vorrangig (vgl. § 21 Abs. 1 ErbStG).[26] Zwischen der Bundesrepublik Deutschland und der Tschechischen Republik besteht ein Abkommen zur Vermeidung der Doppelbesteuerung auf dem Gebiet der Steuern vom Einkommen und vom Vermögen vom 19. Dezember 1980.[27] Dieses Abkommen umfasst allerdings nicht die Erbschaft- und Schenkungsteuer.[28]

2. Die gesetzliche Lage

Treffen mehrere Besteuerungen auf denselben Vorgang zusammen und wurde kein Doppelbesteuerungsabkommen geschlossen, dann ergibt sich in Deutschland die tatsächliche Steuerbelastung nicht einfach durch eine Addition der verschiedenen Steuern. Vielmehr sind die ausländischen Steuern als Nachlassverbindlichkeit zu qualifizieren, was zu einer Verminderung der Bemessungsgrundlage für die deutsche Erbschaftsteuer führt.[29] Zudem ist gemäß § 21 ErbStG die Anrechnung der ausländischen Steuer auf die deutsche Steuerschuld denkbar. Anders als bei den Doppelbesteuerungsabkommen wird durch § 21 ErbStG eine Doppelbesteuerung nicht in allen Fällen beseitigt.[30] Angesichts einer möglichen Verletzung europarechtlicher Bestimmungen durch eine Doppelbesteuerung auf dem Gebiet des Erbschaft- und Schenkungsteuerrechts erscheint der Abschluss weiterer Abkommen mit Staaten der Europäischen Union dringend geboten.[31] Tschechien lässt einseitig ausländische Erbschaftsteuer nur zum Abzug zu, kennt aber im Übrigen keine Maßnahmen zur Vermeidung einer Doppelbesteuerung.[32]

3. Doppelbesteuerung bei deutsch-tschechischen Erbfällen

Zu einer Doppelbesteuerung kommt es bei deutsch-tschechischen Erbfällen in folgenden Konstellationen:

- wenn ein tschechischer Staatsangehöriger, der sowohl in Deutschland als auch in Tschechien einen Wohnsitz bzw. dauerhaften Aufenthalt hatte, bewegliche Sachen, egal wo belegen, vererbt

25 Vgl. *Ferid/Firsching/Heusler*, Deutschland, Rn. 999

26 Vgl. *Süß/Haas/Rombach*, Erbrecht in Tschechien, Rn. 129

27 BGBl. 1982 II, S. 1023; BGBl. 1993 II, S. 762

28 Vgl. *Süß/Haas/Rombach*, Erbrecht in Tschechien, Rn. 129; *Frank/Wachter*, Immobilienrecht in Europa, Tschechien, Rn. 250; *Ferid/Firsching/Heusler*, Deutschland, Rn. 1001 f.

29 Vgl. *Ferid/Firsching/Heusler*, Deutschland, Rn. 999; dies ist aber umstritten (vgl. *Troll/Jülicher*, § 21 ErbStG, Rn. 5 f. m.w.N.)

30 Vgl. *Troll/Jülicher*, § 21 ErbStG, Rn. 3

31 Vgl. *Troll/Jülicher*, § 21 ErbStG, Rn. 3 und § 2, Rn. 141 ff. m.w.N.

32 Vgl. *Troll/Jülicher*, § 21 ErbStG, Rn. 133

- wenn ein tschechischer Staatsangehöriger, der sowohl in Deutschland als auch in Tschechien einen Wohnsitz bzw. dauerhaften Aufenthalt hatte, Liegenschaften vererbt, die in der Tschechischen Republik belegen sind
- wenn ein deutscher Staatsangehöriger, der sich nicht länger als fünf Jahre dauernd im Ausland aufgehalten hatte, ohne im Inland noch einen Wohnsitz zu haben, in Tschechien belegene Sachen – egal ob Fahrnisse oder Liegenschaften - vererbt

Zusammenfassung der Ergebnisse mit Gestaltungshinweisen

1.Teil: Überblick über das tschechische Erbrecht

1. Das materielle Erbrecht Tschechiens ist hauptsächlich in den §§ 460 ff. ObčZ enthalten. Eine Neukodifikation des gesamten bürgerlichen Rechts ist bereits seit längerer Zeit in Planung. Eine Verabschiedung ist aber noch nicht absehbar.

2. Das tschechische Erbrecht wird im Wesentlichen von drei Grundsätzen beherrscht: Der Universalsukzession, dem Erbanfall ipso iure und dem Ingerenzprinzip. Letztgenanntes Prinzip meint, dass der Erwerb der Erbschaft obligatorisch mit der Durchführung eines Gerichtsverfahrens verbunden ist.

3. In § 473 - § 475a ObčZ teilt das Gesetz die gesetzlichen Erben je nach ihrer Nähe zum Erblasser in vier Gruppen ein (sog. Parentelsystem). Eine Besonderheit dieses Systems stellt es dar, dass eine Erweiterung der gesetzlichen Erbfolge auf Personen stattfindet, die einen gemeinsamen Haushalt mit dem Erblasser führten (vgl. § 474 Abs. 1 und § 475 Abs. 1 ObčZ). Die Reihenfolge, nach der die Abkömmlinge erben, wird dabei durch das Eintritts- und Repräsentationsprinzip bestimmt. Dabei unterscheidet das uneingeschränkte Eintrittsrecht der gesamten Erblasserdeszendenz das tschechische Erbrecht von vielen anderen mittel- und osteuropäischen Rechtsordnungen, die Beschränkungen in absteigender Linie vorsehen. Des Weiteren gilt auch in Tschechien das Prinzip des Vorrangs der niedrigeren Ordnung. Nach Angehörigen der vierten Parentel erbt infolge des Prinzips der begrenzten Verwandtenerbfolge bereits der Staat (§ 462 ObčZ). Dadurch wird der Staat aber nicht zum Erben. Stattdessen ist diese Regelung als Heimfall zu werten. Der überlebende Ehegatte bzw. Lebenspartner hat in Tschechien kein eigenständiges gesetzliches Erbrecht. Stattdessen ist er sowohl in der 1. als auch in der 2. Gruppe zur Erbfolge berufen (§ 473 f. ObčZ). Welcher Gruppe dieser letztendlich zugeordnet wird, hängt davon ab, ob und wer neben ihm erbt. Eine bestimmte Erbquote wird dem Ehegatten nicht garantiert. Jedoch ist zu beachten, dass im gesetzlichen Güterstand nach dem Tod des Ehegatten das vorhandene Vermögen aufgeteilt wird. Der überlebende Ehegatte erhält auf diesem Wege bereits die Hälfte des Vermögens.

4. Auch im tschechischen Erbrecht genießt die gewillkürte Erbfolge Vorrang vor der gesetzlichen Erbfolge. Die Testierfreiheit ist in den §§ 476a ff. ObčZ geregelt. Diese gestatten dem Erblasser verschiedene Testamentsformen. Ein Testament kann danach eigenhändig, in anderer Schriftform unter Beteiligung von Zeugen oder durch notarielle Beurkundung errichtet werden (§ 476 Abs. 1 ObčZ). Ein Erblasser, der infolge einer Behinderung nicht lesen oder schreiben kann, kann das Testament entweder in notarieller Form errichten oder die Form des § 476c ObčZ („Testament durch Vorlesen“) wählen. Andere Formen letzt-

williger Verfügungen sind nicht gestattet. Die Errichtung eines gemeinschaftlichen Testaments bzw. Erbvertrages ist nicht erlaubt (vgl. § 476 Abs. 3 ObčZ). Hierbei handelt es sich um ein materielles Verbot, welches eine entsprechende Verfügung formell als auch materiell unwirksam machen würde. Dieses Verbot kann auch nicht auf anderem Wege umgangen und eine Bindungswirkung über den Tod hinaus erreicht werden. Ebenso ist ein reines Negativtestament d.h. eine Verfügung, welche eine grundlose Enterbung bestimmter Personen ohne die Benennung konkreter Erben vorsieht, nicht zulässig.

5. Das tschechische Erbrecht ermöglicht neben einer Verfügung über das gesamte Vermögen auch die Zuwendung einzelner Sachen oder Rechte an die Erben. Dabei handelt es sich nicht um ein Vermächtnis, sondern um eine antizipierte dingliche Erbauseinandersetzung. Nicht gestattet ist aber die Ernennung eines Testamentsvollstreckers. Dieser ist dem geltenden tschechischen Recht unbekannt. Möglich ist jedoch gemäß § 480d ObčZ die testamentarische Einsetzung eines Erbschaftsverwalters *(správce dědictví)*. Gemäß § 480 ObčZ kann ein Testament sowohl durch ein späteres Testament, soweit dieses dem früheren widerspricht, als auch durch ein Widerrufstestament oder durch Vernichtung des Testaments widerrufen werden.

6. Die Tschechische Notarkammer in Prag führt seit 2001 ein landesweites elektronisches Testamentsregister *(Centrální evidence závětí)*. In dieses können jedoch nach der derzeitigen Rechtslage keine durch einen ausländischen Notar errichteten Testamente durch diesen selbst eingetragen werden. Die beste Lösung für dieses Problem stellt somit eine nochmalige Errichtung des Testaments, hinsichtlich des in Tschechien belegenen Nachlasses, vor einem tschechischen Notar dar. Dieser kann eine Eintragung ins Testamentsregister veranlassen bzw. das Testament in einer anderen zulässigen Form errichten und dann in notarielle Verwahrung geben.

7. Die Enterbung ist in § 469a ObčZ geregelt. Gegenwärtig hat der Erblasser sowohl die Möglichkeit seine Abkömmlinge vollständig zu enterben als auch sich auf eine teilweise Enterbung bzw. eine Entziehung des Pflichtteilsrechts zu beschränken. Die Enterbung erfolgt testamentarisch. Erforderlich ist, dass einer der in § 469a ObčZ genannten Gründe vorliegt. Besonders hinzuweisen ist dabei auf § 469a lit. b) ObčZ, der eine Enterbung mangels „Näheverhältnis" ermöglicht, sowie auf § 469a lit. c) ObčZ, der es erlaubt den Abkömmling von der Erbfolge auszuschließen, wenn dieser wegen einer Straftat zu einer Freiheitsstrafe von mindestens einem Jahr verurteilt wurde – egal gegen wen sich die Tat richtete. Die Erbunwürdigkeit tritt im tschechischen Recht kraft Gesetzes bei Vorliegen der in § 469 ObčZ abschließend genannten Gründe ein. Nicht gestattet sind nach herrschender Meinung Erbverzichtsverträge.

8. Pflichtteilsberechtigt sind im tschechischen Recht lediglich die Abkömmlinge, nicht aber die Eltern oder der Ehegatte des Erblassers. Seiner Rechtsnatur nach stellt der Pflichtteil ein Noterbrecht dar. Gemäß § 479 S. 1 ObčZ steht minderjährigen Abkömmlingen dabei mindestens ihr gesetzlicher Erbteil zu. Der Pflichtteil volljähriger Abkömmlinge beträgt die Hälfte des gesetzlichen Erbteils. Wenn der Erblasser ein Testament errichtet, in dem er einen pflichtteilsberechtigten Abkömmling übergeht oder ihm weniger als seinen Mindestanteil zukommen lässt, dann ist dieses Testament relativ unwirksam (§ 479 ObčZ). Ein Erb- oder Pflichtteilsverzicht zu Lebzeiten des Erblassers ist nicht möglich. Ebenso ist dem tschechischen Recht keine Pflichtteilsergänzung bekannt; dafür besteht in Tschechien aber die Möglichkeit unentgeltliche Zuwendungen, die zu Lebzeiten des Erblassers unter den Erben verteilt wurden, anzurechnen (§ 484 ObčZ).

9. Vermächtnisse sieht das ObčZ nicht vor. In Tschechien erfolgt die Zuteilung einzelner Gegenstände durch Erbeinsetzung auf einzelne Sachen oder Rechte. Ebenfalls nicht erlaubt ist die Anordnung einer Auflage bzw. einer Vor- und Nacherbschaft. Solche Gestaltungen hätten als unzulässige Bedingungen zur Erbeinsetzung keine Rechtwirkungen.

10. Wenn sich nach Abschluss des Nachlassverfahrens herausstellt, dass der rechtmäßige Erbe jemand anders ist als dies vom Gericht bestätigt wurde und der Nachlass, oder wenigstens ein Teil des Nachlasses, infolge dessen zunächst in falsche Hände geraten ist, braucht der rechtmäßige Erbe eine Möglichkeit, um eine Herausgabe der Erbschaft bewirken zu können. Dieses Herausgabeverlangen kann dabei entweder auf § 485 ObčZ (Herausgabe der Erbschaft an den rechtmäßigen Erben) oder § 131 ObčZ (Herausgabepflicht des unberechtigten Besitzers) gestützt werden. Dabei ist Eile geboten, denn das Recht auf Herausgabe verjährt bereits nach drei Jahren mit Rechtskraft des Nachlassverfahrens (§ 105 i.V.m. § 101 ObčZ). Zu beachten ist zudem, dass das ObčZ den gutgläubigen Erwerb an Nachlassgegenständen schützt. Wer also von einem unrechtmäßigen Erben, dem die Erbschaft bestätigt worden ist, etwas in gutem Glauben erworben hat, wird so geschützt, als ob er es vom rechtmäßigen Erben erworben hätte (§ 486 ObčZ).

11. Wird der Erblasser von mehreren Personen beerbt, dann bilden diese eine Erbenmehrheit (§ 482 ObčZ). Diese ist verpflichtet *vor einem Gericht* eine Erbauseinandersetzungsvereinbarung zu schließen, welche von dem zuständigen Nachlassgericht genehmigt werden muss (§ 482 Abs. 1 ObčZ i.V.m. § 175q Abs. 1 lit. c OSŘ). Verstößt die Vereinbarung weder gegen das Gesetz noch die guten Sitten, dann ist sie vom Gericht zu bestätigen (§ 482 Abs. 2 ObčZ). Gelingt es den Erben nicht, sich auf eine Auseinandersetzungsvereinbarung zu einigen, beschränkt sich das Nachlassgericht darauf, denjenigen den Anfall der

Erbschaft zu bestätigen, deren Erbrecht nachgewiesen worden ist (§ 483 ObčZ i.V.m. § 175q Abs. 1 lit. d OSŘ).

2. Teil: Das internationale Privatrecht bei deutsch-tschechischen Erbfällen

1. Eine unvollständige Regelung des deutschen internationalen Privatrechts findet sich in den Art. 25 f. EGBGB. Dabei regelt das Erbstatut alle mit dem Erbfall zusammenhängenden erbrechtlichen Fragen und Vorgänge. Vorrangige bilaterale Abkommen bestehen auf dem Gebiet des Erbrechts zwischen Deutschland und Tschechien nicht.

2. Anknüpfungspunkt im internationalen Erbrecht ist die Staatsangehörigkeit. Ob jemand die deutsche Staatsangehörigkeit besitzt, bestimmt sich dabei nach dem Staatsangehörigkeitsgesetz (StAG). Sudetendeutsche sind in diesem Zusammenhang grundsätzlich als deutsche Staatsangehörige anzusehen. Einige Sudetendeutsche besitzen sogar eine deutsch-tschechische Doppelstaatsbürgerschaft.

3. Im deutschen internationalen Erbrecht wird die Vererbung des gesamten, wo immer belegenen Nachlasses einer einzigen Rechtsordnung, dem Heimatrecht des Erblassers, unterstellt. Es gilt der Grundsatz der territorialen und funktionellen Nachlasseinheit. Eine Nachlassspaltung ist bei deutsch-tschechischen Nachlässen nur infolge einer Rechtswahl gemäß Art. 25 Abs. 2 EGBGB denkbar.

4. Ein abschließend kodifiziertes internationales Verfahrensrecht existiert nicht. Im Rahmen der streitigen Gerichtsbarkeit ist nach allgemeiner Auffassung von den Vorschriften über die örtliche Zuständigkeit (§§ 12 ff. ZPO) auf die internationale zu schließen. Dahingegen gibt es im autonomen deutschen Verfahrensrecht keine gesetzliche Regelung der internationalen Zuständigkeit der deutschen Nachlassgerichte in Nachlassverfahren. Nach der ständigen Rechtsprechung hängt die internationale Zuständigkeit eines deutschen Nachlassgerichts bei Fehlen einer staatsvertraglichen Zuständigkeitsregelung davon ab, ob das Gericht deutsches Erbrecht anzuwenden hat, sei es unmittelbar oder auf Grund einer Rück- bzw. Weiterverweisung (sog. Gleichlaufgrundsatz). Das Gleichlaufprinzip gilt jedoch nicht uneingeschränkt. In Ausnahmefällen lässt die Rechtsprechung eine Durchbrechung des Gleichlaufprinzips zu. Daher ist diese Theorie im Schrifttum zunehmend auf Kritik gestoßen. Als Alternative zum Gleichlaufgrundsatz wird daher von weiten Teilen des Schrifttums für die internationale Zuständigkeit deutscher Nachlassgerichte ebenso wie im streitigen Verfahren die Anwendung der Vorschriften über die örtliche Zuständigkeit (§§ 73, 74 FGG) vorgeschlagen. Ungeachtet der vorgenannten

Zuständigkeitsregeln kann ein Nachlassgericht seine Tätigkeit jedoch verweigern, wenn ihm eine „wesensfremde“, d.h. das Funktionsvermögen inländischer Gerichte überschreitende Tätigkeit abverlangt werden sollte.

5. Das tschechische internationale Privatrecht ist durch das Gesetz über das internationale Privat- und Prozessrecht vom 04. Dezember 1963 (MPSaP) geregelt.

6. Das tschechische internationale Erbrecht ist hauptsächlich in den §§ 17 und 18 MPSaP enthalten. Darin wird bestimmt, dass ebenso wie im deutschen Recht Anknüpfungspunkt des tschechischen internationalen Erbrechts alleine die Staatsangehörigkeit *(státní příslušnost)* ist. Diese ist im tschechischen Staatsangehörigkeitsgesetz (ZSO) geregelt.

7. Das tschechische Erbstatut regelt alle „erbrechtlichen Verhältnisse“ (§ 17 MPSaP). Dabei folgt auch das tschechische Recht dem Prinzip der funktionellen und territorialen Nachlasseinheit *(jednotný dědický statut).* Gesondert anzuknüpfen sind die Testierfähigkeit, Willensmängel bei der Testamentserrichtung, die Zulässigkeit der weiteren Arten der Verfügungen von Todes wegen sowie die Testamentsform. Dies regelt § 18 MPSaP als sog. Testamentsstatut. Danach ist Anknüpfungsmoment das Recht des Staates, dem der Erblasser zum Zeitpunkt der Abgabe der Willenserklärung angehört hat.

8. Bei der kollisionsrechtlichen Behandlung von gemeinsamen Testamenten sowie Erbverträgen bei deutsch-tschechischen Erbfällen sind im Wesentlichen vier Fallkonstellationen zu unterscheiden. Wurde der Vertrag von zwei deutschen Staatsangehörigen geschlossen, dann wäre dieser sowohl aus deutscher als auch aus tschechischer Sicht wirksam. Handelt es sich bei den Verfügenden um zwei tschechische Staatsbürger, dann wäre eine derartige Verfügung infolge § 476 Abs. 3 ObčZ untersagt. Die meisten Fragen hinsichtlich der Gültigkeit eines gemeinsamen Testaments bzw. Erbvertrags ergeben sich, wenn an der letztwilligen Verfügung sowohl ein deutscher als auch ein tschechischer Staatsangehöriger beteiligt sind. Dabei gelangt man im Ergebnis weder aus deutscher noch aus tschechischer Sicht zur Wirksamkeit des gemeinschaftlichen Testaments bzw. Erbvertrages. Daher sollte den Rechtsuchenden vom Abschluss eines gemeinsamen Testaments bzw. Erbvertrags dringend abgeraten werden. Schließlich ist es noch denkbar, dass einer bzw. beide Verfügende eine doppelte Staatsbürgerschaft besitzen. Bei dieser Fallkonstellation sind die Ausführungen zu den ersten drei Varianten heranzuziehen.

9. Die internationale Zuständigkeit tschechischer Gerichte in Erbfällen mit Auslandsbezug ergibt sich aus den §§ 44 und 45 MPSaP. Klagen schließlich, mit

denen der Kläger eine Erbberechtigung im Sinne des § 485 ObčZ anstrebt, richten sich nach § 37 MPSaP.

3. Teil: Die Abwicklungsberechtigten und ihre Befugnisse

1. Als Gesamtrechtsnachfolger im Erbfall kennt das deutsche Recht gesetzliche Erben (§§ 1924 ff. BGB) sowie gewillkürte Erben (§ 1937 BGB). Zusätzlich ist zwischen vorläufigen und endgültigen Erben zu unterscheiden: Solange der Erbe ausschlagen kann, ist er vorläufiger Erbe.

2. Während der Schwebezeit ist der vorläufige Alleinerbe berechtigt, aber nicht verpflichtet, nachlassbezogene Handlungen vorzunehmen (§ 1959 BGB). Nach Beendigung der Schwebezeit kommt es zu einer Verschmelzung des Nachlassvermögens mit dem Eigenvermögen des Erben. Falls keine Beschränkungen vorliegen ist der Alleinerbe nun uneingeschränkt abwicklungsberechtigt.

3. Sind mehrere Erben vorhanden, dann geht nach dem Tode des Erblassers die Erbschaft ungeteilt als Ganzes auf die Miterben über. Diese bilden kraft Gesetzes eine Erbengemeinschaft zur Gesamthand (§ 2032 Abs. 1 BGB). Während der Schwebezeit bildet das gesamthänderisch gebundene Nachlassvermögen ein Sondervermögen, welches der gemeinsamen Verwaltung (§ 2038 BGB) und Verfügung (§ 2040 BGB) der Miterben unterliegt. Nach Beendigung der Schwebezeit ist die Erbengemeinschaft als „geborene Liquidationsgemeinschaft“ auf Auflösung gerichtet. Regelmäßig erfolgt die Auseinandersetzung durch einen Auseinandersetzungsvertrag der Miterben.

4. Durch Verfügung von Todes wegen kann der Erblasser eine Testamentsvollstreckung (§§ 2197 ff. BGB) anordnen. Welche Rechte und Aufgaben der Testamentsvollstrecker genau hat, richtet sich dabei nach dem Erblasserwillen. Soweit die Verwaltung des Testamentsvollstreckers reicht, ist dem Erben die Verfügungsmacht entzogen (§ 2211 Abs. 1 BGB)

5. Neben den Erben und dem Testamentsvollstrecker gibt es im deutschen Recht noch andere abwicklungsberechtigte Personen, nämlich den Nachlasspfleger, den Nachlassverwalter und den Insolvenzverwalter.

6. In Tschechien wird fast die gesamte Nachlassabwicklung von den Notaren als Gerichtskommissären durchgeführt (§ 38 OSŘ i.V.m. § 75 JednŘ).

7. Das obligatorisch durchführende Nachlassverfahren, welches in den §§ 481 ff. ObčZ, §§ 175a ff. OSŘ sowie in den §§ 74 ff. JednŘ gesetzlich geregelt ist,

besteht aus dem Vorverfahren *(předběžné šetření)* sowie dem Hauptverfahren *(hlavní řízení)*.

8. Wurde das Vorverfahren nicht gemäß § 175h OSŘ eingestellt, dann kommt es zum eigentlichen Nachlassverfahren. Ist der Umfang des Nachlasses festgestellt worden und unbestritten und sind sich die Erben auch über dessen Auseinandersetzung einig, dann bestätigt das Nachlassgericht die Erbauseinandersetzungsvereinbarung und beendet das Nachlassverfahren (§ 175q Abs. 1 lit. c OSŘ).

9. Fällt das Nachlassverfahren nicht in die Zuständigkeit eines tschechischen Gerichts, führt das tschechische Nachlassgericht lediglich ein Vorverfahren durch und stellt den Beteiligten auf ihren Antrag hin eine Bescheinigung über das Ergebnis des Vorverfahrens aus (§ 175z Abs. 1 OSŘ). Bei deutsch-tschechischen Erbfällen ist eine solche Konstellation gegeben, wenn ein deutscher Erblasser in Tschechien verstirbt und dort bewegliches Vermögen hinterlässt.

10. 2005 wurde das Rechtsinstitut der Erbschaftsverwaltung neu in das tschechische Recht eingefügt (§§ 480a ff. ObčZ). Zweck einer solchen Nachlassverwaltung ist es, für den Zeitraum, in dem noch nicht sicher ist, an wen die Erbschaft endgültig fällt, sicherzustellen, dass das hinterlassene Vermögen keinen wirtschaftlichen Schaden erleidet und stattdessen in seinem ungeschmälerten Zustand verbleibt. Vergleicht man den Erbschaftsverwalter nach tschechischem Recht mit den abwicklungsberechtigten Personen des deutschen Rechts, dann lässt sich daher feststellen, dass der Erbschaftsverwalter im Sinne des ObčZ *(správce dědictví)* zwar keiner Rechtsfigur des BGB exakt entspricht, aber dennoch viele Gemeinsamkeiten, insbesondere hinsichtlich des Aufgabenbereichs, mit dem Nachlasspfleger im Sinne der §§ 1960 ff. BGB teilt.

11. Eine Testamentsvollstreckung ist dem tschechischen Recht gänzlich unbekannt. Dies gilt sowohl für die Abwicklungs- als auch für die Verwaltungsvollstreckung.

12. Im Hinblick auf die Erben und deren Abwicklungsbefugnisse ist die Zeit während und nach rechtskräftigem Abschluss des Nachlassverfahrens zu unterscheiden. Mit dem Erbfall geht die Erbschaft auf den Erben über (§ 460 ObčZ). Dennoch können die Erben während der Durchführung des Nachlassverfahrens nur mit Zustimmung des Gerichts verfügen. Wurde ein Nachlassverwalter bestellt, so nimmt dieser gegenüber den Erben eine Vorrangstellung ein. Nach dem rechtskräftigen Abschluss des Nachlassverfahrens hebt das Gericht alle Beschränkungen auf. Eine eventuell

bestehende Nachlassverwaltung endet ebenso mit Abschluss des Nachlassverfahrens (§ 480a Abs. 1 ObčZ).

4. Teil: Die Abwicklung eines deutsch-tschechischen Erbfalls in Deutschland

1. Ein *notář* der Tschechischen Republik ist nicht befugt *in* Deutschland eine Nachlassabwicklung durchzuführen. Er darf jedoch ein Nachlassverfahren *über* ein in Deutschland belegenes Vermögen durchführen.

2. Mit Abschluss des nachlassgerichtlichen Verfahrens stellt das tschechische Nachlassgericht eine Erbbestätigung (*usnesení o dědictví*) aus.

3. Im deutschen Grundbuchverfahren scheidet eine Anerkennung der Erbbestätigung des tschechischen Rechts gemäß § 16a FGG mangels anerkennungsfähiger Wirkungen aus. Jedoch ist eine Substitution eines Erbscheins i.S.d. § 35 Abs. 1 S. 1 GBO durch ein ausländisches Erbrechtszeugnis möglich. Die *usnesení o dědictví* ist funktionell gleichwertig zum deutschen Erbschein. Folglich ist sie geeignet, das Tatbestandsmerkmal „Erbschein" i.S.d. § 35 Abs. 1 S. 1 GBO zu substituieren. Die Erbbestätigung des tschechischen Rechts ist daher vom Grundbuchamt anzuerkennen. Ein zusätzlicher deutscher Erbschein ist nicht erforderlich.

4. Gleichwohl ist es weiterhin gängige Praxis der Grundbuchämter für eine Grundbuchberichtigung im Sinne des § 35 Abs. 1 S. 1 GBO einen deutschen Erbschein zu fordern. Einem tschechischen Erblasser mit in Deutschland belegenen Immobilien kann daher nur empfohlen werden hinsichtlich dieses Vermögens eine Verfügung von Todes wegen zu verfassen, die in einer öffentlichen Urkunde enthalten ist. Diese ermöglicht einen Nachweis der Erbfolge gemäß § 35 Abs. 1 S. 2 GBO.

5. Die *usnesení o dědictví* stellt eine geeignete Grundlage für eine Eintragung ins Handelsregister i.S.d. § 12 Abs. 1 S. 3 HGB dar. Beruht die Erbfolge auf einem notariellen Testament, dann genügt es zum Nachweis der Rechtsnachfolge gemäß § 12 Abs. 1 S. 3 HGB, wenn die Verfügung und die Niederschrift über die Eröffnung der Verfügung vorgelegt werden.

6. Gegenüber einer Bank können sich die Erben eines tschechischen Erblassers entweder mit Hilfe der *usnesení o dědictví* oder mittels einer Ausfertigung bzw. einer beglaubigten Abschrift der letztwilligen Verfügung samt dazugehöriger Eröffnungsniederschrift legitimieren. In beiden Fällen werden die Banken regelmäßig, mangels Kenntnis der tschechischen Sprache, eine Übersetzung ins Deutsche verlangen. Die Kosten dafür haben die Erben zu tragen.

7. Die Erben werden dennoch im deutschen Rechtsverkehr regelmäßig ihre Erbeneigenschaft mit einem deutschen Erbschein nachweisen müssen. Dieser kann den *dědici* (Erben) ohne Bedenken ausgestellt werden. Werden Noterbrechte geltend gemacht, kann den Erben zumindest ein Mindesterbschein über den Freiteil erteilt werden, solange über den restlichen Erbteil eine noch nicht behebbare Ungewissheit bestehe. Wurde ein Nachlassverwalter (*správce dědictví)* bestellt, sollte dieser in Analogie einem Testamentsvollstrecker gleichgestellt und ein entsprechender Vermerk über die Verfügungsbeschränkung zur „Warnung des Rechtsverkehrs" in den Erbschein aufgenommen werden.

8. Bejaht wird ausnahmsweise auch die internationale Zuständigkeit deutscher Nachlassgerichte bei Erbscheinen Sudetendeutscher, die noch nach dem österreichischen ABGB beerbt wurden, und deren Hinterbliebene dann in Deutschland einen unbeschränkt allgemeinen Erbschein – mit dem ABGB als Erbstatut – erhalten können.

9. Die Bestellung eines *správce dědictví* ist in Deutschland anzuerkennen (§ 16a FGG). Dabei hat er die Rechte, welche ihm die §§ 480a ff. ObčZ verleihen. Auf Antrag ist dem Erbschaftsverwalter ein Erbschaftsverwalterzeugnis auszustellen (§§ 2368 Abs. 3 i.V.m. 2369 BGB analog). Trotz tschechischen Erbstatuts kann aber ein deutsches Nachlassgericht zur Sicherung des Nachlasses nur einen Nachlasspfleger nach deutschem Recht, nicht aber einen *správce dědictví* bestellen.

10. Die Annahme bzw. Ausschlagung der Erbschaft ist im tschechischen Recht in den §§ 463 ff. ObčZ geregelt. Eine internationale Zuständigkeit deutscher Nachlassgerichte zur Entgegennahme von Annahme- bzw. Ausschlagungserklärungen nach tschechischem Recht ist gegeben.

11. Im tschechischen Recht ist die Haftung eines jeden Erben bereits durch das Gesetz auf den Wert des von ihm erworbenen Nachlasses beschränkt (§ 470 ObčZ).

12. Die Anordnung einer Haftungsbeschränkung (§ 1975 BGB) nach deutschem Recht bei tschechischem Erbstatut ist grundsätzlich abzulehnen, wenn man dem Gleichlaufgrundsatz folgt. Zu einem gegenteiligen Ergebnis gelangt man jedoch, wenn die internationale Zuständigkeit gemäß §§ 73 f. FGG analog bestimmt wird. Gemäß § 73 Abs. 2, 3 FGG ist eine internationale Zuständigkeit deutscher Nachlassgerichte zur Anordnung einer Nachlassverwaltung prinzipiell zu bejahen.

13. Von den Vertretern beider Lehren wird eine internationale Zuständigkeit deutscher Nachlassgerichte zur Genehmigung der Übergabe der Erbschaft an die Gläubiger bei Überschuldung des Nachlasses (im Sinne der § 471 ObčZ i.V.m. § 175p OSŘ) bejaht.

14. Gemäß§§ 482 f. ObčZ ist bei tschechischem Erbstatut verbindlich eine Erbauseinandersetzung durchzuführen. Folgt man dem Gleichlaufgrundsatz, dann wird man in der Regel eine internationale Zuständigkeit deutscher Nachlassgerichte ablehnen müssen. Anders wiederum, wenn man die §§ 73 f. FGG analog anwendet. Dann ist eine internationale Zuständigkeit deutscher Nachlassgerichte zur Erbauseinandersetzung gegeben.

5. Teil: Die Abwicklung eines deutsch-tschechischen Erbfalls in der Tschechischen Republik

1. Ein von einem deutschen Nachlassgericht ausgestellter und mit einer Apostille versehener Erbschein ist in der Tschechischen Republik anerkennungsfähig (§ 52 MPSaP).

2. Eine Eintragung ins tschechische Immobilienkataster auf Grund eines deutschen Erbscheins ist nicht möglich, weil in diesem die gemäß § 5 KatZ erforderlichen Angaben fehlen. Stattdessen ist eine *usnesení o dědictví* (Erbbestätigung), die im Rahmen eines Nachlassverfahrens erlangt wird, notwendig.

3. Ein deutscher Erbschein stellt keine geeignete Grundlage für eine Eintragung ins tschechische Handelsregister dar. Stattdessen müssen die verbindlichen Antragsvordrucke verwendet werden.

4. Jedoch kann ein deutscher Erbschein im Rechtsverkehr mit tschechischen Banken grundsätzlich als Legitimationspapier verwendet werden (§ 52 MPSaP).

5. Einem deutschen Erben kann kein Erbschein bzw. Testamentsvollstreckerzeugnis nach tschechischem Recht ausgestellt werden, da diese Legitimationspapiere dem tschechischen Recht unbekannt sind. Jedoch besteht die Möglichkeit, ein Nachlassverfahren durchzuführen um eine *usnesení o dědictví* zu erlangen. Diese Erbbestätigung kann dann im Rechtsverkehr als Erbnachweis verwendet werden.

6. Ein Testamentsvollstreckerzeugnis nach deutschem Recht wird von Tschechien anerkannt (§ 52 MPSaP).

7. Auch von einem tschechischen Nachlassgericht können die mit einer Testamentsvollstreckung nach §§ 2197 ff. BGB zusammenhängenden Aufgaben erfüllt werden, falls eine internationale Zuständigkeit gegeben ist.

8. Das deutsche Nachlassgericht kann eine Nachlasspflegschaft auch auf den in Tschechien belegenen Nachlass erstrecken. Die Bestallungsurkunde als Legitimationspapier wird von tschechischer Seite anerkannt (§ 52 MPSaP).

9. Die Annahme bzw. Ausschlagung der Erbschaft nach deutschem Recht ist in den §§ 1942 ff. BGB geregelt. Ist eine internationale Zuständigkeit des tschechischen Nachlassgerichts gegeben, dann ist diesem auch die Entgegennahme einer Ausschlagungserklärung bzw. die Anfechtung der Annahme oder Ausschlagung zuzumuten.

10. Gilt deutsches Erbstatut in Tschechien, sollte auch die Anordnung einer haftungsbeschränkenden Nachlassverwaltung möglich sein. Dabei könnte jedoch auf die öffentliche Bekanntmachung nach § 1983 BGB verzichtet werden, da diese ohnehin keine Wirksamkeitsvoraussetzung ist.

11. Ähnliches gilt für das Aufgebotsverfahren. Dieses ist einem tschechischen Gericht wesensfremd und kann aus diesem Grund auch dort nicht beantragt werden. Wiederum müssen sich die Erben stattdessen an das zuständige deutsche Nachlassgericht wenden.

12. Dahingegen können die Dürftigkeitseinrede, die Kürzungsbefugnis sowie die Verschweigung auch in Tschechien geltend gemacht werden, da diese zu ihrer Geltendmachung keines förmlichen Verfahrens bedürfen, an dem das Nachlassgericht zu beteiligen wäre.

6. Teil: Erbschaftsteuerliche Aspekte

1. Die deutsche Erbschaftsteuer ist im Erbschaftsteuer- und Schenkungsteuergesetz (ErbStG) geregelt. Im Dezember 2008 wurde eine Novelle der Erbschaftsteuer verabschiedet, die eine Neuregelung einiger zentraler Punkte vorsieht.

2. Das Ausmaß der Besteuerung in Fällen mit Auslandsberührung regelt § 2 ErbStG als internationale Kollisionsnorm des deutschen Erbschaftsteuerrechts.

3. Das ErbStG unterscheidet in § 15 drei Steuerklassen, die nach dem persönlichen Verhältnis des Erwerbers zum Erblasser oder Schenker eingeteilt sind.

4. Die Steuersätze variieren je nach Steuerklasse und Höhe des Erwerbs zwischen 7 und 50 %.

5. Die tschechische Erbschaftsteuer wird durch das Gesetz über die Erbschaft-, Schenkung- und Grunderwerbsteuer (DDP) geregelt.

6. Auch die Erbschaftsteuer tschechischen Rechts unterscheidet drei Steuerklassen, die nach dem Grad des Verwandtschaftsverhältnisses der Erben zum Erblasser eingeteilt sind (§ 11 Abs. 1 DDP).

7. Die Erben der ersten und zweiten Gruppe sind vollständig von der Erbschaftsteuer befreit (§ 19 Abs. 1 DDP).

8. Zwischen Deutschland und der Tschechischen Republik wurde kein Doppelbesteuerungsabkommen auf dem Gebiet des Erbrechts geschlossen.

Literaturverzeichnis

Balák, F. / Korecká, V. / Vojtek, P.: Občanský zákoník s judikaturou a souvisejícími předpisy [Bürgerliches Gesetzbuch mit Rechtsprechung betreffend die Vorschriften]; Prag 2006 (zit.: *Balák/Korecká/Vojtek*, Občanský zákoník)

Barák, Josef: Institut správce dědictví podle zákona č. 554/ 2004 Sb. [Das Rechtsinstitut des Nachlassverwalters; eingeführt durch das Gesetz Nr. 554/ 2004]; Právní rozhledy 2005; S. 77 ff.

von Bar, Christian:

- Internationales Privatrecht; Erster Band, Allgemeine Lehren; 2. Auflage; München 2003 (zit.: *v. Bar*, IPR Bd. I)
- Internationales Privatrecht; Zweiter Band, Besonderer Teil; München 1991 (zit.: *v. Bar*, IPR Bd. II)

Bassenge, P. / Roth, H.: Gesetz über die Angelegenheiten der freiwilligen Gerichtsbarkeit; 11. Auflage; Heidelberg 2007

Bauer, H.-J. / von Oefele, H.: Kommentar zur Grundbuchordnung; 2. Auflage, München 2006

Baumbach, A. / Hopt, K. / Merkt, H.: Handelsgesetzbuch, Kommentar; 33. Auflage; München 2008

Baumbach, A. / Lauterbach, W. / Albers, J / Hartmann, P..: Zivilprozessordnung, Kommentar; 65. Auflage; München 2006 (zit.: *Baumbach/Lauterbach/Bearbeiter*: ZPO Kommentar)

Becker, Niels: Das Schweizer Konto im Nachlass Deutscher; ZEV 2007, S. 208 ff.

Beck`scher Online-Kommentar [Hrsg.: Hügel] (zit.: BeckOK/*Bearbeiter*)

Beck'sches Steuerlexikon: Edition 02/08; München (zit.: Becksches Steuerlexikon/*Bearbeiter*)

Bengel, M. / Reimann, W. [Hrsg.]: Handbuch der Testamentsvollstreckung; 3. Auflage, München 2001 (zit.: *Bengel/Reimann/Bearbeiter*, Testamentsvollstreckung)

Bentler, Thomas M.: Die Erbengemeinschaft im internationalen Privatrecht; Frankfurt a.M. et al. 1993

Berenbrok, Marius: Internationale Nachlassabwicklung, Zuständigkeit und Verfahren; Berlin 1989

Bergmann, A. / Ferid, M. / Henrich, D. [Hrsg.]: Internationales Ehe- und Kindschaftsrecht; Sri Lanka – Tschechische Republik; Frankfurt a.M. et al., Stand August 2005 (zit.: *Bergmann/Ferid/Bearbeiter*: Internationales Ehe- und Kindschaftsrecht, Land)

Bestelmeyer, Horst: Erbfälle mit Nachlassgegenständen in der ehemaligen DDR; RPfleger 1992, S. 229 ff.

Bílek, P. /Šešina, M.: Dědické právo v předpisech let 1925-2001 [Erbrechtsvorschriften von 1925-2001]

Birg, Herwig: Die ausgefallene Generation. Was die Demographie über unsere Zukunft sagt. München 2005

Bohata, Petr:
- Das Erbrecht der CSSR; JbOstR 1987; S. 87 ff.
- Die Vollstreckung von Gerichtsurteilen in den Nachfolgestaaten der Tschechoslowakei unter besonderer Berücksichtigung der Vollstreckung ausländischer Urteile; München 2005
- Grundsatzentwurf des neuen tschechischen Zivilrechts; WiRO 2001; S. 295 ff.
- Justizreformen in der Tschechoslowakei und ihren Nachfolgestaaten; München 2003
- Justiz in Osteuropa; München 2002
- Tschechisches Ehe- und Kindschaftsrecht; Internationales Ehe- und Kindschaftsrecht; Frankfurt a.M. et al. (zit.: *Bergmann/Ferid/Bohata*, Int. Ehe- und Kindschaftsrecht, Tschechien)
- Tschechisches Erbrecht; Internationales Erbrecht; München (zit.: *Ferid/Firsching/Bohata*, Tschechien)
- Tschechische Republik; WiRO 2002, S. 154 ff.
- Tschechische Republik; WiRO 2004; S. 248 ff.
- Tschechische Republik; WiRO 2006; S. 247 ff.

Böhmer, Martin: Der Erb- und Pflichtteilsverzicht im anglo-amerikanischen Rechtskreis; ZEV 1998, S. 251 ff.

Bonfils, Dieter: Gesetzliche Erbfolge, Erbrecht des Staates und Testierfreiheit im Bereich der Sowjetunion, der osteuropäischen Länder und der DDR; Göttingen 1969

Brambring, Günter [Hrsg.]: Beck`sches Notarhandbuch; 4. Auflage; München 2006 (zit.: Beck`sches Notarhandbuch/*Bearbeiter*)

Brandi, Tim: Das Haager Abkommen von 1989 über das auf die Erbfolge anzuwendende Recht; Berlin 1996

Breidenbach, Stephan [Gesamthrsg.]: Handbuch Wirtschaft und Recht in Osteuropa; München, Band 1: Länderteil Tschechien (CS), Stand November 2002 (zit.: *Breidenbach/Bearbeiter*)

Breitschmid, Peter: Grenzenloses Erbrecht – Grenzen des Erbrechts; Köln 2004

Brox, H. / Walker, W.-D.:: Erbrecht; 22. Auflage; Köln et al. 2004

Brunner, G. / Schmid, K. / Western, K. [Hrsg.]: Wirtschaftsrecht der osteuropäischen Staaten; Tschechische Republik; Baden-Baden 1991

Bumiller, U. / Winkler, K.: Freiwillige Gerichtsbarkeit, Kommentar; 8. Auflage; München 2006

Bungert, Hartwin: Rechtskrafterstreckung eines österreichischen Einantwortungsbeschlusses; IPRax 1992, S. 225 ff.

Bünning, Martin: Nachlassverwaltung und Nachlasskonkurs im internationalen Privat- und Verfahrensrecht; Baden-Baden 1996

Bunte, Hermann-Josef: AGB-Banken und Sonderbedingungen; München 2007

Bureš, J. / Drápal, L. / Krčmář, Z.: Občanský soudní řád, komentář; [Kommentar zur Zivilprozessordnung]; 7. Auflage; Prag 2006 (zit.: *Bureš/Drápal/Krčmář/Bearbeiter*: Občanský soudní řád)

Bystrický, Rudolf:

- Právo mezinárodního obchodu [Internationales Handelsrecht]; Prag 1967
- The new Czechoslovak act concerning private international law and the rules of procedure relating thereto [Das neue Tschechoslowakische Internationale Privat- und Prozessrecht]; Bulletin of Czechoslovak Law 1963, S. 209 ff.

Coester, Michael: Probleme des internationalen Erbrechts; JA 1979, S. 351 ff.

Czermak, Peter: Der express trust im internationalen Privatrecht; Frankfurt a. M. 1986

Dahm, G./ Delbrück, J. / Wolfrum, R.: Völkerrecht; Band 1/ I; 2. Auflage; Berlin 1989

Daubner, Robert: Trennung, Abstraktion und guter Glaube im deutsch-tschechischen Vergleich; WiRO 1999, S. 417 ff.

Dauner-Lieb, B. / Heidel, T. / Ring, G. [Hrsg.]: Anwaltskommentar BGB; Band 5: Erbrecht; 2004 (zit.: Anwaltskommentar/*Bearbeiter*)

Demhartner, Johann: Kommentar zur Grundbuchordnung; 25. Auflage; München 2005

Derstadt, Eva-Maria: Die Notwendigkeit der Anpassung bei Nachlassspaltung im internationalen Erbrecht; Baden-Baden 1998

Deutsches Notarinstitut:

- Internationales Erbrecht in der EU, Perspektiven einer Harmonisierung; Würzburg 2004
- Notarielle Fragen des internationalen Rechtsverkehrs; Würzburg 1995

Dölle, Hans: Über einige Kernprobleme des internationalen Rechts der freiwilligen Gerichtsbarkeit; RabelsZ 1962/63, S. 201 ff.

Donner, Theodor: Das neue tschechoslowakische Gesetz über das internationale Privat- und Prozessrecht; ZfRvgl 1964; S. 207 ff.

Dörner, H. / Hertel, C. / Lagarde, P. / Riering, W.: Auf dem Weg zu einem europäischen Internationalen Erb- und Erbverfahrensrecht; IPRax 2000, S. 1 ff.

Dörner, Heinrich: Das Grünbuch „Erb- und Testamentsrecht" der Europäischen Kommission; ZEV 2005, S. 137 ff.

Dorsel, Christoph: Stellvertretung und Internationales Privatrecht; MittRhNotK 1997, S. 6 ff.

Ebenroth, Carsten Thomas: Erbrecht; München 1992

Edenfeld, Stefan:

- Der deutsche Erbschein nach ausländischem Erblasser, ZEV 2000, S. 483 ff.

- Europäische Entwicklungen im Erbrecht; ZEV 2001; S. 457 ff.
Ekkernkampf, Dieter: Die Abwicklung deutsch-französischer Erbfälle in der Bundesrepublik Deutschland; BWNotZ 1988, S. 158 ff.
Eliáš, Karel: Entwicklung, Stand und Perspektiven des Privatrechts in der Tschechischen Republik; Osteuropa Recht 2000, S. 427 ff.
Entwurf: Entwurf einer Grundbuchordnung und Entwurf eines Gesetzes betreffend die Zwangsvollstreckung in das unbewegliche Vermögen; Verlang von J. Guttentag 1889 (zit.: Entwurf einer Grundbuchordnung)
Erman, Walter: Handkommentar zum Bürgerlichen Gesetzbuch; 12. Auflage, 2008 (zit.: *Erman/Bearbeiter*, Bürgerliches Gesetzbuch)

Ferid, Murad: Internationales Privatrecht; 3. Aufl.; Frankfurt am Main 1986
Ferid, M. / Firsching, K. / Dörner, H. / Hausmann, R. [Hrsg.]: Internationales Erbrecht; München (zit.: *Ferid/Firsching/Bearbeiter,* Land)
- Band II: Dänemark – Deutschland; Stand der 70. Ergänzungslieferung
- Band III: Dominikanische Republik – Indien; Stand der 69. Ergänzungslieferung
- Band VIII: Tadschikistan – USA; Stand der 69. Ergänzungslieferung

Ferrari, Susanne: Familienerbrecht und Testierfreiheit in Österreich; Familienerbrecht und Testierfreiheit im europäischen Vergleich; Bielefeld 2001 (zit.: *Henrich/Schwab/Ferrari,* Familienerbrecht und Testierfreiheit im österreichischen Recht)
Fetsch, Johannes:
- Auslandsvermögen im Internationalen Erbrecht – Testamente und Erbverträge, Erbschein und Ausschlagung bei Auslandsvermögen; RNotZ 2006, S. 1 ff. und S. 77 ff.
- Die „Belegenheit" von Forderungen im Internationalen Erbscheinsverfahren: Zur Auslegung und ratio von § 2369 Abs. 2 BGB

Fiala, Josef: Občanské právo [Bürgerliches Recht]; 2. Auflage, Praha 1998 (zit.: *Fiala, Josef*: Občanské právo)
Fiala, J. / Hurdlík, J. / Michna, O.: Lockerung des tschechischen Devisengesetzes; WiRO 2003, S. 37 ff.
Firsching, Karl: Grundzüge des internationalprivatrechtlichen Familien- und Erbrechts, einschließlich des internationalen Verfahrensrechts; RPfleger 1972, S. 1 ff.
Firsching, K. / Graf, H. L.: Nachlassrecht; 8. Auflage; München 2000
Firsching, K. / von Hofmann, B. / Thorn, K.: Internationales Privatrecht; 8. Auflage; München 2005 (zit.: *Firsching/von Hofmann*, Rn.)
Flick, H. / Piltz, D. [Hrsg.]: Der Internationale Erbfall; 2. Auflage; München 2007
Foukal, Martin: Das tschechische Notarwesen zehn Jahre nach dessen Erneuerung; Festschrift für Georg Weissmann; Wien 2003

Frank, S. / Wachter, T.: Handbuch Immobilienrecht in Europa; Heidelberg 2004 (zit.: *Frank/Wachter/Bearbeiter*, Immobilienrecht in Europa, Land)

Gebauer, M. / Staudinger, A.: Registrierte Lebenspartnerschaften und die Kappungsregel des Art. 17b Abs. 4 EGBGB; IPRax 2002, 276

Geimer, Reinhold:
- Anerkennung ausländischer Entscheidungen in Deutschland; München 1995
- Anerkennung ausländischer Entscheidungen auf dem Gebiet der freiwilligen Gerichtsbarkeit; Festschrift für Murad Ferid zum 80. Geburtstag; Frankfurt a.M. 1988
- Internationales Zivilprozessrecht; 5. Auflage; Köln 2005

Geimer, R. / Schütze R.:
- Europäisches Zivilverfahrensrecht; 2. Auflage; München 2004
- Internationaler Rechtsverkehr in Zivil- und Handelssachen; 33. Ergänzungslieferung; München 2008 (zit.: *Geimer/Schütze/Bearbeiter*)

Giese, E. / Fritzsch, F.: Zur Vollstreckbarkeit deutscher Urteile in der Tschechischen Republik; WiRO 2002, S. 206 ff.

Glos, George: The Czechoslovak law of conflicts of law [Das Tschechoslowakische Kollisionsrecht]; Review of Socialist Law; Vol. 9, 1983; S. 261 ff.

Gottheiner, Hans Georg: Zur Anwendung englischen Erbrechts auf Nachlässe in Deutschland; RabelsZ 21 (1956), S. 36 ff.

Gottwald, Peter: Das internationale Verfahrensrecht im Entwurf eines IPR-Gesetzes; IPRax 1984, S. 57 ff.

Gottwald, P. / Stangl, B.: Ausländische Wertpapierdepots im deutschen Nachlass; ZEV 1997, S. 217 ff.

Griem, Michael: Probleme des Fremdrechtserbscheins gemäß § 2369 BGB; Frankfurt a.M. 1990

Gruber, Urs Peter: Ausländische Nachlassabwickler vor deutschen Gerichten; RPfleger 2000, S. 250 ff.

Grundbuchordnung: Grundbuchordnung für das Deutsche Reich vom 24. März 1897; 2. Auflage; Berlin 1897 (zit.: Grundbuchordnung für das Deutsche Reich)

Haas, Ulrich: Ist das Pflichtteilsrecht verfassungswidrig?; ZEV 2000, S. 249 ff.

Haegele, K./ Winkler, K.: Der Testamentsvollstrecker nach bürgerlichem, Handels- und Steuerrecht; 18. Auflage; Regensburg 2007

Hahn, C. / Mugdan, B.: Die gesammelten Materialien zu den Reichs-Justizgesetzen, Fünfter Band: Materialien zum Gesetz über die Zwangsversteigerung und die Zwangsverwaltung und zur Grundbuchordnung; Berlin 1897 (zit.: *Hahn/Mugdan*, Ges. Materialien, Bd. 5)

Hanisch, Hans: Grenzüberschreitende Nachlassinsolvenzverfahren; ZIP 1990, S. 1241 ff.

Haunschmidt, Franz: Erbrecht in Österreich; Erbrecht in Europa; Angelbachtal 2004 (zit.: *Süß/Haas/Haunschmid,* Österreich)
Heldrich, Andreas:
- Fragen der internationalen Zuständigkeit der deutschen Nachlassgerichte; NJW 1967, S. 417 ff.
- Internationale Zuständigkeit und anwendbares Recht; Berlin 1969

Henrich, Dieter:
- Deutsches, ausländisches und internationales Familien- und Erbrecht; Bielefeld 2006
- Familienerbrecht und Testierfreiheit im europäischen Vergleich; Familienerbrecht und Testierfreiheit im europäischen Vergleich; Bielefeld 2001 (zit.: *Henrich/Schwab/Henrich,* Familienerbrecht im europäischen Vergleich)
- Kollisionsrechtliche Fragen der eingetragenen Lebenspartnerschaft; FamRZ 2002, 137 ff.

Henrich, D. / Schwab, D. [Hrsg.]:
- Familienerbrecht und Testierfreiheit im europäischen Vergleich; Bielefeld 2001
- Eheliche Gemeinschaft, Partnerschaft und Vermögen im europäischen Vergleich; Bielefeld 1999.

Hermann, Helga-Maria: Erbausschlagung bei Auslandsberührung; ZEV 2002, S. 259 ff.
Heusler, Hans-Joachim: Deutschland; Internationales Erbrecht; München (zit.: *Ferid/Firsching/Heusler*, Deutschland)
von Hofmann, B. / Firsching, K.: Internationales Privatrecht einschließlich der Grundzüge des internationalen Zivilverfahrensrechts; 8. Auflage; München 2005
Höfer, G./ Huhn, D.: Allgemeines Urkundenrecht; Bad Homburg 1968
Hoffmann-Becking, M. / Rawert, P.: Beck'sches Formularbuch Bürgerliches, Handels- und Wirtschaftsrecht; 9. Auflage; München 2006 (zit.: Becksches Formularbuch/*Bearbeiter*)
Hohloch, Gerhard: Bestimmung der effektiven Staatsangehörigkeit eines Erblassers, JuS 2006, S. 186 ff.
Holub, Milan: Občanský zákoník, komentář [Kommentar zum Bürgerlichen Gesetzbuch], Band 1, §§ 1-487 ObčZ; 1. Aufl., Praha 2002 (zit.: *Holub/Bearbeiter*, Občanský zákoník)
Hrušáková, Milana: Familienerbrecht und Testierfreiheit in der Tschechischen Republik; Familienerbrecht und Testierfreiheit im europäischen Vergleich; Bielefeld 2001 (zit.: *Henrich/Schwab/ Hrušáková /* Familienerbrecht und Testierfreiheit im tschechischen Recht)
Hubert, T. / Hinz, H. / Vorlíčková, L.: Erbschaftsbesteuerung bei Übertragung von Unternehmensvermögen in Tschechien; IWB Nr. 18 vom 25.09.2007; Gruppe 2, Fach 5, S. 63 ff.
Hug, Sabine: Die Substitution im internationalen Privatrecht; München 1983

Hügel: Beck`scher Online-Kommentar GBO (zit.: BeckOK GBO/*Bearbeiter*)
Hüßtege, Rainer: Internationales Privatrecht; einschließlich Gründzüge des Internationalen Verfahrensrechts; 4. Auflage; München 2005

Jansen, P. / von Schuckmann, H.-J. / Sonnenfeld, S.: FGG Kommentar; 1. Band, Einleitung, §§ 1-34 FGG; 3. Auflage; Berlin 2006 (zit.: *Jansen/Bearbeiter*)
Jayme, Erik: Das neue IPR-Gesetz – Brennpunkte der Reform; IPRax 1986, S. 265 ff.
Jayme, E.. / Hausmann, R.: Internationales Privat- und Verfahrensrecht; 13. Auflage; München 2006
Jehlička, O. / Švestka, J. / Škárová, M.: Občanský zákoník, komentář [Kommentar zum Bürgerlichen Gesetzbuch], 8. Auflage, Praha 2003 (zit.: *Jehlička/Švestka/Bearbeiter*, Občanský zákoník)
Jindřich, Miloslav: Nová právní uprava institutu správce dědictví v českém právním řádu [Das für die tschechische Rechtsordnung neue Rechtsinstitut der Erbschaftsverwaltung]; Právní zpravodaj 2004, S. 1
Johnen, Cornelia: Die Behandlung von Erbscheinsanträgen mit Auslandsberührung in der notariellen Praxis; MittRhNotK 1986, S. 57 ff.
Jülicher, Marc: Mehrheitsgrundsatz und Minderheitenschutz bei der Erbengemeinschaft; AcP 175, S. 143 ff.

Kalenský, Pavel: Das neue tschechoslowakische IPR; WGO 1964, S. 151 ff.
Karle, Ernst-Konrad: Erbfälle mit Auslandsberührung; BWNotZ 1970, S. 78 ff.
Kaufhold, Sylvia: Zur Anerkennung ausländischer öffentlicher Testamente und Erbnachweise im Grundbuchverfahren; ZEV 1997, S. 399 ff.
Kappeßer, Velten: Nottestamente des BGB; Berlin 1995
Kegel, G. / Schurig, K.: Internationales Privatrecht; 9. Auflage; München 2004
Keidel, T. / Kuntze, J. / Winkler, K.: Freiwillige Gerichtsbarkeit; Kommentar zum FGG; 15. Auflage; München 2003 (zit.: *Keidel/Kuntze/Winkler/Bearbeiter*)
Kemp, Peter: Grenzen der Rechtswahl im internationalen Ehegüter- und Erbrecht; Köln et al. 1998
Kipp, T. / Coing, H.: Erbrecht; 14. Auflage; Tübingen 1990 (zit.: *Kipp/Coing,* Erbrecht)
Klingelhöffer, Hans: Kollisionsrechtliche Probleme des Pflichtteils; ZEV 1996, S. 258 ff.
Knapp, V. / Plank, K.: Učebnica československého občanského práva [Lehrbücher des tschechoslowakischen bürgerlichen Rechts]; Band II, Bratislava 1965
Knapp, Viktor:
- Das neue tschechoslowakische Zivilgesetzbuch; ZfRvgl 1965; S. 19 ff.
- International encyclopedia of comparative law; C; S. 111 ff.; Tübingen 1979

Köhne, Hans-Clemens: Eigentumsordnung und Immobilienerwerb in der Tschechischen Republik; Osteuroparecht 1996, S. 48 ff.

Köbler, Gerhard: Rechtstschechisch; München 2003

Koch, H. / Magnus, U. / Winkler von Mohrenfels, P.: IPR und Rechtsvergleichung; 3. Auflage; München 2004

Kommission der Europäischen Gemeinschaften: Grünbuch Erb- und Testamentsrecht; {SEK (2005)270}

Korkisch, Friedrich:

- Der Staatsangehörigkeitsgrundsatz im Kollisionsrecht; Tübingen 1963
- Fragen des ostmitteleuropäischen Rechts; Tübingen 1979
- Neue Tendenzen im Internationalen Privatrecht Osteuropas; Jahrbuch für Ostrecht; 1980/81, S. 9 ff.
- Neues Internationales Privatrecht in Ostmitteleuropa; RabelsZ 1968; S. 601 ff.
- Zum Außenprivatrecht der Tschechoslowakei unter besonderer Berücksichtigung des Internationalen Privatrechts; WGO 1970; S. 133 ff.

Kroiß, Ludwig: Internationales Erbrecht, Einführung und Länderüberblick; Dt. Anwaltverlag; Bonn 1999

Kropholler, Jan: Internationales Privatrecht; 6. Auflage; Tübingen 2006

Krusche, Matthias: Anerkennung und Vollstreckung deutscher Urteile in Polen, Tschechien und Ungarn; WiRO 1999, S. 173 ff.

Krzywon, Hagen: Ausländische Erbrechtszeugnisse im Grundbuchverfahren; BWNotZ 1989, S. 133 ff.

Kučera, Robert: Dědictví [Der Nachlass]; 1. Auflage; Prag 2001 (zit.: *Kučera,* Dědictví)

Kucera, Zdeněk:

- Private International Law in Czechoslovakia [Das Internationale Privatrecht in der Tschechoslowakei]; Bulletin of Czechoslovak Law 1985; S. 6 ff.
- Mezinárodní právo soukromé [Das Internationale Privatrecht]; 3. Auflage; Brünn 1996

Kučera, Z. / Tichý, L.: Zákon o mezinárodním právu soukromém a procesním, komentář [Kommentar zum Internationalen Privat- und Prozessrecht]; Prag 1989 [zit.: *Kučera/Tichý*, MPSaP]

Kunz, Otto:

- Některé otázky mezinárodního práva soukromého v novější právní nauce socialistických zemí [Einige Fragen des Internationalen Privatrechts in der aktuellen Rechtslehre der sozialistischen Staaten]; Právník 1974, S. 818 ff.
- Současná právní nauka socialistických státu, k některým otázkám mezinárodního práva soukromého [Die aktuelle Rechtslehre sozialistischer Staaten zu einigen Fragen des Internationalen Privatrechts]; Právník 1977, S. 104 ff.

Kühne, Gunther: Testierfreiheit und Rechtswahl im internationalen Erbrecht; Die Parteiautonomie: Eine „basic rule" des Kollisionsrechts?; JZ 1973, S. 403 ff.

Lange, H. / Kuchinke, K..: Lehrbuch des Erbrechts; 5. Auflage, München 2001 (zit. *Lange/Kuchinke*, Erbrecht)

Lange, Knut Werner: Rechtswahl als Gestaltungsmittel bei der Nachfolgeplanung?; DNotZ 2000, S. 332 ff.

Larenz, K. / Wolf, M.: Allgemeiner Teil des Bürgerlichen Gesetzbuchs; 9. Auflage; München 2004

Lauterbach, Wolfgang: Vorschläge und Gutachten zur Reform des deutschen internationalen Erbrechts; Berlin u.a. 1969 (zit.: *Lauterbach/Bearbeiter*, Vorschläge und Gutachten)

Lehmann, Daniel: Die Reform des internationalen Erb- und Erbprozessrechts im Rahmen der geplanten Brüssel-IV Verordnung; Angelbachtal 2006

Leible, Stefan / Sommer, Erik: Nachlassspaltung und Testamentsform: Probleme der Testamentsabwicklung bei Nachlassspaltung wegen Grundbesitzes im Ausland; ZEV 2006, S. 93 ff.

Leipold, Dieter: Erbrecht; 16. Auflage, Tübingen 2006 (zit.: *Leipold*, Erbrecht)

Leopold, Andreas: Einführung in das Staatsangehörigkeitsrecht, JuS 2006, S. 126 ff.

Limmer, P. / Hertel, C./ Frenz, N. / Mayer, J.: [Hrsg.]: Würzburger Notarhandbuch; Münster 2005 (zit.: Würzburger Notarhandbuch/*Bearbeiter*)

Looschelders, Dirk: Auslegung und Anpassung von Testamenten bei rechtlicher und faktischer Nachlassspaltung; IPRax 2005, S. 232 ff.

Lorenz, Stephan: Internationale und interlokale Zuständigkeit deutscher Nachlassgerichte zur Entgegennahme von Erbausschlagungserklärungen; ZEV 1994, S. 146 ff.

Lucht, Michael: Internationales Privatrecht in Nachlasssachen; Rpfleger 1997, S. 133 ff.

Lüderitz, Alexander: Internationales Privatrecht; 2. Auflage; Neuwied et al. 1992

Mankowski, P. / Osthaus, W.: Gestaltungsmöglichkeiten durch Rechtswahl beim Erbrecht überlebender Ehegatten in internationalen Fällen; DNotZ 1997, S. 10 ff.

Mansel, Heinz-Peter: Personalstatut, Staatsangehörigkeit und Effektivität; München 1988

Marx, Reinhard: Kommentar zum Staatsangehörigkeitsrecht, Neuwied et al. 1997

Másilko, Vilém: Státní občanství v čs mezinarodním právu soukromé [Die Staatsangehörigkeit im tschechoslowakischen internationalen Privatrecht]; Socialistická zakonnost 1974, S. 383 ff.

Másilko, V. / Steiner V.: Mezinárodní právo soukromé v praxi [Das Internationale Privatrecht in der Praxis]; Prag 1976

Mauch, Frank: Übersicht zum Güter- und Erbrecht einiger ausgewählter Staaten; BWNotZ 2001; S. 441 ff.

Mayer, J. / Süß, R. / Tanck, M. / Bittler, J. [Hrsg.]: Handbuch Pflichtteilsrecht; Angelbachtal 2003 (zit.: *Mayer/Süß,* Handbuch Pflichtteilsrecht)

Meikel, G. / Bestelmeyer, H.: Kommentar zum Grundbuchrecht; Neuwied

- Band 1: Einleitung; §§ 1- 19 GBO; 9. Auflage; 2004
- Band 2: §§ 20-55 b GBO; 9. Auflage; 2004

Meyer, Hana: Erbschaftssituationen bei binationalen gleichgeschlechtlichen Partnerschaften; Eine rechtsvergleichende Betrachtung des tschechischen und deutschen Rechts vor dem Hintergrund des Lebenspartnerschaftsgesetzes; München 2003

Mikeš, Jiří:

- Dědické právo [Erbrecht]; Praha 1982 (zit.: *Mikeš,* Dědické právo)
- Občanské právo hmnotné, Bd. II [Materielles bürgerliches Recht]; 3. Auflage, Praha 2002 (zit.: *Mikeš,* Občanské právo hmnotné)
- Vypořádání dědictví [Erbschaftsauseinandersetzung]; Ad Notam 1997, S. 40

Mikeš, J. / Muzikář, L. Dědické právo [Erbrecht]; Prag 2003

Motiv: Motiv zu dem Entwurf eines Bürgerlichen Gesetzbuchs für das Deutsche Reich, insbesondere Band V: Erbrecht

Mrzena, Erik: Dědění ve čtvrté skupině [Das Erben in der vierten Gruppe]; Ad Notam 2000, S. 7

Münchener Kommentar zum Bürgerlichen Gesetzbuch; München (zit.: MüKo/*Bearbeiter*)

- Band 3; Schuldrecht, Besonderer Teil 1; 4. Auflage 2004
- Band 9, Erbrecht, §§ 1922-2385 BGB, 4. Auflage, 2004
- Band 10, Art. 1-46 EGBGB, IPR, 4. Auflage, 2006

Münchener Kommentar zum Handelsgesetzbuch; München (zit.: MüKo-HGB/Bearbeiter)

- Band 1; §§ 1-104 HGB; 2. Auflage, 2005

Münchener Kommentar zur Insolvenzordnung;; München (zit.: MüKo-InsO/*Bearbeiter*)

- Band 1; §§ 1-102; 2. Auflage; 2007
- Band 3; §§ 270-335; 1. Auflage; 2003

Muscheler, Karlheinz: Universalsukzession und Vonselbsterwerb; Tübingen 2002

Musielak, Hans Joachim: Kommentar zur Zivilprozessordnung; 5. Auflage 2007

Nagel, H. / Gottwald, P.: Internationales Zivilprozessrecht; 6. Auflage; Köln 2007

Němcova, Jitka: Ochrana oprávněného dědice [Der Schutz des rechtmäßigen Erben]; Ad notam 2003, S. 81

Neuhaus, Paul Heinrich: Die Grundbegriffe des internationalen Privatrechts; Tübingen 1976

Nieder, Heinrich: Handbuch der Testamentsgestaltung; 2. Auflage; München 2000 (zit.: *Nieder*, Testamentsgestaltung)

Odersky, Felix:
- Die Abwicklung deutsch-englischer Erbfälle; Köln 2001
- Gestaltungsempfehlungen für Erbfälle mit anglo-amerikanischem Bezug; ZEV 2000, S. 492 ff.

von Oertzen, Christian:
- Personengesellschaftsanteile im Internationalen Erbrecht; IPRax 1994, S. 73 ff.
- Praktische Handhabung eines Erbrechtsfalls mit Auslandsberührung; ZEV 1995, S. 167 ff.

Palandt: Bürgerliches Gesetzbuch; 67. Auflage, München 2008 (zit.: *Palandt/Bearbeiter*)

Pecher, Sigrid: Die internationale Erbschaftsverwaltung bei deutsch-englischen Erbfällen; Baden-Baden 1995

Petev, Valentin: Sozialistisches Zivilrecht; Berlin 1975

Pfeiffer, Thomas: Internationale Zuständigkeit und prozessuale Gerechtigkeit; Frankfurt a.M. 1995

Pinckernelle, H. / Spreen,G.: Das Internationale Nachlassverfahrensrecht; DNotZ 1967, S. 195 ff.

Planck, Karl: Das Testamentsrecht der Tschechoslowakischen Sozialistischen Republik; ZfRvgl 1964; S. 151 ff.

Pokorný, Milan: Zákon o mezinárodním právu soukromém a procesním; komentář [Internationales Privat- und Verfahrensrecht, Kommentar] 2. Auflage; Prag 2004

Pirrung, Jörg: Internationales Privat- und Verfahrensrecht nach dem Inkrafttreten der Neuregelung des IPR; Köln 1987

Raape, L.. / Sturm, F.: Internationales Privatrecht, Band 1 (Allgemeine Lehren); 6. Auflage; München 1977

Rauscher, Thomas:
- Europäisches Zivilprozessrecht, Kommentar; Band 2; 2. Auflage; München 2006
- Internationales Privatrecht; 2. Auflage; Heidelberg 2002
- Reformfragen des gesetzlichen Erb- und Pflichtteilsrechts; München 1989

Reimann, Wolfgang: Familienerbrecht und Testierfreiheit im deutschen Recht; Familienerbrecht und Testierfreiheit im europäischen Vergleich; Bielefeld 2001

(zit.: *Henrich/Schwab/Reimann*, Familienerbrecht und Testierfreiheit im deutschen Recht)

Reimann, W. / Bengel, M. / Mayer, J.: Testament und Erbvertrag; 5. Auflage, München 2006

Richardi, Jörg: Die Anerkennung und Vollstreckung ausländischer Akte der freiwilligen Gerichtsbarkeit unter besonderer Berücksichtigung des autonomen Rechts; Konstanz 1991

Riering, Wolfgang [Hrsg.]:
- Der Erbverzicht im Internationalen Privatrecht; ZEV 1998, S. 248 ff.
- Internationales Nachlassverfahrensrecht; MittBayNot 1999, S. 519 ff.
- IPR-Gesetze in Europa; München 1997

Rombach, Claudie:
- Der Immobilienerwerb in Tschechien; MittBayNot 2000: S. 400 ff.
- Erbrecht in Tschechien; Erbrecht in Europa; 2. Auflage; Angelbachtal 2007

Roth, Herbert: Gegenständlich beschränkter Erbschein und Fremdrechts-Testamentsvollstreckerzeugnis im Grundbuchverfahren; IPRax 1991, S. 322 ff.

Schack, Haimo: Internationales Zivilverfahrensrecht; 4. Auflage; München 2006

Scheck, Werner: Der Testamentsvollstrecker im Internationalen Privatrecht; Mainz 1976

Scherer, Stephan [Hrsg.]: Münchener Anwaltshandbuch Erbrecht; 2. Auflage; München 2007 (zit.: Münchener Anwaltshandbuch/*Bearbeiter*)

Scherer, S. / Feick, M.: Die GbR als Erbin – Thesen und Gestaltungsmöglichkeiten; ZEV 2003, S. 341 ff.

Schimansky, H. / Bunte, H.-J. / Lwowski, H.-J.: Bankrechtshandbuch; 3. Auflage; München 2007

Schippel, Helmut [Hrsg.]: Kommentar zur Bundesnotarordnung; 7. Auflage; München 2000

Schlechtriem, Peter: Ausländisches Erbrecht im deutschen Verfahren; Karlsruhe 1966

Schlüter, Wilfried: Erbrecht; 14. Auflage, München 2000

Schömmer, H.-P. / Bürgi, U.: Internationales Erbrecht; Schweiz. 2. Auflage; München 2006 (zit. *Schömmer/Bürgi,* Schweiz, Rn.)

Schotten, Günther:
- Das Internationale Privatrecht in der notariellen Praxis; München 1995 (zit.: *Schotten*, IPR)
- Probleme des Internationalen Privatrechts im Erbscheinsverfahren; Rpfleger 1991, S. 181 ff.

Schmid, Karin:
- Das internationale Erbrecht der Tschechoslowakei unter besonderer Berücksichtigung der „Republikfluchtfälle“; WGO 1986; S. 257 ff.
- Das internationale Erbrecht der Tschechoslowakei; Köln 1987

Schnapp, F. / Neupert, M.: Grundfragen des Staatsangehörigkeitsrechts, Jura 2004, S. 167 ff.

Sedláčková, S. / Keller, C.: Tschechien: Insolvenzgesetz; WiRO 2006, S. 342 ff.

Sonnenberger, Hans Jürgen: Notarieller Rechtsverkehr mit Frankreich; DAI 1998

Schultz, Lothar: Die Rechtsstellung des Ausländers in der Tschechoslowakei; Baden-Baden 1979

Schulz, Carsten: Die Subsumtion ausländischer Rechtstatsachen; Berlin 1997

Schurig, Klaus: Ererbte Kommanditanteile und US-amerikanischer Trust; IPRax 2001, S. 446 ff.

Schütze, Rolf:
- Internationales Notarverfahrensrecht; DNotZ 1992, S. 66 ff.
- Zur Prozesskostensicherheit (§ 110 ZPO) von Angehörigen der ehemaligen Ostblockstaaten; NJW 1995, S. 496 ff.

Schwenn, Hermann: Die Anwendung der §§ 2369 und 2368 BGB auf Erbfälle mit englischen und amerikanischem Erbstatut; NJW 1952, S. 1113 ff.

Schwimann, Michael: Internationale Zuständigkeit in Abhängigkeit von der lex causae?; RabelsZ 1970, S. 201 ff.

Seeler, Hans-Joachim: Die Staatsangehörigkeit der Volksdeutschen; Frankfurt a.M. 1960

Siehr, Kurt: Das internationale Erbrecht nach dem Gesetz zur Neuregelung des IPR; IPRax 1987, S. 4 ff.

Sipp-Mercier, Béatrice: Die Abwicklung deutsch-französischer Erbfälle in der Bundesrepublik Deutschland und in Frankreich; Bielefeld 1985

Skrdlik, Yvetta:
- Annerkennung und Vollstreckung deutscher Entscheidungen in Tschechien; Hamburg 2000
- Das Gegenseitigkeitserfordernis bei der Anerkennung deutscher vermögensrechtlicher Entscheidungen in Tschechien; WiRO 2000, S. 243 ff.

Soergel: Kommentar zum Bürgerlichen Gesetzbuch, Stuttgart et al. (zitiert: *Soergel/Bearbeiter)*
- Band 9; Erbrecht (§§ 1922-2385 BGB) 12. Auflage, 1992
- Band 10; Einführungsgesetz; 12. Auflage, 1996

Špoková, Eliška:
- Dědictví s cizím prvkem [Erbfall mit Auslandsbezug]; Ad notam 2003, S. 57 ff.
- Přechod práv jinak než děděním [Der Übergang von Rechten auf andere Weise als durch Erbfolge]; Ad notam 2001, S. 112 ff. und 2002, S. 25 ff.

J. von Staudingers Kommentar zum Bürgerlichen Gesetzbuch mit Einführungsgesetz und Nebengesetzen, Berlin (zit.: *Staudinger/Bearbeiter*)
- EGBGB/IPR, Einleitung zum IPR; Art. 3-6 EGBGB; Neubearbeitung 2003

- EGBGB/IPR, Art. 25, 26; Anhang zu Art. 25 f; Neubearbeitung, 2007
- Erbrecht Einleitung; §§ 1922 – 1966; Neubearbeitung 2008
- Erbrecht §§ 1967 – 2063; Neubearbeitung 2002
- Erbrecht §§ 2064 – 2196 (Testament 1); Neubearbeitung 2003
- Erbrecht §§ 2197 – 2264 (Testament 2); Neubearbeitung, 2003
- Erbrecht §§ 2265 – 2338 (Gemeinschaftliches Testament, Erbvertrag, Pflichtteil); Neubearbeitung 2006
- Erbrecht §§ 2339 – 2385 (Erbunwürdigkeit, Erbverzicht, Erbschein, Erbschaftskauf); Neubearbeitung 2004

Stein, Andreas: Neuere Entwicklungen bei der gegenseitigen Anerkennung und Vollstreckung von zivilrechtlichen Urteilen in Europa; WiRO 2003, S. 289 ff.

Steiner, Anton:
- Das neue österreichische Nachlassverfahrensrecht und seine Auswirkungen auf deutsch-österreichische Erbfälle; ZEV 2005, S. 144 ff.
- Der internationale Erbfall; München 2001
- Grundregeln der Testamentsgestaltung in Fällen der funktionellen Nachlassspaltung; ZEV 2001, S. 477 ff., 2003, S. 145 ff. und S. 500 ff.
- Testamentsgestaltung bei kollisionsrechtlicher Nachlassspaltung; Köln 2001
- Gestaltungspraxis gemeinschaftlicher Testamente und Erbverträge bei gemischtnationalen Ehen, insbesondere bei deutsch-österreichischen Ehepaaren; ZEV 2004, S. 363 ff.

Steiner, Vilém: Das neue tschechoslowakische internationale Privat- und Prozessrecht; Staat und Recht 1965; S. 421 ff.

Stumpf, Cordula: Europäisierung des Erbrechts: Das Grünbuch zum Erb- und Testamentsrecht; EuZW 2006, S. 587 ff.

Süß, Rembert:
- Das Verbot gemeinschaftlicher Testamente im Internationalen Erbrecht; IPRax 2002, S. 22 ff.
- Die Rückverweisung im Internationalen Erbrecht, Einführung mit Länderübersicht; ZEV 2000, S. 486 ff.
- Notarieller Gestaltungsbedarf bei Eingetragenen Lebenspartnerschaften mit Ausländern; DNotZ 2001, 168 ff.

Süß, R. / Haas, U. [Hrsg.]: Erbrecht in Europa; 2. Auflage; Angelbachtal 2007 (zit.: *Süß/Haas/Bearbeiter,* Erbrecht in Europa)

Süß, R. / Ring, Gerhard. [Hrsg.]: Eherecht in Europa; Angelbachtal 2006 (zit.: *Süß/Ring/Bearbeiter,* Eherecht in Europa)

Svoboda, Jiří: Novinky zjištění cizího práva; Ad Notam 2001, S. 5 f. [Neuerungen bei der Ermittlung des ausländischen Rechts]

Thomas, H. / Putzo, H. / Reichold, K. / Hüßtege, R.: Zivilprozessordnung, Kommentar; 28. Auflage; München 2007 (zit.: *Thomas/Putzo*, ZPO Kommentar)
Tidow, Ute: Aufwendungen und Vergütungen des Nachlasspflegers; Berlin 1990
Tiedemann, Andrea: Die Rechtswahl im deutschen Internationalen Erbrecht; RabelZ 1991, S. 17 ff.
Trilsch-Eckardt, Constanze: Das tschechische Erbrecht im Vergleich zum deutschen und Reformüberlegungen; ZEV 1996, S. 4 ff. (zit.: *Trilsch-Eckardt*, Das tschechische Erbrecht)
Troll, M./ Gebel, D./ Jülicher, M.: Kommentar zum Erbschaftsteuer- und Schenkungsteuergesetz; 35. Auflage; München 2007(zit.: *Troll/Bearbeiter)*

Umstätter, Hans Otto: Gemeinschaftliche Testamente mit Auslandsberührung; DNotZ 1984, S. 532 ff.

Venrooy van, Gerd J.:
- Die Testierfähigkeit im Internationalen Privatrecht; JR 1988 S. 485 ff.
- Internationalprivatrechtliche Substitution; Konstanz 1999

Verny, Arsène / Lamm, Stefanie: Fragen der internationalen Vollstreckung am Beispiel des wechselseitigen Verhältnisses Tschechische Republik – BRD; WiRO 2003, S. 321 ff.
Vondracek, Theodor Jan: Commentary on the Czechoslovak civil code; Dordrecht 1988

Wagner, Rolf: Das neue Internationale Privat- und Verfahrensrecht zur eingetragenen Lebenspartnerschaft; IPRax 2001, S. 281 ff.
Wagner, Stefan: Die Testierfähigkeit im internationalen Privatrecht; Frankfurt am Main u.a. 1996
Weithase, Franz: Geltungsvermerk im allgemeinen Erbschein; Vererbung von Auslandsnachlass nach fremden Recht; Rpfleger 1985, S. 267 ff.
Wiegand, Wolfgang: Zur Haftung für Dienstleistungen; recht 1990, S. 134 ff.
Witz, C. / Bopp, T.: Zur internationalen Zuständigkeit deutscher Nachlassgerichte im Erbscheinsverfahren; IPRax 1984, S. 83 ff.

Zillmann, Gunnar: Die Haftung der Erben im internationalen Erbrecht; Berlin 1998
Zimmermann, Walter:
- Der Verlust der Erbschaft: Enterbung, Pflichtteilsschmälerung, Erb- und Pflichtteilsunwürdigkeit; Berlin 2005
- Die Testamentsvollstreckung; 2. Auflage; Berlin 2003
- Erbschein und Erbscheinsverfahren für die gerichtliche, anwaltliche und notarielle Praxis; Berlin 2004

Zillmann, Gunnar: Die Haftung der Erben im Internationalen Erbrecht eine rechtsvergleichende Untersuchung zum deutschen und französischen Recht; Berlin 1998

Zöller, R. / Geimer, R. / Greger, R.: Zivilprozessordnung; 26. Auflage; Köln 2006

Zuklinova, Michaela: Juris Classeur de Droit Comparé; République Tchéque; Vol. 3; Paris 1999

Abkürzungsverzeichnis

a.A.	anderer Ansicht
a.a.O.	am angegebenen Ort
ABGB	Allgemeine Bürgerliche Gesetzbuch
Abs.	Absatz
AcP	Archiv für die civilistische Praxis (Zeitschrift)
AdN	Ad Notam (Zeitschrift)
a.E.	am Ende
a.F.	alte Fassung
AGB	Allgemeine Geschäftsbedingungen
Alt.	Alternative
Anh.	Anhang
a.M.	andere Meinung
Anm.	Anmerkung
Art.	Artikel
Az.	Aktenzeichen
BayAGGVG	Bayerisches Ausführungsgesetz zum Gerichtsverfassungsgesetz
BayObLG	Bayerisches Oberstes Landesgericht
BayObLGZ	Entscheidungen des Bayerischen Obersten Landesgerichts in Zivilsachen
Bd.	Band
BeurkG	Beurkundungsgesetz
BGB	Bürgerliches Gesetzbuch
BGBl.	Bundesgesetzblatt
BGH	Bundesgerichtshof
BGHZ	Entscheidungen des Bundesgerichtshofs
BNotO	Bundesnotargesetz
BT-Drucks.	Bundestagsdrucksache
BVerfG	Bundesverfassungsgericht
BVerfGE	Entscheidungen des Bundesverfassungsgerichts
BVerwG	Bundesverwaltungsgericht
BWNotZ	Zeitschrift für das Notariat in Baden-Württemberg
bzw.	beziehungsweise
ca.	circa
ČR	Česká republika (Tschechische Republik)

ČSFR	Česká a Slovenská Federativní Republika (Tschechische und Slowakische Föderative Republik)
ČSSR	Československá socialistická republika (Tschechoslowakische Sozialistische Republik)
DDP	Zákon o dani dědické, dani darovací a dani z převodu nemovitostí (Gesetz über die Erbschaft- Schenkung- und Grunderwerbsteuer)
DDR	Deutsche Demokratische Republik
ders.	derselbe
DevZ	Devizový zákon (Devisengesetz)
d.h.	das heißt
dies.	dieselbe
Diss.	Dissertation
DNotZ	Deutsche Notarzeitung (Zeitschrift)
DStR	Das deutsche Steuerrecht (Zeitschrift)
dt.	deutsch
EG	Europäische Gemeinschaft
EGBGB	Einführungsgesetz zum Bürgerlichen Gesetzbuch
Einl.	Einleitung
etc.	et cetera
ErbStG	Erbschaftsteuer- und Schenkungsteuergesetz
ErbStH	Erbschaftsteuer-Hinweisen
ErbStR	Erbschaftsteuer-Richtlininen
EU	Europäische Union
EuGVÜ	Europäisches Gerichtsstands- und Vollstreckungsabkommen
EuGVVO	Verordnung über die gerichtliche Zuständigkeit und die Anerkennung und Vollstreckung von Entscheidungen in Zivil- und Handelssachen
EurInsVO	Europäische Insolvenzverordnung
EV	Einigungsvertrag
f.	folgende
ff.	fortfolgende
FamRZ	Zeitschrift für das gesamte Familienrecht
FGG	Gesetz über die Angelegenheiten der freiwilligen Gerichtsbarkeit
Fn.	Fußnote

FS	Festschrift
GBO	Grundbuchordnung
GG	Grundgesetz
ggf.	gegebenenfalls
h.M.	herrschende Meinung
h.L.	herrschende Lehre
Hrsg.	Herausgeber
HS	Hauptsatz
i.E.	im Ergebnis
i.d.F.	in der Fassung
InsO	Insolvenzordnung
Int.	International
IPR	Internationales Privatrecht
IPRax	Praxis des Internationalen Privat- und Verfahrensrechts (Zeitschrift)
IPRspr.	Die deutsche Rechtsprechung auf dem Gebiete des internationalen Privatrechts (Zeitschrift)
i.S.d.	im Sinne des
i.S.v.	im Sinne von
i.V.m.	in Verbindung mit
JA	Juristische Arbeitsblätter (Zeitschrift)
JCl	Juris Classeur (Nachschlagewerk zum französischen Recht)
JednŘ	Vyhláska ministerstva spravedlnosti České republiky o jednacím řádu pro okresni a krajske soudy (Geschäftsordnung für Amts- und Landgerichte)
JOR	Jahrbuch für Ostrecht
JŘS	Vyhláška ministerstva spravedlnosti České republiky o jednacím řádu pro okresní a krajské soudy (Geschäftsordnung für Land- und Amtsgerichte)
JStG	Jahressteuergesetz
JuS	Juristische Schulung (Zeitschrift)
JZ	Juristenzeitung (Zeitschrift)
KatZ	Katastrální zákon (Katastergesetz)
KG	Kommanditgesellschaft
LG	Landgericht
lit.	litera (Buchstabe)
LM	Lindenmaier/Möhring (Nachschlagewerk des BGH)
LPartG	Lebenspartnerschaftsgesetz

LuGÜ	Lugano-Übereinkommen
MDR	Monatszeitschrift für deutsches Recht
m.E.	meines Erachtens
MittBayNot	Mitteilungen der Bayerischen Notarkammer (Zeitschrift)
MittRhNotK	Mitteilungen der Rheinischen Notarkammer (Zeitschrift)
Mot.	Motive
MPSaP	Zákon o mezinárodnim právu soukromém a procesním (Int. Privat- und Prozessrecht)
m.w.N.	mit weiteren Nachweisen
MüKo	Münchener Kommentar zum BGB
NadZ	Zákon o nadacích a nadačních fondech (Stiftungsgesetz)
NJW	Neue Juristische Wochenschrift (Zeitschrift)
NJW-RR	Rechtsprechungsreport der NJW (Zeitschrift)
NotŘ	Notářský řád (Notarordnung)
Nr.	Nummer
ObčZ	Občanský zákoník (Bürgerliches Gesetzbuch)
ObchZ	Obchodní zákoník (Handelsgesetzbuch)
OLG	Oberlandesgericht
OLGZ	Entscheidungen der Oberlandesgerichte in Zivilsachen
OSŘ	Občanský soudní řád (Bürgerliche Gerichtsordnung)
OHG	Offene Handelsgesellschaft
OsteuropaR	Osteuroparecht (Zeitschrift)
Prot.	Protokoll
RabelsZ	Zeitschrift für ausländisches und internationales Privatrecht; begründet von Ernst Rabel (Zeitschrift)
resp.	respektive
Rev.	Revue (Zeitschrift)
RG	Reichsgericht
RGZ	Entscheidungen des Reichtsgerichts
Rn.	Randnummer
RPfleger	Rechtspfleger (Zeitschrift)
RuStAG	Reichs- und Staatsangehörigkeitsgesetz
Rz.	Randzeichen

S.	Satz
S.	Seite
Sb.	Sbírká zákonů (Gesetzblatt)
ScheckG	Scheckgesetz
sog.	sogenannte
StAG	Staatsangehörigkeitsgesetz
StGB	Strafgesetzbuch
tsch.	tschechisch
u.a.	unter anderem
u.ä.	und ähnliche(s)
u.U.	unter Umständen
u.s.w.	und so weiter
v.	vor
Var.	Variante
v.a.	vor allem
vgl.	vergleiche
Vol.	Volume (Band)
Vorb.	Vorbemerkung
Vorbem.	Vorbemerkung
WechselG	Wechselgesetz
WGO	Monatshefte für osteuropäisches Recht (Zeitschrift)
WiRO	Wirtschaft und Recht in Osteuropa (Zeitschrift)
ZápPreNe	Zákon o zápisech vlastnických a jiných věcných práv k nemovitostem (Gesetz über die Eigentumsübertragung von Immobilien sowie anderen Sachenrechten an Liegenschaften)
ZEV	Zeitschrift für Erbrecht und Vermögensnachfolge
ZfRV	Zeitschrift für Rechtsvergleichung
Ziff.	Ziffer
zit.	zitiert
ZvglRWiss	Zeitschrift für vergleichende Rechtswissenschaft
ZOR	Zákon o rodině (Familiengesetz)
ZPO	Zivilprozessordnung
ZSO	Zákon České národní rady o nabývání a pozbývání státního občanství České republiky (Staatsangehörigkeitsgesetz)

Studien des Instituts für Ostrecht München

Begründet von Professor Dr. Reinhart Maurach
Herausgegeben von Professor Dr. Friedrich-Christian Schroeder,
Dr. h.c. (Breslau), Regensburg

Band 41 Manfred Gratzl: Die Reform der tschechischen Strafprozeßordnung nach 1989. Im Spannungsfeld von Rechtsstaatlichkeit, Verfahrensökonomie und Effizienz. 2002.

Band 42 Thomas Paintner: Die Insolvenz des Unternehmers in Polen. 2003.

Band 43 Niels von Redecker (Hrsg.): Deutsch-Estnische Rechtsfragen. 2003.

Band 44 Niels von Redecker: Die polnischen Vertreibungsdekrete und die offenen Vermögensfragen zwischen Deutschland und Polen. 2003. 2., durchgesehene Auflage 2004.

Band 45 Niels von Redecker: Das polnische Beamtenrecht. Entwicklung und Stand beim Beitritt Polens zur Europäischen Gemeinschaft. 2003.

Band 46 Cornelia Stefanie Wölk: Das Deliktsrecht Rußlands nach dem neuen Zivilgesetzbuch. 2003.

Band 47 Petr Bohata: Untersuchungshaft im deutschen und tschechischen Recht. 2003.

Band 48 Attila Széchényi: Das neue ungarische Strafprozessrecht im Spannungsverhältnis zwischen Rechtsstaatsprinzip, Verfahrensökonomie und Effizienz. 2003.

Band 49 Agnes Balawejder: Das polnische Telekommunikationsrecht. Umsetzungsbemühungen und -stand des telekommunikationsrechtlichen acquis communautaire im polnischen TK-Recht vor dem Unionsbeitritt Polens. 2004.

Band 50 Sven I. Oksaar / Niels von Redecker (Hrsg.): Deutsch-Estnische Rechtsvergleichung und Europa. 2004.

Band 51 Friedrich-Christian Schroeder (Hrsg.): Justizreform in Osteuropa. 2004.

Band 52 Herbert Küpper: Kollektive Rechte in der Wiedergutmachung von Systemunrecht. Teil I und Teil II. 2004.

Band 53 Sören Langner: Der GmbH-Geschäftsführer im tschechischen Recht. Organstellung und Anstellung im Rechtsvergleich. 2005.

Band 54 Herbert Küpper: Einführung in die Rechtsgeschichte Osteuropas. 2005.

Band 55 Anja Spitzweg: Das russische föderale Gesetz „Über Investmentfonds“. 2007.

Band 56 Herbert Küpper: Die ungarische Verfassung nach zwei Jahrzehnten des Übergangs. Einführung mit Textübersetzung. 2007.

Band 57 Axel Boës: Die Gesellschaft mit beschränkter Haftung im russischen und deutschen Recht. 2007.

Band 58 Katrin Heinritz: „Defekte Demokratisierung“ – ein Weg zur Diktatur? Turkmenistan und die Republik Sacha (Jakutien) in der Russischen Förderation nach dem Ende der Sowjetunion. 2007.

Band 59 Stefan Hülshörster: Recht im Umbruch. Die Transformation des Rechtssystems in der Ukraine unter ausländischer Beratung. 2008.

Band 60 Carsten Dewald-Werner: Versicherungsmarkt und Versicherungsaufsicht in der Russischen Föderation. 2008.

Band 61 Oleksiy Feliv: Die Hypothek im deutschen und ukrainischen Recht. Der systematische Vergleich des Hypothekenrechts in Deutschland und der Ukraine einschließlich der rechtstheoretischen Grundlagen und der Ausblicke für das gemeinsame Hypothekenrecht. 2009.

Band 62 Christoph Kurzböck: Die Abwicklung deutsch-tschechischer Erbfälle. 2010.

Band 63 Herbert Küpper / Friedrich-Christian Schroeder (Hrsg.): Die rechtliche Aufarbeitung der kommunistischen Vergangenheit in Osteuropa. 2010.

www.peterlang.de

Peter Lang · Internationaler Verlag der Wissenschaften

Dorothee Stober

Der deutsch-schweizerische Erbfall

Eine rechtsvergleichende und international-privatrechtliche Analyse

Frankfurt am Main, Berlin, Bern, Bruxelles, New York, Oxford, Wien, 2009.
472 S.
Saarbrücker Studien zum Privat- und Wirtschaftsrecht . Herausgegeben von Johann Paul Bauer, Michael Martinek und Helmut Rüßmann. Bd. 62
ISBN 978-3-631-58023-3 · br. € 74.50*

Diese Arbeit soll Probleme im Erbfall untersuchen, die sich bei Berührungen mit der Schweiz als einem Staat ergeben, bei dem Abweichungen im Sachrecht sowie Konflikte hinsichtlich des internationalen Privatrechts auf den ersten Blick nicht erwartet werden. Zunächst soll auf materiellrechtlicher Ebene das deutsche Erbrecht mit der in der Schweiz geltenden Rechtslage verglichen werden; ebenso ist hinsichtlich der Grundzüge des Ehegüterrechts zu verfahren, welches insbesondere für die Feststellung des Nachlasses von Bedeutung ist. Auf kollisionsrechtlicher Ebene sollen sodann internationale Zuständigkeit in Nachlasssachen, anwendbares Sachrecht sowie Arten und Bedeutung erbrechtlicher Zeugnisse aus der Sicht der beiden Staaten herausgearbeitet werden. Ziel ist schließlich die Erkenntnis, welche rechtlichen Konflikte sich im deutsch-schweizerischen Erbfall hinsichtlich der internationalen Zuständigkeit, des anzuwendenden Rechts und des Nachlassverfahrens ergeben können und welche Möglichkeiten sich zur Vermeidung dieser Konflikte anbieten.

Aus dem Inhalt: Materielles und internationales Erbrecht · Ehegattentestament · Internationale Zuständigkeit · Umfang Erbstatut und Ehegüterstatut · Nachlassspaltung · Rechtswahl · Nachlasskonflikt · Erbrechtliche Zeugnisse · Materielles und internationales Ehegüterrecht · Erbschaftssteuer

Frankfurt am Main · Berlin · Bern · Bruxelles · New York · Oxford · Wien
Auslieferung: Verlag Peter Lang AG
Moosstr. 1, CH-2542 Pieterlen
Telefax 00 41 (0) 32 / 376 17 27

*inklusive der in Deutschland gültigen Mehrwertsteuer
Preisänderungen vorbehalten

Homepage http://www.peterlang.de

FSC
www.fsc.org
MIX
Papier | Fördert
gute Waldnutzung
FSC® C083411

Kolibri 360 GmbH
Ferdinand-Jühlke-Straße 7
99095 Erfurt, Deutschland
produktsicherheit@kolibri360.de